modern furniture in Brazil
móvel moderno no Brasil

Maria Cecilia Loschiavo dos Santos

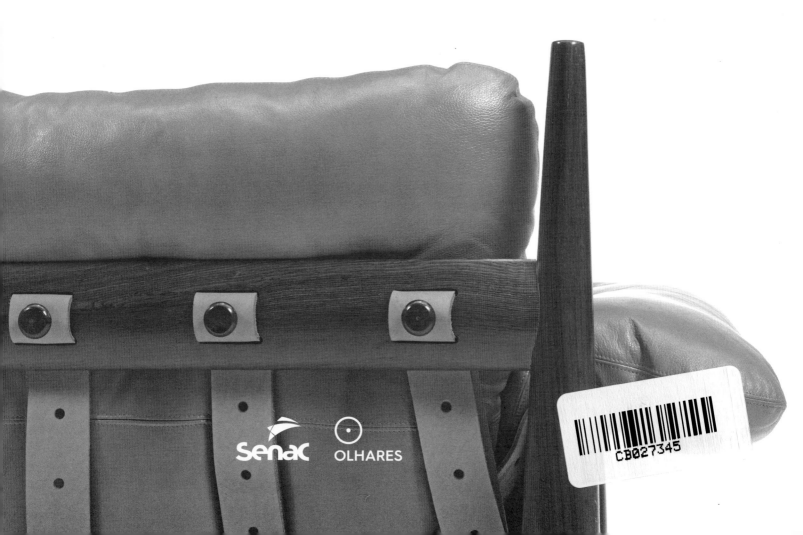

SENAC OLHARES

Croqui de *living room* para conjunto de apartamentos em Salvador (BA). Projeto não construído de Oscar Niemeyer, 1987.

Sketch of a living room for an apartment building in Salvador (BA), un-built project by Oscar Niemeyer, 1987.

NOTA DOS EDITORES
—
EDITORS' NOTE

The period from 1978 – the year in which Maria Cecilia Loschiavo dos Santos began work on her Master's degree, with modern furniture in Brazil as a theme – up to 1995 – when she had the first edition of this title published – corresponds to an ostracism hiatus for the designers of this phase, seen as a golden age for Brazilian furniture design.

The author, currently a full professor at São Paulo University's School of Architecture and Urbanism (FAU-USP), had back then the opportunity to meticulously interview the main names from that period, and delved deeply into new reflections about its production and its context, thus proposing the restoration of this national treasure to its former status, with this book playing a major role in it.

Not by chance, today, when Brazilian furniture is acquiring worldwide relevance – being present at major international fairs, with specialized outlets in Brazil and several other countries and many ongoing authorized reproductions –, this *Modern furniture in Brazil* is still the broadest and most meaningful bibliographical reference about the theme.

Published by Senac São Paulo in partnership with Olhares, this long-awaited revised and bi-lingual new edition fulfills the role of making available, to anyone interested, vital and in-depth reading about design, architecture and Brazilian homes.

O período que se estende de 1978 – ano em que Maria Cecilia Loschiavo dos Santos iniciou seu mestrado, tendo como tema o móvel moderno no Brasil – a 1995 – quando ela lançou a primeira edição deste título – corresponde a uma fase de ostracismo para os designers desta que é tida como a fase áurea do design de mobiliário nacional.

A autora, hoje professora titular da Faculdade de Arquitetura e Urbanismo da Universidade de São Paulo (FAU-USP), teve então a oportunidade de entrevistar detidamente os principais nomes do período e se aprofundou em reflexões inéditas sobre sua produção e seu contexto, propondo assim a revalorização desse patrimônio nacional, para a qual o livro teve um papel preponderante.

Não à toa, hoje, quando o móvel moderno brasileiro adquire status mundial – presente em grandes feiras internacionais, com lojas especializadas no Brasil e em diversos países e uma série de reproduções autorizadas em andamento –, este *Móvel moderno no Brasil* continua a ser a referência bibliográfica mais ampla e significativa sobre o tema.

Publicação do Senac São Paulo em parceria com a Olhares, esta aguardada nova edição, revista e bilíngue, cumpre o papel de disponibilizar aos interessados uma leitura vital para se aprofundar sobre o design, a arquitetura e a casa brasileira.

PREFÁCIO
—
PREFACE

There is reason for celebration with the revised and updated second edition of this reference book by Maria Cecilia Loschiavo.

We often spend too much time lamenting what is lacking, without giving thought to what we lacked before. Let me explain what I mean: up until the mid-1990s, the only books available to anyone interested in modern constructions in this country were *Brazil Builds*, by Phillip Goodwin – published in 1943 –, *Arquitetura Contemporânea no Brasil*, by Yves Bruand – published in 1981 – and, in French, English or German, *Arquitetura Moderna no Brasil*, by Henrique Mindlin, written in 1956, but appearing in Portuguese only in 1999. Today we have a number of publications, as well as accounts and monographs by the foremost architects, that examine our modern production from a variety of points of view, both theoretical and regional.

This relative abundance does not extend, however, to the study of furniture and furnishings. This pioneering book by Maria Cecilia is imbued with numerous virtues, the first of which is to anchor the analysis of the production of objects to the social, economic, and cultural conditions in which they were designed. Given this, we are able to follow, in a concrete fashion, the steps of furniture design over the course of the last century. The second is in the probe of these products in connection with the spaces provided by a new architecture, to which, in the majority of cases, they are linked. The third is in employing a "fresh", broadly encompassing and inclusive concept of what is modern. The fourth is in not attributing spontaneous generation to the objects, when examining the ties between them and their evolutionary processes. Mass produced furniture, luxury objects, or even rudimentary handcrafts, form a broad and varied panorama, well expressed in the book by Cecilia Loschiavo, with absolutely no prosaism, the discontinuities and problems faced by a late-coming and incomplete modernism.

Those who read the volume from 1995 will have the opportunity to see the text revised and updated with an increased selection. New readers will have the chance to discover the story of the creativity of sectors and individuals who insisted, and continue to insist, on making Brazil modern.

Rio de Janeiro, December 18, 2014

Lauro Cavalcanti
Writer, architect and anthropologist

É motivo de celebração a reedição revisada de um livro referencial como este de Cecilia Loschiavo.

Ocupamo-nos, muitas vezes, em lamentar o que falta, sem nos lembrarmos o que já faltou. Explico-me: até meados dos anos 1990 havia disponíveis, para aqueles interessados em construções modernas no país, apenas *Brazil builds*, de Phillip Goodwin – editado em 1943 –, *Arquitetura contemporânea no Brasil*, de Yves Bruand – publicado em 1981 – e, em francês, inglês ou alemão, *Arquitetura moderna no Brasil*, de Henrique Mindlin, escrito em 1956, mas com o aparecimento em português somente em 1999. Hoje temos várias publicações que, sob os mais diversos enfoques, teóricos e regionais, debruçam-se sobre a nossa produção moderna, bem como relatos e livros monográficos dos principais arquitetos. Essa relativa abundância não se estende, contudo, ao exame do mobiliário.

O pioneiro livro de Maria Cecilia possui inúmeras virtudes. A primeira é a de ancorar a análise da produção de objetos nas condições socioeconômico-culturais nas quais foram desenvolvidas. Assim, podemos, concretamente, seguir os passos dos projetos de móveis ao longo do século. A segunda é a de examinar esses produtos em conexão com os espaços de uma nova arquitetura, aos quais, na maioria das vezes, estavam ligados. A terceira é a de se valer de um conceito de "moderno" abrangente e inclusivo. A quarta é a de não atribuir uma geração espontânea aos objetos, examinando seus vínculos e processos evolutivos. Produtos de larga escala, objetos de luxo ou frutos de um artesanato quase rudimentar formam, no livro de Cecilia Loschiavo, um panorama desigual e múltiplo, bem expressando, sem nenhum prosaísmo, as descontinuidades e os problemas enfrentados por um modernismo tardio e incompleto.

Aqueles que leram o volume de 1995 terão a oportunidade de ver o texto revisto e a seleção ampliada. Os novos leitores poderão aqui descobrir uma história da criatividade de setores e indivíduos que teimaram, e ainda teimam, em tornar o Brasil moderno.

Rio de Janeiro, 18 de dezembro de 2014

Lauro Cavalcanti
Escritor, arquiteto e antrópologo

PREFÁCIO
—
PREFACE

This history of Brazilian furniture is an important milestone in developing a world history of furniture. There is much here that is unfamiliar to design historians and is a welcome corrective and addition to the received histories of furniture. The author not only explores furniture itself as a product, but locates it in the context of the arrival of modernity and modernization in Brazil, as well as in substantive issues such as the global context, the role of women designers, the intellectual influences and the processes of dissemination.

The series of case studies that the author explores give a magnificent overview of the changes and developments in Brazilian furniture over the last century or so. From the fascinating insights provided by the case of the Brazilian Cama Patente industry, to more internationally known designers such as Joaquim Tenreiro and Lina Bo Bardi, the book's case studies are a wealth of information and contextual analysis. What is interesting is that the development of the furniture industry and design in Brazil, although often distinct in some ways, does seem to follow the path of many other countries.

Beginning with a local artisanal tradition and the importation of some furniture, the results of economic growth and city developments created a demand for differentiation in domestic products. The rise of Modernism in the 1930s and the impact of experimentation in that vein, along with developments in architectural design, ensured the arrival of modernity in Brazilian furniture. Post World War II the context changes again with an emphasis on Brazilian identity and environment.

National histories are sometimes critiqued in the face of trends towards global histories, which are seen as free from socio-political limitations. However, as this work shows, national histories of design can provide valuable agendas for the analysis of both individual countries and common international issues found in design history.

January 2015

Dr. Clive Edwards
Professor of Design History
Loughborough University, United Kingdom

A história do mobiliário brasileiro é um marco importante no desenvolvimento de uma história geral do mobiliário. Há muito aqui que não é do conhecimento de historiadores do design, e esta obra traz novas informações e correções bem-vindas aos anais desta disciplina. A autora não se atém a explorar apenas a mobília como um produto, posicionando-a no contexto do surgimento da modernidade e da modernização no Brasil, bem como em questões relevantes como o contexto global, o papel das mulheres no design, as influências intelectuais e o processo de disseminação.

A série de estudos de caso explorada pela autora cria uma magnífica visão geral das mudanças e dos desenvolvimentos no mobiliário brasileiro no decorrer do último século. Dos *insights* fascinantes apresentados no caso da empresa Indústria Cama Patente S.A. até os casos de designers com maior reconhecimento internacional, como Joaquim Tenreiro e Lina Bo Bardi, os estudos de caso do livro apresentam uma grande riqueza de informações e de análise contextual. É interessante notar que o desenvolvimento da indústria e do design de mobiliário no Brasil, apesar de certas distinções frequentes, parece realmente seguir um caminho similar ao de vários outros países.

Tendo início em uma tradição artesanal local combinada à importação de peças de mobília, o crescimento econômico e das cidades gerou uma demanda de diferenciação dos produtos domésticos. A ascensão do movimento modernista na década de 1930 e o impacto de suas experimentações, em conjunto com desenvolvimentos no desenho de arquitetura, garantiram a chegada da modernidade ao mobiliário brasileiro. Após a II Guerra Mundial vieram mudanças de contexto com ênfase na identidade brasileira e no meio ambiente.

Histórias nacionais por vezes sofrem críticas diante de tendências da história mundial, que são vistas como sendo livres de limitações sociopolíticas. No entanto, como demonstrado por este trabalho, histórias nacionais de design podem servir como valiosas pautas para a análise tanto de países individuais como de questões internacionais comuns encontradas na história do design.

Janeiro de 2015

Dr. Clive Edwards
Professor de História do Design
Universidade de Loughborough, Reino Unido

Lina Bo Bardi na Cadeira Beira de Estrada, de sua autoria, 1967.

Lina Bo Bardi in the Beira de Estrada chair that she designed, 1967.

APRESENTAÇÃO
—
FOREWORD

This book's first edition, published in 1995, was the outcome of my master's degree thesis in the Department of Philosophy at the School of Philosophy, Literature and Human Sciences, University of São Paulo (Faculdade de Filosofia, Letras e Ciências Humanas da Universidade de São Paulo). Created under the guidance of professor, Dr. Otília Beatriz Fiori Arantes, the book met success as a work of reference, playing an important role in the promotion of academic research, for collectors, museologists and designers, and the print run sold out. Twenty years later I have, with this new edition, the opportunity to add a number of points to contribute to a better understanding of the history of modern furniture design and its preeminent role in the implantation and practice of design in Brazil. The bilingual edition expands the book's reach to include the foreign market, in response to a growing demand for and interest in Brazilian design.

This book looks at the design of Brazilian furniture from a historical perspective, with an emphasis on modern furniture, reconstructing the essential outlines, and bringing together significant iconic data. The new edition considers the origins and successive transformations connected with the configuration of the Brazilian home, the tastes, the tendencies, designer labels, material, productive processes, and technical-constructive solutions utilized in furniture production in this country.

The history of Brazilian furniture design is presented along chronological and thematic lines that combine in various ways, highlighting the design, the identity and the vitality of the furniture from the analyzed period.

The 1920s, when this development started, constitutes an important period, where we see pioneering efforts towards modernization and the presence of European influences. In the 1930s, the focus was the founding role of modern Brazilian architecture and its relation to furniture design. In the following period, the 1940s, one of the most leading events was the post-war diaspora, the arrival in Brazil of foreign professionals with their ideas and hopes. In the golden years of Brazilian industrialization, the 1950s, we see the insertion of the designer in the job market and the integration of a number of different schools of thought in the production of furnishings, as well as a specific extent in the relationships between design and concrete art.

One of the distinguishing features of the 1960s was the cultural effervescence of the country, the uniqueness of its products and their national and international acceptance, along with greater emphasis on the relationships between pop culture and design. It is also worth mentioning a certain particularity: in the modern age, the role of women in the domestic sphere is a significant issue, but with very few exceptions, the role of modern Brazilian furniture designer remains one that is eminently male. One of these designers, however, is Lina Bo Bardi who, besides her architectural production and furniture designs, was responsible for an intense process of theoretical reflection and production in relation to design. Interest in, and value of the vernacular, were high points of Lina's trajectory. In her work, the debate on this issue is dressed with a political dimension, distant from the folklore and mystification with which it was attributed in the past. In a country where the process of modernity started in the furniture destined for the homes of the bourgeoisie, who consumed designer-label furniture that was often made by hand, this qualified and erudite view regarding the "vernacular", this reflecting concern about mankind, culture and the Brazilian soul is of absolute relevance.

Em sua primeira edição, em 1995, este livro foi recebido com louvores pelo público leitor; a tiragem esgotou. Fruto de minha dissertação de mestrado no Departamento de Filosofia da Faculdade de Filosofia, Letras e Ciências Humanas da Universidade de São Paulo, sob a orientação da professora Dra. Otília Beatriz Fiori Arantes, o livro tornou-se obra de referência, exercendo importante papel para o ensino do design, o fomento de pesquisas acadêmicas, para colecionadores, museólogos e designers.

Passados vinte anos de sua publicação, esta nova edição possibilitou-me acrescentar alguns aspectos, sempre com o intuito de contribuir para a melhor compreensão do móvel moderno e de seu papel proeminente na implantação e prática do design no Brasil. Além disso, a nova edição bilíngue amplia o alcance do conteúdo para o público estrangeiro, respondendo a uma contínua demanda e interesse sobre o design brasileiro.

Este livro aborda o design do mobiliário brasileiro numa perspectiva histórica, com ênfase no móvel moderno. Reconstrói seus traços essenciais e reúne documentação iconográfica significativa, considerando as origens e sucessivas transformações da configuração da casa brasileira, dos gostos, das tendências, grifes, materiais, processos produtivos e soluções técnico-construtivas empregadas na produção do móvel no país.

A história do design do mobiliário brasileiro é apresentada por eixos cronológicos e temáticos, os quais se combinam de modo variado, realçando o design, a identidade e a vitalidade do móvel no período analisado.

O decênio de 1920, onde se situam as origens desse desenvolvimento, constitui período importante, no qual se observa o esforço pioneiro da modernização e a presença de influências europeias. No decênio de 1930, destaca-se o papel fundante da arquitetura moderna brasileira e sua relação com o design do móvel. No período subsequente, anos 1940, ressalta-se a diáspora do pós-guerra, a chegada ao Brasil de profissionais estrangeiros, com seu imaginário e suas esperanças. Nos anos dourados da industrialização brasileira, decênio de 1950, verifica-se a inclusão do designer no mercado de trabalho e a integração de diversas vertentes na produção da mobília, além de uma dimensão específica das relações entre o design e a arte concreta.

Nos anos 1960, destaca-se a efervescência cultural do país, a originalidade do produto e sua receptividade nacional e internacional, bem como a maior ênfase nas relações entre aspectos da cultura popular e do design. Vale ressaltar uma particularidade: no período moderno, o papel da mulher na esfera doméstica é tema significativo, mas a história do design do móvel moderno brasileiro é eminentemente masculina, com raríssimas exceções. Uma delas é Lina Bo Bardi que, além da produção arquitetônica e do design de móveis, foi responsável por intenso processo de reflexão e produção teórica acerca do design. O interesse e a valorização do popular foi ponto alto na trajetória de Lina. Em sua obra, o debate do tema reveste-se de uma dimensão política, bem distante da folclorização e mistificação que lhe foi atribuída no passado. Num país onde o processo de modernidade teve sua origem nos móveis destinados à casa burguesa, que consumiu o móvel moderno autoral e muitas vezes produzido artesanalmente, esse olhar qualificado e erudito sobre o popular, essa preocupação em refletir a respeito do homem, da cultura e da alma brasileira é de absoluta relevância.

Guided by these ideas, the architect carried out a series of architectural projects and cultural activities. However, it was in the field of furniture design that she left one of the most expressive testimonials of her sensitivity and militancy regarding vernacular design: the *Beira de Estrada chair* (1967). This chair uses three branches tied together with creeper vine at the top and spread out at the base., Another piece of branch is tied horizontally in place to serve as a support for the body. It is a simple and rudimentary chair, rooted in the manner the country folk sat, the *caboclo*, the indigenous people, where the structure, the construction, is born of necessity.

For a long time, there was a prevailing presence of self-taught professionals, architects and artisans who committed themselves to the field of design although, in the 1960s, the introduction of college-level industrial design courses brought a new boost to the profession. The consolidation of the furniture design culture in Brazil may also be attributed to the process of training and education in design that began here in the mentioned period. When the first edition of this book was published, the community of furniture designers was pretty much restricted to Rio de Janeiro and São Paulo. In the last 20 years, the number of working designers has increased significantly and in several states college-level design courses have formed professionals who focused on this production segment. Technical publications and periodicals (among the foremost of which were the *Habitat*, *Revista Módulo* and *Revista Acrópole* magazines), competitions and trade fairs have also, to a lesser extent, helped to promote furniture design.

However, the transformations underway were interrupted by the dictatorship. In the 1970s, a period also known as the "Brazilian Miracle", the country's growth was governed by military hands; censorship came to bear on all creative activities and also presented impacts in the field of design. In this period there was an intense shift, raising the value attributed the technical areas that were capable of meeting the directives of the new government, as well as the participation of multinational companies based in Brazil, who played a major role in the industrial development of the country and took part in the expansion of the internal consumer market.

From the 1980s to the year 2000, we saw the beginning of a gradual rearrangement of the market, with the rise of a wider range of designs and products, the economic recognition of the designer's work and the strengthening of the formative institutions for these professionals, although there is still a need to promote greater engagement of design activities in the Brazilian industry. The furniture produced in that period can be grouped into two schools: the controllable, measurable functionality of an object; and the contestation of the same, a certain transformism, with the clear predominance of the symbolic functions of the object. Intuitive design methodologies exist alongside rationalist positionings that echo the fundaments of design adopted by the pioneers of modern Brazilian furniture.

Today, we are experiencing both nationally and internationally, a return to appreciating the legacy of the modern designs, of their excellence and originality. There is a re-capitulation of the modern experience that has stimulated and inspired a number of professionals. The rediscovery of the heritage that modern furniture represents also connects with the desire to have access to this furniture, which, slowly, is stimulating the establishment of public collections in museums; the establishment of private collections of a variety of designers and periods; and the re-edition of modernist designs. All of this corresponds to a drive for preservation within different contexts of production, now linked to the sustainable management of materials. This revival creates

Orientada por essas ideias, a arquiteta realizou uma série de projetos arquitetônicos e atividades culturais. Entretanto, foi no âmbito do design de mobiliário que ela deixou um dos mais expressivos testemunhos de sua sensibilidade e militância pelo design vernacular: a Cadeira Beira de Estrada (1967). Essa cadeira utiliza três galhos de árvore amarrados com cipó na parte superior e afastados na base. Horizontalmente, possui uma amarração com galho mais curto, que funciona como apoio para o corpo. Peça simples e rudimentar, está ligada ao modo de sentar do caipira, do caboclo, do povo nativo, para quem a estrutura, a construção, se subordina à necessidade.

Durante longo período prevaleceu a presença de profissionais autodidatas, arquitetos e artistas que se dedicaram ao campo do design, mas, nesse decênio de 1960, a implantação do ensino superior em desenho industrial trouxe um novo impulso à profissão. A consolidação da cultura do design de móvel no Brasil é também tributária do processo de formação e educação em design, aqui iniciado no período. Quando a primeira edição deste livro foi publicada, a comunidade de designers de móvel era praticamente restrita ao eixo Rio de Janeiro e São Paulo. Nos últimos 20 anos, o número de designers atuantes aumentou sensivelmente e, em diversos estados, os cursos de design de nível superior formaram profissionais que se dirigiram para esse setor da produção. Publicações técnicas e periódicos (dentre as quais ressaltam fortemente a *Revista Habitat*, a *Revista Módulo* e a *Revista Acrópole*), concursos e feiras são aspectos coadjuvantes na promoção do design do mobiliário.

Entretanto, as transformações em curso sofreram ruptura forçada pela ditadura. Nos anos 1970, também conhecidos como os tempos do "Milagre Brasileiro", o crescimento do país ocorreu sob mãos militares, a censura se abateu sobre todas as atividades criativas e seus impactos também foram sentidos no campo do design. Nesse período, verificou-se extrema valorização das áreas técnicas capazes de atender às diretrizes do novo governo, bem como a participação de empresas multinacionais aqui sediadas, que protagonizaram o desenvolvimento industrial brasileiro e participaram da ampliação do mercado consumidor interno.

Dos anos 1980 aos 2000, deu-se uma reorganização gradual do mercado, quando se observa o surgimento de uma diversidade de projetos e produtos, o reconhecimento econômico da atividade do designer e o fortalecimento das instituições formativas desses profissionais, embora ainda persista a necessidade de promover maior engajamento da atividade do design na indústria brasileira. O móvel produzido nesse período pode ser agrupado em duas vertentes: o funcionalismo do objeto controlável, mensurável e sua contestação – um certo transformismo, onde nitidamente prevalecem as funções simbólicas do objeto. As metodologias de projeto intuitivas convivem lado a lado com posicionamentos racionalistas, onde ecoam os fundamentos do design dos pioneiros do móvel moderno brasileiro.

Hoje, verifica-se uma revalorização, nacional e internacional, do legado dos modernos, de seu caráter de excelência e originalidade. Há uma retomada desse passado e vários profissionais colhem estímulo e inspiração da experiência moderna. A redescoberta do patrimônio do móvel moderno está também ligada ao desejo de acessar esse mobiliário, que paulatinamente estimula a constituição de acervos públicos em museus, a abertura de coleções privadas correspondentes a diversos autores e períodos, e a reedição dos modernos, que corresponde a um esforço de preservação em contextos de produção diferenciados, agora atreladas à gestão

coexistence between copies and authentic, original pieces, in antique and second-hand furniture shops. The appeal of the Brazilian hardwoods, and the environmental restrictions regarding their use, turned the consumption of vintage pieces into what is almost a fetish.

Besides the dimensions and particularities of design, production, consumption, distribution and use, present in each of the analyzed periods, the permanence of the esthetic standards pertaining to modern design in the present day must be subject to critical review. This is a long-standing debate and one that has served as fuel for a variety of schools of thought. In the field of design, the designer and teacher Aloísio Magalhães (1927-1982) allows us the opportunity to reflect on modern design, and its relationships with design in the context of Latin and Brazilian cultural formation, especially considering the multicultural and multiethnic origins, and the esthetic diversity present in Brazilian culture and society.

This diversity presents contrasts and tensions with significant outcomes on the practice and cultural identity of design. According to Magalhães: "We must remain alert to the fact that in this second half of the 20th century, the concepts of social-economic development and the relationships between nations with centralizing and peripheral economies need to be revised. In this case, our position in the dominion of Industrial Design may provide, through the broad outlook that the model has given us, conditions to redefine the very nature of the activity, which was born with the simple focus of finding solutions to emerging problems in the technology/ user relationship within highly developed contexts, the narrow gauge of the product/user relationship in eminently consumer societies"[1]. The author continues: "Here the contrasting and unequal nature of the development process generates problems in that relationship, which require a positioning of extremely wide latitudes; an awareness of the modesty of our resources with regard to the vastness of our territorial space; the ethical responsibility to reduce the contrast between small areas with high concentration of wealth and benefits and large areas of scarcity and poverty. In the latter, the only power is in the latent abundance of authenticity and originality to be found in Brazilian culture. In the former, the lack of originality has given place to the exuberant presence of the copy and the mimetic taste for other cultural values".

The original character found in modern Brazilian furniture was born of the coexistence between these two contexts, of the simultaneity of artisanal and serial production; of the intuitive and the rationalist methodologies; and of the mimetic copy and the indigenous design. Let us look, for example, at the extraordinary contribution of Joaquim Tenreiro, who for many years carried out the mimetic production of familiar styles and only later had the redeeming opportunity to make modern pieces. In this sense, Brazil now constitutes a laboratory that is continually open to experimentation and that has been driven forward within certain historical-political contexts.

The second edition also catches a glimpse of furniture design in the new millennium – 2000 to 2014. In the present day we notice that simultaneous and diverse leanings, cosmopolitan design, and the impasses generated by the social-environmental crisis, signal a turning point for design that impose a substantial redefinition of the parameters for the production, design, distribution, use and post-use of industrial goods. Alongside, we

---

[1] MAGALHÃES, Aloísio. *O que o desenho industrial pode fazer pelo país*. Arcos, Rio de Janeiro, v. 1, 1998, p. 11.

sustentável dos materiais. Esse *revival* faz coexistirem cópias e obras originais e autênticas, em antiquários e lojas de móveis usados em geral. O apelo das madeiras nobres brasileiras e a restrição ambiental de seu uso atribuem valor quase de fetiche ao consumo das peças *vintage*.

Além das dimensões e particularidades do design, produção, consumo, distribuição e uso presentes em cada um dos períodos analisados, a permanência do ideário estético do projeto moderno nos dias atuais deve ser revista criticamente. Trata-se de um longo debate, que nutriu diferentes matrizes teóricas. No campo do design, o designer e professor Aloísio Magalhães (1927-1982) nos oferece oportunidade de refletir sobre o projeto moderno e suas relações com o design no contexto da formação cultural latina e brasileira, especialmente considerando as origens multiculturais, multiétnicas e a diversidade estética presentes na cultura e na sociedade brasileira.

Tal diversidade apresenta contrastes e tensões com significativas repercussões sobre a prática, a identidade cultural do design. Segundo esse autor: "É preciso atentarmos para o fato de que nesta segunda metade do século XX os conceitos de desenvolvimento socioeconômico e das relações entre países de economia centralizadora e economia periférica necessitam ser revistos. Neste caso, nossa posição no domínio do Desenho Industrial pode oferecer, através da ótica abrangente que o modelo nos proporcionou, condições de reconceituar a própria natureza da atividade, que nasceu voltada apenas para a solução de problemas emergentes da relação tecnologia/usuário em contextos altamente desenvolvidos, a bitola estreita da relação produto/usuário nas sociedades eminentemente de consumo"[1]. O autor prossegue: "Aqui, a natureza contrastada e desigual do processo de desenvolvimento gera problemas naquela relação que exigem um posicionamento de latitudes extremamente amplas; a consciência da modéstia de nossos recursos para a amplitude do espaço territorial; a responsabilidade ética de diminuir o contraste entre pequenas áreas de alta concentração de riquezas e benefícios e grandes áreas rarefeitas e pobres. Nestas últimas é poderosa apenas a riqueza latente de autenticidade e originalidade da cultura brasileira. Naquelas, a carência de originalidade deu lugar à exuberante presença da cópia e ao gosto mimético por outros valores culturais".

O caráter original do móvel moderno brasileiro emergiu da convivência entre esses dois contextos, da simultaneidade da produção artesanal e seriada; de metodologias intuitivas e racionalistas; da cópia mimética e do design autóctone. Veja-se, por exemplo, a extraordinária contribuição de Joaquim Tenreiro, que durante anos submeteu-se à produção mimética dos estilos e só mais tarde teve a oportunidade redentora para fazer o moderno. Nesse sentido, o Brasil se constituiu num laboratório continuamente aberto à experimentação, potencializada em determinados contextos histórico-políticos.

O livro realiza também uma rápida incursão no design do móvel do novo milênio – 2000 a 2014, procurando analisar esse momento imediato, marcado por aceleradas transformações. Observa-se a simultaneidade e a diversidade de vertentes, o design cosmopolita, os impasses gerados pela crise socioambiental, que assinalam um ponto de virada para o design e impõem uma substancial redefinição dos parâmetros para a produção, o projeto, a distribuição, o consumo e o pós-consumo dos bens industriais. Paralelamente, observa-se também

---

[1] MAGALHÃES, Aloísio. *O que o desenho industrial pode fazer pelo país.* Arcos, Rio de Janeiro, v. 1, 1998, p. 11.

also see the incorporation of computers and other digital media in the design process. Technical knowledge regarding the use of these instruments brought a considerable level of creative freedom and practically infinite possibilities for experimentation, design, prototyping and production of furniture.

Contemporary production brings different coexisting paths into evidence. While there is a dialogue with the starting point of modern Brazilian furniture design from the last century, with its strong tradition in the use of wood, there are also advances with thematic articulations in the use of unusual materials, such as reclaimed materials, in styles that show an unsettling singularity. These are pieces from the present day that illustrate the specificities and eccentricities of our time, as well as the impasses of globalization.

The designer comes to offer multiple and overlapping conceptual, technological, theoretical and artisanal propositions, thereby indicating not only their insertion to the complex dynamics of today's world, but also a privileged and sometimes poetic view of contemporaneity.

This edition provides the reader with new images, as a fruit of the updated iconography, which drew on the excellence of the collection held by the Library at the School of Architecture and Urbanism at University of São Paulo. The institutional policy and the generous donations to the library of collections belonging to architects and designers have resulted in a wealth of material that can be carefully studied by young researchers to strengthen their reflection on Brazilian design.

Since 1978, I have been following the daily life of the Brazilian home interior, its furnishings and its transformations, with great interest. I have also took part directly in the consolidation of the teaching and research of design in Brazil, and this has lead to the diversity of experiences related here. The design of modern Brazilian furniture has resonated like a wave. Today its greatness grants it a privileged place on the cultural scene.

Although it is unnecessary to say how grateful I am for the opportunity to publish this new edition, there are many names and institutions that have supported my research since the 1970s. I wish to express my gratitude to all of them. Special thanks go to the School of Architecture and Urbanism at USP, to the librarians, to the passion of the students for this subject, to my colleagues, especially Professor Tatiana Sakurai, profoundly engaged with the topic of this book. I am also thankful for the enthusiasm of Otavio Nazareth, with his precise suggestions, and for the patient work of designer Daniel Brito, which have been fundamental throughout the process.

Finally, there are those that deserve thanks for pushing me to finish this book. I must express my appreciation for the meticulous work of the Canadian photographer Ken Straiton, author of my portrait.

As always, the support of my family has been essential and decisive.

São Paulo, winter 2022

Cecilia Loschiavo

a consolidação do uso do computador e demais meios digitais no design. O conhecimento científico do emprego desses instrumentos trouxe destacado grau de liberdade de criação e possibilidades praticamente infinitas para a experimentação, o projeto, a prototipagem e a produção do móvel.

A produção contemporânea evidencia diferentes percursos coexistentes. Ao mesmo tempo que dialoga e avança com o ponto de partida do design do móvel moderno brasileiro do século passado, com a forte tradição do emprego da madeira, ela avança em articulações temáticas, no uso de materiais inusitados como aqueles de reúso, em estilos que apresentam inquietante singularidade. São peças do tempo presente, que manifestam as especificidades e excentricidades de nossos dias, bem como os impasses da globalização.

O designer passa a exercer múltiplas e sobrepostas proposições conceituais, tecnológicas, artesanais, apontando não apenas sua inserção na dinâmica complexa do mundo atual, mas também um ponto de vista privilegiado, por vezes poético, da contemporaneidade.

Esta edição traz ao leitor novas imagens, fruto da atualização iconográfica, que contou com a excelência do acervo da Biblioteca da Faculdade de Arquitetura e Urbanismo da Universidade de São Paulo, onde, fruto da política institucional e da generosa doação de acervos de arquitetos e designers, há um vasto material a ser cuidadosamente estudado por jovens pesquisadores para fortalecer a reflexão sobre o design brasileiro.

Desde 1978 acompanho, com grande interesse, o cotidiano do interior da casa brasileira, seu mobiliário e transformações. Também participei diretamente da consolidação do ensino e da pesquisa em design no Brasil que desembocou na diversidade de experiências aqui produzidas. O design do móvel moderno brasileiro reverberou como uma onda e sua grandeza hoje ocupa lugar privilegiado na cena cultural.

Creio ser desnecessário dizer o quanto estou agradecida pela oportunidade de publicar esta nova edição. São muitos nomes e instituições que deram suporte à minha pesquisa, desde os anos 1970 – a todos, minha gratidão. Especiais agradecimentos à Faculdade de Arquitetura e Urbanismo da USP, às bibliotecárias, à paixão dos alunos pelo tema, aos colegas, particularmente a professora Tatiana Sakurai, profundamente engajada no tema deste livro. O entusiasmo de Otavio Nazareth, com sugestões precisas, e o trabalho paciente do designer Daniel Brito foram fundamentais durante todo o processo.

Finalmente, há pessoas que merecem agradecimentos por me empurrarem a concluir este livro. Eu preciso expressar minha gratidão pelo trabalho meticuloso do fotógrafo canadense Ken Straiton, autor de meu retrato.

Como sempre, o suporte de minha família é essencial e decisivo.

São Paulo, inverno de 2015

Cecilia Loschiavo

Interior projetado por Sergio Rodrigues para a Bloch Editores, Rio de Janeiro, década de 1990.

Interior designed by Sergio Rodrigues for Bloch Editores, Rio de Janeiro, 1990s.

SUMÁRIO
CONTENTS

28

Fatores gerais da modernização do móvel no Brasil
General factors relating to the modernization of furniture in Brazil

52

Cama Patente: racionalização do desenho e da produção
Patente bed: the rationalization of design and production

56 / 59 Fábrica de Móveis Carrera
Fábrica de Móveis Carrera
58 / 59 A Indústria Cama Patente L. Liscio S.A.
Cama Patente L. Liscio industry

66

A geração dos pioneiros
The pioneer generation

82

O arquiteto e o móvel
The architect and furniture

84 / 85 O movimento de modernização do móvel no Rio de Janeiro
The movement for the modernization of furniture in Rio de Janeiro
98 / 99 O movimento de modernização do móvel em São Paulo
The movement for the modernization of furniture in São Paulo

116

A consolidação da produção
The consolidation of production

120 / 121 Joaquim Tenreiro
130 / 131 Bernard Rudofsky
134 / 135 Lina Bo Bardi

146

Difusão e diversificação
Diffusion and diversification

150 / 151   Fábrica de Móveis Z
156 / 157   Móveis Branco & Preto
162 / 163   Unilabor
166 / 167   L'Atelier

172

O nacionalismo no móvel
Nationalism in furniture

178 / 179   Sergio Rodrigues
188 / 189   Michel Arnoult
196 / 197   Móveis Hobjeto
200 / 201   Outras experiências
Other experiences

208

Entre função e transformação
Between function and transformation

212   Fernando e Humberto Campana
216   Ovo
218   Fabio Falanghe e Giorgio Giorgi
219   Nido Campolongo
220   Carlos Motta
224   Fernando Jaeger
226   Claudia Moreira Salles
228   Etel Carmona
230   Fúlvio Nanni
232   Maurício Azeredo
233   Marcenaria Baraúna
234   Freddy Van Camp
235   Oswaldo Mellone

238

A nova geração
The new generation

242   Zanini de Zanine
246   Rodrigo Almeida
248   Carol Gay
249   Guto Requena
250   Leo Capote
251   Domingos Tótora
252   Brunno Jahara
253   Maurício Arruda
Guto Índio da Costa
254   Nova marcenaria
New joinery

256

Referências bibliográficas
Bibliographical references

258

Índice onomástico
Onomastic index

262

Sobre a autora
About the author

263

Créditos
Credits

Foto publicitária de Móveis Artísticos Z, década de 1950.

Advertising photo for Móveis Artísticos Z, 1950s.

*to
Clarice,
Marcelo,
Maria Antonia,
Rodrigo
and to my drop of happiness*

para
Clarice,
Marcelo,
Maria Antonia,
Rodrigo
e para minha gota de alegria

Fatores gerais da modernização do móvel no Brasil

—

General factors relating to the modernization of furniture in Brazil

Desenhos de mobiliário
luso-brasileiro, Lucio Costa, 1939.

Designs for Luso-Brazilian furniture, Lucio Costa, 1939.

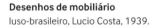

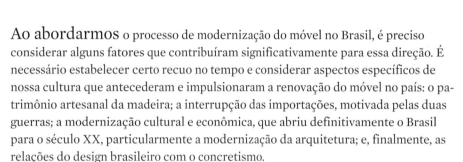

Ao abordarmos o processo de modernização do móvel no Brasil, é preciso considerar alguns fatores que contribuíram significativamente para essa direção. É necessário estabelecer certo recuo no tempo e considerar aspectos específicos de nossa cultura que antecederam e impulsionaram a renovação do móvel no país: o patrimônio artesanal da madeira; a interrupção das importações, motivada pelas duas guerras; a modernização cultural e econômica, que abriu definitivamente o Brasil para o século XX, particularmente a modernização da arquitetura; e, finalmente, as relações do design brasileiro com o concretismo.

Primeiramente, é fundamental considerar o patrimônio artesanal dos trabalhos em madeira, herança lusitana que marcou a evolução da mobília e interiores da casa brasileira. Em paralelo ao móvel importado diretamente da metrópole, a produção de móveis foi se intensificando pelas mãos habilidosas de artistas e artesãos brasileiros e europeus que aqui se radicaram[1].

Em geral, a produção desses artistas seguiu os princípios clássicos, quase nada havendo de criação local, e destacando-se sobremaneira as insistentes cópias de modelos europeus, que se distinguiam dos congêneres apenas pelo uso de nossas madeiras[2].

—

When looking at the process behind the modernization of furniture in Brazil, we need to consider certain factors that have contributed significantly to this trend. There is a need to take a step back in time and look at a number of specific aspects of Brazilian culture that preceded and provided the drive for the renewed approach to furniture in this country: the heritage in woodcraft; the interruption of imports caused by two wars; cultural and economic modernization, which definitively opened up Brazil to the 20th century, especially the modernization of architecture; and, lastly, the ties between Brazilian design and concretism.

First of all, it is essential to consider the artisanal woodwork heritage, a Portuguese inheritance that marked the evolution of the furniture and interiors of the Brazilian home. Alongside the furniture brought in directly from the metropolis, the production of furniture was intensified by the skillful hands of Brazilian artists and artisans as well as those of Europeans who settled here[1].

In general, the work of these artists kept to the classical principles, with almost no local creativity, and giving special emphasis to the insistent copies of European models, which only differed from the originals because they were made with Brazilian woods[2].

With the opening of Brazilian ports, in 1808, the arrival of the Court and the French Mission in this country and, later on, the signing of various trade agreements, there was a cutback in the import of Portuguese items. Brazil began to receive English, French and Austrian furniture, which influenced local production, bringing greater complexity and wealth of styles[3]. Besides this, there was also an incipient air of economic change and industrialization that, albeit very timidly, was moving toward the creation of industrialized furniture.

It was in that period that Brazil saw the introduction of the Austrian Thonet chairs, made in fire-bent wood[4], which were a huge success in this country, remaining, like the Vienna chair, a usual feature in the interiors of bars and restaurants. In 1890 the Bentwood Furniture Company was settled in Rio de Janeiro, to carry out large-scale production of furniture that imitated the pieces made in Austria, "using *huranhem macho* wood and other woods"[5].

This being so, as of the second half of the 19th century, the evolution of furniture in Brazil took on a greater complexity. There were already a considerable number of joinery shops and factories producing furniture in the broadest range of styles.

It was within this context that the activities of the Arts and Crafts Lyceums attaine distinction, with their "art in wood workshops" giving rise to large orders to produce furniture for fine residences and equipment for public buildings. Besides the production of furnishings, the lyceums played an important role as centers for the forming of qualified craftsmen[6].

But, by the end of that century the artisanal production of furniture was already gradually beginning to disappear, with the automation that was gaining ground and assisting the manufacturing processes. Nevertheless, the wealth of this accumulated heritage over the course of more than four hundred years and the care put into the work, along with the generosity of Brazilian native flora[7], established a veritable tradition of wooden furniture in Brazil, which was to emerge once again, in great strength, in the work of a number of 20th century designers, especially in the production of Joaquim Tenreiro (1906-1992), José Zanine Caldas (1919-2001), Sergio Rodrigues (1927-2014), Maurício Azeredo (1948-) and Carlos Motta (1952-).

It is important to also note that the interruption in imports imposed by the two world wars, in conjunction with the migration of artists, artisans and architects from Europe, opened up space for the production of furnishings in this country.

Canapé Thonet, sem data.

Thonet coffee house chair, no date.

Com a abertura dos portos, em 1808, a vinda da Corte e da Missão Francesa para o país e, mais tarde, a assinatura de vários tratados comerciais, decresceu a importação de peças portuguesas. O Brasil começou a receber móveis ingleses, franceses e austríacos, que influenciaram a produção local, trazendo maior complexidade e riqueza de estilos. Além disso, havia um clima incipiente de transformação econômica e de industrialização que, embora de maneira muito acanhada, orientava-se no sentido da criação de móveis industrializados.

Data desse período a introdução, no Brasil, das cadeiras austríacas Thonet, de madeira curvada a fogo[4], cujo sucesso entre nós foi grande, permanecendo, à semelhança de Viena, hábito característico nos interiores de bares e restaurantes. Em 1890 foi aberta, no Rio de Janeiro, a Companhia de Móveis Curvados, com a finalidade de produzir em larga escala móveis que imitavam os de procedência austríaca, "empregando o huranhém macho e outras madeiras"[5].

Portanto, a partir da segunda metade do século XIX, a evolução do móvel no Brasil ganhou em complexidade.

Já havia um número expressivo de marcenarias e fábricas que produziam móveis em todos os estilos. Nesse contexto destacaram-se as atividades dos Liceus de Artes e Ofícios, de cujas "oficinas de arte em madeira" saíram encomendas de vulto para mobiliar residências finas e equipamentos para edifícios públicos. Além da produção da mobília, os liceus exerceram importante papel como centro de formação de artesãos qualificados[6].

Mas já naquele final de século vinha ocorrendo o desaparecimento gradativo da produção artesanal de móveis, com a mecanização que ganhava terreno, facilitando os processos de fabricação. Entretanto, a riqueza desse patrimônio acumulado por mais de quatrocentos anos e o esmero da mão de obra, associados à generosidade de nossa flora[7], estabeleceram uma verdadeira tradição do móvel em madeira no Brasil, que voltará a emergir, com muita força, na obra de alguns designers do século XX, particularmente com a produção de Joaquim Tenreiro (1906-1992), José Zanine Caldas (1919-2001), Sergio Rodrigues (1927-2014), Maurício Azeredo (1948-) e Carlos Motta (1952-).

Cadeira Thonet produzida no Brasil, sem data.

Thonet chair produced in Brazil, no date.

Oficina de madeira no Liceu de Artes e Ofícios de São Paulo, c. 1930.

Wood workshop at Lyceum of Arts and Crafts of São Paulo, c. 1930.

Later, in the post-World War II period, there was an increased concern for producing furniture with more Brazilian characteristics, suited to its conditions, climatic particularities and materials, with research being conducted on national raw materials – wood, fabrics, etc. –, until arriving at serial production, which represented a definitive consolidation of the formal vocabulary implanted in the preceding years.

The driving force behind the modernization of Brazilian culture and the definitive opening of the country to the 20th century, was, in the field of arts, without doubt, the holding of the Modern Art Week in São Paulo.

Experimentation was part of the burgeoning modernist spirit and led many artists to manifest themselves through different means of expression, with the liberation from the crystallization of the academic form. With this, the primary concerns of this vanguard included experiments within the various fields of production: literature, dance, painting, architecture, music and even design. Living all of this, Mário de Andrade (1893-1945) studied, with familiarity and admirable clarity, subjects in all areas of Brazilian culture, revealing one of his "three hundred and fifty" faces, always infatuated with Brazilian arts and culture. He, who was the most expressive representative of the modern movement in Brazil, may have concluded that it was not enough to just enunciate the principles of this movement; it was necessary to put them into practice. Guided by this spirit and by personal needs for household equipment, Mário de Andrade ended up providing a highly singular contribution to Brazilian furniture at the start of the 1920s, designing some pieces for his own home[8]. Even though his production was very small and not particularly original, as it was very close to Art Deco, it already preannounced new esthetic standards for furniture.

Interior da Vila Penteado, construída em 1902. Hoje a casa é ocupada pelo Programa de Pós-graduação da Faculdade de Arquitetura e Urbanismo da Universidade de São Paulo, FAU-USP.

Interior of Vila Penteado, built in 1902. The house is occupied today by the Post-Graduates Program for the School of Architecture and Urbanism, University of São Paulo, FAU-USP.

É importante notar também que a interrupção das importações, imposta pelas duas guerras, associada à migração de artistas, artesãos e arquitetos de procedência europeia, abriu espaço para a produção de mobília no país.

Mais tarde, no segundo pós-guerra, acentua-se a preocupação em produzir móveis com características mais brasileiras, adequados às nossas condições, particularidades climáticas e materiais, desenvolvendo-se as pesquisas em torno das matérias-primas nacionais – a madeira, os tecidos etc. –, até chegar à produção em série, o que consolidou definitivamente o vocabulário formal implantado nos anos anteriores.

A força motriz da modernização da cultura brasileira e a abertura definitiva do país para o século XX, no âmbito das artes, foi, sem dúvida, a realização da Semana de Arte Moderna, em São Paulo.

Fez parte do espírito modernista de primeira hora a experimentação, o que levou muitos artistas a se manifestarem através de diferentes meios de expressão, libertando-se da cristalização das formas acadêmicas. Assim, as preocupações dessa vanguarda incluíram experiências nos vários setores da produção: literatura, dança, pintura, arquitetura, música e até design. Vivendo tudo isso, Mário de Andrade (1893-1945) estudou com familiaridade e admirável clareza temas de todas as áreas de nossa cultura, revelando, a cada momento, uma de suas "trezentas e cinquenta" faces, sempre apaixonadas pelas coisas das nossas artes e cultura. O mais expressivo representante do movimento moderno no Brasil talvez tenha concluído que não bastava enunciar os princípios desse movimento; era preciso pô-los em prática. Movido por esse espírito e por necessidades pessoais relativas ao equipamento doméstico, Mário de Andrade terminou por colaborar de modo muito singular com o móvel brasileiro, no início dos anos 1920, desenhando alguns móveis para a sua própria casa[8]. Ainda que sua produção seja pequena e pouco original, muito próxima do *Art-Déco*, já prenuncia novos padrões estéticos para o móvel.

Outra iniciativa de Mário de Andrade no setor do mobiliário foi a realização do primeiro Concurso de Mobília Proletária no Brasil, durante sua gestão no Departamento de Cultura da Prefeitura do Município de São Paulo, em 1936[9]. Embora as fontes pesquisadas não tragam informações conclusivas a respeito do concurso, é certo que sua realização foi orientada pelo espírito de universalidade, modernização e integração das artes[10] propugnado por Mário de Andrade, que o levou a perambulações até pelas áreas da moda e da programação gráfica[11].

Ao referir os pioneiros do projeto modernista, devemos assinalar a produção de Flávio de Rezende Carvalho (1899-1973) que, em seu primeiro estúdio, em São Paulo, à rua Cristóvão Colombo, oferecia serviços de: decoração de interiores, jardins modernistas, projetos de mobília, lustres, pintura mural, painéis decorativos, projeto e execução de cenários para teatro e cinema e anúncios[12]. Entre os pioneiros, vale ainda destacar a importante contribuição do arquiteto Gregori Warchavchik (1896-1972), que tinha muita clareza sobre a importância do design e suas relações com a arquitetura. Segundo ele, os princípios da grande indústria, a estandardização de portas e janelas, ajudarão o arquiteto a criar o "estilo do nosso tempo"[13].

Another of Mário de Andrade's initiatives in the furniture sector was the holding of the first Proletarian Furniture Call Contest in Brazil, during his administration of the Department of Culture, under the Town Council for the Municipal District of São Paulo, in 1936[9]. Even though the sources researched offer no conclusive information regarding the contest, we can be sure that it was held in the spirit of the universality, modernization and integration of the arts[10] put forward by Mário de Andrade, which even led him to perambulations in the fields of fashion and graphic programming[11].

When referring to the pioneers of modernist design, we must draw attention to the work of Flávio de Rezende de Carvalho (1899-1973) who, in his first studio, on Cristóvão Colombo Street in São Paulo, offered the services of: interior decoration, modern garden landscaping, designs for furnishings, light fittings, wall murals, decorative panels, design and fabrication of scenery for theater and cinema, and even advertisement[12]. Among the pioneers it is also worth highlighting the important contribution of the architect Gregori Warchavchik (1896-1972), who clearly recognized the importance of design and its relationship with architecture. According to him, the principles of general industry and the standardization of doors and windows, would help architects to create the "style of our time"[13].

These modernist experiments established the bases for the reformulation of spaces, of architectural programs and of furniture itself. The first generation of architects incremented it due to their efforts, who faced a variety of challenges when implanting of a new architectural esthetic concept that also included furniture.

Despite the modernization that was underway, I do believe that the turn came in 1930. Indeed, we can divide the Brazilian history of modern furniture in two highly distinct phases: before and after 1930.

Prior to 1930, remaining in line with the colonial tradition, the prevailing mode was to copy the old styles. The eclectic range mixed Louises and Marys with Brazilian colonial style, with the Baroque, with the English, and even with the Arabic style that had arrived here passed down, via Portugal.

As of the 1930s, with the emergence of modern architecture, and with the resonance and settling of the main ideas and controversies raised by Modernism in the preceding decade within the ambit of literature and the plastic arts, that is to say: with the general desire for modernization felt throughout the country, a set of factors came together to play an important role in the process of modernization of Brazilian furniture.

The modernist ideas of the 1920s had been the privilege of certain intellectual groups. Mário de Andrade himself was aware of this fact and in a text from 1928 he stated that the modernist group constituted an "elite, if not even more, in its refinement and isolation. [...] the only part of the nation that made the issue of our national artistic leanings into a question of almost exclusive preoccupation. Despite this, it represents nothing of the Brazilian reality [...]. It sits outside our social pace, outside our economic instability, outside the Brazilian concerns. If this minority is well acclimatized within Brazilian reality and lives in intimacy with Brazil, the Brazilian reality has not

Sofá e poltrona em madeira escura envernizada desenhados por Mário de Andrade. Detalhe dos vãos para colocação de livros e encaixe de cinzeiro, 1921.

Sofa and easy chair in varnished dark wood, designed by Mário de Andrade. Detail of spaces for keeping books and inset for ashtray, 1921.

Essas experiências modernistas lançaram as bases para a reformulação dos espaços, dos programas arquitetônicos e do próprio móvel. A elas se somaram os esforços empreendidos pela primeira geração de arquitetos, que enfrentou vários desafios para a implantação de uma nova concepção estética arquitetônica, que também incluía o móvel.

Apesar da modernização que vinha se processando, acredito, contudo, que a virada ocorre em 1930. De fato, podemos dividir a história do móvel moderno no Brasil em duas fases bastante distintas: antes e depois de 1930.

Antes de 1930, seguindo a tradição colonial, o que imperou foi a cópia dos velhos estilos. A cartilha foi eclética; misturaram-se aos luíses e marias o nosso colonial, o barroco, o inglês e até mesmo o árabe, que aqui chegou de segunda mão, via Portugal.

A partir dos anos 1930, com a emergência da arquitetura moderna, com a ressonância e o assentamento das principais ideias e polêmicas levantadas pelo Modernismo no âmbito da literatura e das artes plásticas, do decênio anterior, enfim, com o desejo de modernização geral do país, configurou-se um conjunto de fatores que desempenharam importante papel no processo de modernização da mobília brasileira.

Nos anos 1920, os ideais modernistas tinham sido privilégio de certos grupos intelectuais. O próprio Mário de Andrade esteve atento a esse fato e, num texto de 1928, afirmou que o grupo modernista se constituiu numa "elite, quando mais não seja, pelo requinte e pelo isolamento. [...] a única parte da nação que fez da questão artística nacional um caso de preocupação quase exclusiva. Apesar disso, não representa nada da realidade brasileira [...]. Está fora do nosso ritmo social, fora da nossa inconstância econômica, fora da preocupação brasileira. Se essa minoria está bem aclimatada dentro da realidade brasileira e vive na intimidade com o Brasil, a realidade brasileira não se acostumou ainda com ela e não vive na intimidade com ela"[14].

Casa Modernista da rua Santa Cruz. Projeto de Gregori Warchavchik para seu próprio uso. Considerada a primeira residência modernista do Brasil, 1928.

Casa Modernista on Rua Santa Cruz. Designed by Gregori Warchavchik for his own use. Considered to be the first modernist residence in Brazil, 1928.

become acclimatized to them and does not live in intimacy with them either"[14]. It was only beginning in 1930, according to Antônio Candido, that "the phase began when all of this, moving away from the realms of project, of limited movement and isolated experiment, spread throughout the country and transformed what had been the thinking of few into a collective state of spirit; ideas into reality; the aberration of a handful into common taste. [...] In the literary field, I have talked about a 'routinization of Modernism', loosely based on the sense in which Max Weber talked of the 'routinization of charisma'. This moment in which the exceptional becomes usual is decisive to literary and cultural historians, as well as to sociologists, when that which had been restricted now began to expand. The decade of the 1930s witnessed, effectively, the broadening of literary and artistic practices, gradually coming to represent a standard for the times, from what had been considered to be the manifestation of small vanguard groups. This being so, 'futuristic' architecture turned into modern style and was increasingly propagated and accepted, to the point where any architect, even conservative, would draw their lines in keeping with the canons that not long before had been the subject of ridicule, scandal and even vilification. [...] This was revolution becoming routine. [...] Not just the routinization of culture, but a conscious attempt to wrest it from the grasp of the privileged groups to make it a factor of humanization for the majority, by way of planned institutions"[15].

Só a partir de 1930, conforme Antonio Candido, se "abre a fase em que tudo isto, deixando o terreno do projeto, do movimento restrito, da tentativa isolada, se alastra pelo país e transforma em estado de espírito coletivo o que era pensamento de poucos; em realidade atuante o que era plano ideal; em gosto habitual o que parecia aberração de alguns. [...] No terreno literário, tenho falado numa 'rotinização do Modernismo', mais ou menos inspirado no sentido em que Max Weber falava da 'rotinização do carisma'. É decisivo para o historiador da literatura e da cultura, bem como para o sociólogo, esse momento onde o excepcional se torna usual, tendendo o que era restrito a se ampliar. O decênio de 1930 viu, com efeito, o alargamento das práticas literárias e artísticas, transformando aos poucos em padrão de uma época o que era considerado manifestação de pequenos grupos vanguardeiros. Assim, a arquitetura 'futurista' foi se tornando o estilo moderno, cada vez mais difundido e aceito, até o momento em que qualquer arquiteto, mesmo conservador, traça o seu risco obedecendo aos cânones que pouco antes eram objetos do riso, escândalo e mesmo vilipêndio. [...] Era a revolução entrando na rotina. [...] Não apenas a rotinização da cultura, mas a tentativa consciente de arrancá-la dos grupos privilegiados para transformá-la em fator de humanização da maioria, através de instituições planejadas"[15].

A modernização das artes e da literatura, vindo antes, ajudou a formar o gosto, que passará a dominar também na arquitetura, na decoração de interiores e no móvel. Assim, a emergência da arquitetura moderna já é fruto dessa rotina, e da busca de modernização geral do país, embora contraditoriamente comandada pela ditadura Vargas[16]. O momento decisivo em que a produção da mobília adquiriu as principais características de modernização, principalmente no nível do desenho foi, sem dúvida, o da introdução da arquitetura moderna no país, embora a produção ainda se mantivesse bastante artesanal.

Como clara expressão dessa modernização, o móvel acompanhará, ainda que com certa defasagem, as principais trajetórias das vanguardas europeias. Primeiro, a fase de produção de um móvel dentro das tendências internacionais das artes decorativas industriais: despojado, linhas retas, seguindo os padrões do *Art-Déco*. As linhas puras e a ausência do ornamento passam a nortear a concepção da mobília. Depois vieram os móveis dos arquitetos-designers, que seguiram a trilha da modernização internacional da mobília, do De Stijl a Bauhaus, entre outros.

Já a partir do segundo pós-guerra, como dizíamos, entra-se numa outra etapa, em que o móvel vai apresentar características mais brasileiras. O que não significa, porém, que o móvel aqui produzido tivesse deixado de receber influências, deliberadas ou não, de certos modismos decorrentes do movimento moderno. O que aconteceu é que a modernização do mobiliário, fazendo parte de um contexto mais amplo – a modernização da arquitetura e da cultura brasileira –, participou do processo de importação e assimilação de ideias e conceitos, que foi se tornando mais complexo, enriquecendo-se com o uso de elementos nacionais: os tecidos, as fibras naturais e outros materiais da terra. Consequentemente, esses elementos acabaram amortecendo o reflexo da importação de ideias, trazendo mais autonomia para a produção do móvel e caracterizando obras significativas, elaboradas dentro de um marco estilístico que respondeu mais adequadamente às nossas condições.

The modernization of the arts and of literature, which had come before, helped to shape the taste that would also come to prevail in architecture, interior decoration and furniture. With this, the emergence of modern architecture is now a fruit of this routine and of the quest for the general modernization of the country, despite being contradictorily lead by the dictatorship under Vargas[16]. The decisive moment in which the production of furnishings took on the foremost characteristics of modernization, especially in terms of design was, without doubt, this introduction of modern architecture to the country, even though production was still mainly artisanal.

As a clear expression of this modernization, furniture came to follow, albeit with a slight delay, the main paths of the European vanguards. First, the production phase of a piece of furniture within the international tendencies of the industrial decorative arts: simple, straight lines, according to the standards of Art Deco. Pure lines and the absence of ornament came to lead the way in the conception of furnishings. Next came the furniture created by architect-designers, who followed in the footsteps of the international modernization of furnishings, from De Stijl to Bauhaus, among others.

Following the end of World War II, as we have already mentioned, a new phase began, in which Brazilian furniture came to present more national characteristics. Which is not to say that the furniture produced here no longer received the influence, deliberate or otherwise, of certain fads arising from the modern movement. What happened was that the modernization of Brazilian furnishings, within a broader context – the modernization of Brazilian architecture and culture –, engaged in the process of importing and grasping ideas and concepts, which started to become intricated and enriched with Brazilian elements: the use of fabrics, of natural fibers, and of other materials from the land. As a consequence, these elements ended up softening the reflection of the importing of ideas, bringing greater autonomy for the production of furniture distinguishing significant works created within a stylistic reference that was better suited to Brazilian conditions.

38 - General factors relating to the modernization of furniture in Brazil

Interior e varanda da Casa Modernista da rua Santa Cruz. Móveis de Gregori Warchavchik, 1928.

Interior and balcony of *Casa Modernista* on Rua Santa Cruz. Furniture by Gregori Warchavchik, 1928.

Esse processo de adequação dos padrões funcionais da nova arquitetura ao interior doméstico não se deu, entretanto, de forma linear e sem problemas. A discussão – que vem desde o século XIX, especialmente com o movimento *Arts and Crafts* – sobre a relação entre a criação artística e a produção industrial prolonga-se até mesmo dentro do movimento moderno. Sabemos que a afirmação que Walter Gropius fez em 1923, de que "arte e técnica são uma e mesma coisa", representou, na época, uma mudança importante na maneira de encarar a produção dos objetos de uso doméstico, onde até então prevalecia a oposição entre objetos utilitários e objetos decorativos. O problema, entretanto, não está definitivamente resolvido. Até hoje discutimos o estatuto desses objetos.

Outro aspecto dessa polêmica é que, durante muitos anos, o móvel foi considerado um gênero menor da produção artística, um tipo de produção em que a inspiração do gênio nunca se manifestou – uma arte menor, a bem dizer, não é uma arte, mas sim uma ocupação técnica e manual. Não é à toa que, na Antiguidade, grande parte das operações técnicas era mantida fora do domínio do pensamento: eram ocupações consideradas servis.

Entre nós, a polêmica também se reproduz. Assim, Mário de Andrade, por exemplo, defensor inconteste da modernização, enfrentou as mesmas dificuldades. É o que se depreende do seguinte texto: "Se eu possuísse uma casa modernista (é lógico, inteiramente revestida modernistamente que nem esta casa exposta), entre os móveis modernos da sala de visitas eu colocava (*sic*) uma cadeira Luís XV. Imaginemos isso em nossa cabeça: qual a sensação que dá? A única legítima atualmente a respeito de uma cadeira Luís XV: a sensação de um objeto de arte. Uma cadeira Luís XV não é uma cadeira, é objeto de arte e, como tal, pode decorar nossa vida. Não tenho culpa si (*sic*) a gente daqueles tempos andou sentado (*sic*) em objetos de arte em vez de sentar em cadeiras, mas carece lembrar que as duquesas e duques de então eram objetos de arte também"[17]. O próprio Le Corbusier, apesar de propor a modernização "do talher à cidade", ainda recorria, em seus projetos, às cadeiras de Michael Thonet, cujas qualidades modernas eram enaltecidas por ele, mas que, de fato, ainda são expressão do gosto do século XIX, embora Corbusier, em colaboração com o primo Pierre Jeanneret e com Charlotte Perriand, tenha desenhado uma série de móveis com estrutura em aço tubular, dentro dos princípios do racionalismo e da simplicidade que caracterizaram sua obra[18].

As restrições ao emprego do móvel moderno estão também ligadas a outros fatores que não são meramente de ordem estética. Como a consolidação da arquitetura moderna residencial no Brasil coincidiu com o advento de nossa indústria, foi possível a produção em série tanto de elementos construtivos quanto de decoração, por exemplo, o móvel moderno para uso doméstico. Mas foram principalmente os móveis modernos para escritório os mais facilmente absorvidos, tendo-se beneficiado dessa modernização de forma mais imediata, inclusive, porque a grande arquitetura brasileira, especialmente a dos arquitetos cariocas, estava mais voltada para os prédios públicos.

Do fim dos anos 1950 até, talvez, a construção de Brasília, a modernização do ambiente doméstico se deu em pequena escala, o móvel sendo um dos elementos-chave

This process of adapting the functional standards of the new architecture to the home interior was not, however, linear and problem-free. The discussion – going on since the 19th century, especially with the Arts and Crafts movement – of the relationship between artistic creation and industrial production continues, even within the modern movement. We know that Walter Gropius' statement that "art and technique are one and the same thing", in 1923, represented, in those days, an important change in the way we looked at the production of household objects and appliances, which until then had seen a prevalence of opposition between utilitarian objects and decorative objects. The problem, however, has not been resolved once and for all. Even today we discuss the purpose of these objects.

Another aspect of this polemic point is that, for many years, furniture was considered to be a lesser genre of artistic production, a type of production in which the inspiration of the genius was never manifest: a minor art, indeed, is not really an art, but rather a technical and manual occupation. It is not for nothing that, in bygone days, a large part of the technical operations was kept apart from the domain of thought: these were occupations that corresponded to servile tasks.

Among ourselves, the polemic is also reproduced. This being so, Mário de Andrade, for example, an uncontested defender of modernization, was faced with the same difficulties, as illustrated in the following text: "If I had a modernist home (completely furnished, obviously, in a modernist manner, just like this house shown), among the modern furniture in the drawing room I would place a Louis XV chair. Let's picture this in our minds: what impression does it give? The only one that is currently legitimate with regard to a Louis XV chair: the impression of an object of art[17]. A Louis XV chair is not a chair; it is an object of art and, as such, is able to decorate our lives. I am not to blame if the people of those times used to sit on objects of art instead of sitting on chairs, but it is worth remembering that the duchesses and dukes of the day were also objects of art[17]. Le Corbusier himself, despite proposing modernization "from the cutlery to the city", still used in his projects Michael Thonet chairs, the modern qualities of which he praised, but that, in fact, still stand as an expression of the fondness from the 19th century, although Le Corbusier, in collaboration with his cousin Pierre Jeanneret and with Charlotte Perriand, had designed a range of furniture in tubular steel, within the principles of rationalism and simplicity that were characteristic of his work[18].

Restrictions in the use of modern furniture also bear ties to other factors of more than just an esthetic nature. Because the consolidation of modern residential architecture in Brazil concurred with the advent of its industry, it was possible to mass produce not only constructive elements, but also decorative ones, for example, modern furniture for domestic use. But the modern furniture for office use was the one most readily absorbed, having benefitted from this modernization more immediately, not least because the great Brazilian architecture, especially that of the architects from Rio de Janeiro, was more focused on public buildings.

Térreo do Ministério da Educação e Saúde no Rio de Janeiro. Projetado em 1936, por uma equipe composta por Lucio Costa, Carlos Leão, Oscar Niemeyer, Affonso Eduardo Reidy, Ernani Vasconcellos e Jorge Machado Moreira, com a consultoria do arquiteto franco-suíço Le Corbusier, é considerado um marco da arquitetura moderna no Brasil. Projeto de paisagismo de Roberto Burle Marx e murais de Cândido Portinari.

First floor for the Ministry of Education and Health in Rio de Janeiro. Designed in 1936 by a team comprised of Lucio Costa, Carlos Leão, Oscar Niemeyer, Affonso Eduardo Reidy, Ernani Vasconcellos and Jorge Machado Moreira, under consultation of the French-Swiss architect Le Corbusier and considered to be a landmark for modern architecture in Brazil. Landscape design by Roberto Burle Marx e murals by Cândido Portinari.

na constituição da interioridade privada, a ser preservada em contraposição à exterioridade do ambiente de trabalho. Sobre o interior como lugar de refúgio escreveu Walter Benjamin, referindo-se à casa burguesa do século XIX: "O ambiente em que se vive se contrapõe pela primeira vez, para o homem privado, ao lugar de trabalho. O primeiro se constitui no interior, o escritório é seu complemento. O homem privado, realista no escritório, exige do interior que o mantenha em suas ilusões. Esta necessidade é tanto mais estimulante quando nem pensa em estender suas reflexões mercantis às sociais. Reprime ambas ao configurar seu entorno privado. E assim resultam as fantasmagorias do interior. Para o homem privado o interior representa o universo. Reúne nele o longínquo e o passado. Sua sala é a plateia no teatro do mundo"[19]. Segundo Benjamin, a dissolução desse culto ao interior aconteceu no final do século passado, com o estilo *Art-Nouveau*. "A transfiguração da alma solitária se apresenta como sua meta. Sua teoria é o individualismo. Em Van der Velde, a casa aparece como expressão de personalidade. Para essa casa o ornamento é como uma assinatura para um quadro. Porém, nessa ideologia não chega a se expressar a significação real do estilo modernista. Representa a última tentativa de saída de uma arte sitiada pela técnica em sua torre de marfim. Expressa-se na linguagem dos médiuns, nas flores como símbolo da natureza vegetativa, que se opõe a um mundo armado tecnicamente. Os novos elementos da construção em ferro, as pilastras e as formas das vigas dominam o estilo *Liberty*. No ornamento, este se esforça em recuperar tais formas para a arte. O concreto lhe oferece novas possibilidades de configuração plástica na arquitetura. Nesse período, o verdadeiro centro de gravidade do espaço vital é o escritório. O que esta destituído de realidade encontra lugar na casa. O resultado final do estilo *Liberty* é este: a tentativa do indivíduo de rivalizar com a técnica, em nome de sua interioridade, o leva a sua ruína"[20].

At the end of the 1950s, up until, perhaps, the construction of Brasília, the modernization of the household environment took place on a small scale, with furniture being one of the key elements in the constitution of the private interiority, to be preserved in counter position against the exteriority of the work environment. With regard to the home interior as a place of refuge, Walter Benjamin wrote, in reference to the *bourgeois* home of the 19th century: "For the private man, the home environment is counterpoised, for the first time, against the work place. The former is constituted in the interior, with the office being its complement. The private man, a realist in the office, demands that the interior safeguards him within his illusions. This need is even more stimulating when there is absolutely no intention of extending his mercantile reflections to his social life. He represses both in configuring his private surroundings, and it is from there that the phantasmagorias of the interior arise. For the private man, the interior represents the universe. It brings together the distant and the past. Its living room is the audience at the theater of the world"[19]. According to Benjamin, the dissolution of this cult to the interior happened at the end of the last century, with the Art Nouveau style. "The transfiguration of the solitary soul presents itself as its goal. Its theory is individualism. In Van der Velde, the home appears as an expression of personality. For this home, the ornament is like the signature on a painting. However, in this ideology there is no expression of what the modernist style really means. It represents a final bid for escape by an art besieged by technique in its ivory tower. It is expressed in the language of the mediums, in flowers as a symbol of vegetative nature, which stands in opposition to a technically armed world. The new elements of construction in iron, the pillars and the shapes of the beams dominate the *Liberty* style. In the ornament, this style strives to recover such forms for art. The concrete offers new possibilities of configuration in architecture. In that period, the true center of gravity for vital space is the office. Anything that is devoid of reality finds a place in the home. The end result of the *Liberty* style is this: the attempt of the individual to rival the technical, in the name of its interiority, which leads to its downfall"[20].

Chaise-longue **LC4** com inclinação variável em aço cromado, com assento em couro ou pele. Charlotte Perriand, Le Corbusier e Pierre Jeanneret, 1928.

Chaise-longue LC4 with variable inclination, in chrome plated steel with leather or fur seat. Charlotte Perriand, Le Corbusier and Pierre Jeanneret, 1928.

Cadeira Red and Blue.
Gerrit Thomas Rietveld, 1918.

Red and Blue chair.
Gerrit Thomas Rietveld, 1918.

Poltrona LC2, estruturada em aço, com assento e encosto em revestimentos variados. Charlotte Perriand, Le Corbusier e Pierre Jeanneret, 1928.

LC2 easy chair, steel-framed with seat and backrest in a variety of coverings. Charlotte Perriand, Le Corbusier and Pierre Jeanneret, 1928.

Acredito que o estabelecimento dos limites da interioridade do homem moderno, em termos da dicotomia espaço privado interno versus espaço produtivo externo, também é decorrência da divisão sexual do trabalho, que atribuía ao homem funções produtivas externas e à mulher tudo o que diz respeito à programação e à manutenção da interioridade privada. Por isso, cuidados com a decoração, a ornamentação e com o próprio móvel são considerados affaire feminino. Tal multiplicidade de fatores permite ver, ainda que de forma muito sucinta, o caráter de marginalidade a que o móvel sempre esteve ligado. E foi a arquitetura moderna que pôs em questão tal caráter[21]. A partir de então, o móvel passa a ser visto como elemento essencial no projeto arquitetônico, tendo a mesma importância deste.

Mas é preciso considerar que os arquitetos não teriam podido realizar a reformulação dos padrões formais da mobília e de outros equipamentos domésticos caso não tivessem encontrado condições e terrenos propícios.

O racionalismo, que se apresentou em diferentes variantes – nas teorias de Adolf Loos, de Louis Sullivan, dos construtivistas russos, do Stijl, da Bauhaus, passando, inclusive, pela Hochschule für Gestaltung, de Ulm –, ganhou repercussão no Brasil a partir dos anos 1930, embora só tenha se consolidado na década de 1950, exercendo influências no mobiliário, na arquitetura, na literatura e na produção cultural em geral.

Na verdade, trata-se de um processo mais abrangente de racionalização da arte, que obedece a certa lógica sistêmica, uma espécie de *Zeitgeist* – espírito de época – que faz com que tanto a arquitetura quanto a pintura ou a produção de objetos de uso apresentem a mesma sintaxe. Assim, por exemplo, ela vem associada entre nós ao triunfo da arte abstrata. Dessa forma, o mobiliário é produzido dentro do mesmo espírito que preside as demais artes. Ele é expressão de seu tempo e liga-se, de alguma maneira, às correntes estéticas em vigor.

É nesse contexto que devem ser consideradas as conexões entre o concretismo, o desenho industrial e o móvel no Brasil. Quanto à avaliação dessas vinculações, os críticos se dividem. Para Ferreira Gullar (1930-2016), que inicialmente formulou a questão, a adoção do concretismo, notadamente no setor das artes plásticas, levou muitos artistas a ingressar involuntariamente no campo do desenho industrial, sem fazer a devida crítica que esta atividade requeria, principalmente à época em que o país ainda não dispunha de um parque industrial suficientemente consolidado[22]. Aracy Amaral reforça a tese da importância do engajamento dos artistas concretos nas atividades industriais: "a contribuição dos concretistas de São Paulo é visível tanto no desenho industrial, no mobiliário, como na implantação do Departamento de Desenho Industrial na Faculdade de Arquitetura e Urbanismo da Universidade de São Paulo, no cartazismo, na publicidade, nas marcas e logotipos realizados nessa década por artistas do grupo, no paisagismo e, até mesmo, na estamparia de tecidos"[23].

Entretanto, esse ponto de vista sobre a contribuição dos concretistas para o desenho industrial não é compartilhado por Júlio Katinsky (1932-), para quem "[...] a contribuição do concretismo para o desenho industrial talvez tenha ocorrido após o encerramento do movimento, quando da diáspora de seus membros e abandono de seus princípios progra-

I believe that the setting of boundaries to the interiority of the modern man, in terms of the dichotomy of private internal space versus productive external space, also resulted from the sexual division of labor, which attributed the external productive role to the man and everything related to the programming and maintenance of the private interiority to the woman. For this reason, taking care of the decoration, of the ornamentation and of the furnishings themselves is considered to be a female affair. Such multiplicity of factors makes it possible to situate, although very briefly, the nature of the marginality to which furniture has always been linked. And it was modern architecture that brought this nature into question[21]. As of that time, furniture has come to be seen as an essential element in architectural design and as bearing an equal level of importance.

But it must be considered that the architects would have no way of reformulating the formal standards for furnishings and other household equipment if they had not had not met supportive ground and conditions.

The rationalism that was presented in different variants – in the theories of Adolf Loos, of Louis Sullivan, of the Russian constructivists, of Stijl and of Bauhaus, also passing through Hochschule für Gestaltung of Ulm –gained repercussion in Brazil as of the 1930s, even though it only found consolidation in the 1950s, bearing influence on the furniture, architecture, literature and cultural production in general.

In fact, this is about a wider-reaching process of rationalization of the art, which obeys a certain systemic logic, a kind of *Zeitgeist* – a spirit of the times –, which means that architecture and painting and the production of utilitarian objects present the same syntax. In this manner it comes, for example, associated among us with the triumph of abstract art. This being so, furniture is produced within the same spirit that presides over the other arts. It is an expression of its time and is attached, in some way, to the prevailing esthetic tendencies.

It is in this context that consideration must be given to the connections between concretism, industrial design and furniture in Brazil. Critics are divided when evaluating these ties. For Ferreira Gullar (1930-2016), who initially formulated the question, the adoption of concretism, notably in the sector of the plastic arts, led many artists to involuntarily enter the fields of industrial design, without applying the critical eye that this activity would require, especially in the days when the country did not have a sufficiently consolidated industrial park[22]. Aracy Amaral underlines the thesis of how important the engagement of the concrete artists in industrial activities was: "the contribution of the concretists from São Paulo is equally visible in the industrial design and the furniture, as well as in the implanting of the Department of Industrial Design within the School of Architecture and Urbanism, University of São Paulo, in poster art, in advertising, in brands and logos created in that decade by artists from the group, in landscaping and even in patterns on fabrics"[23].

Em sua célebre série Fotoformas, explorando a fotografia abstrata em vertente construtivista, Geraldo de Barros se vale de cadeiras e outros móveis de sua produção, promovendo um cruzamento entre sua obra artística e a atividade de designer. 1948-1951.

In his celebrated series named Fotoformas (photo forms), exploring abstract photography in a constructivist vein, Geraldo de Barros uses chairs and other furniture produced by himself, promoting a cross between his artistic work and his activities as a designer. 1948-1951.

Cadeira desenhada por Geraldo de Barros para a Unilabor na década de 1950.

Chair designed by Geraldo de Barros for Unilabor in the 1950s.

máticos"[24]. De fato, o autor acaba concordando que os artistas concretistas engrossaram o clima posterior de institucionalização do desenho industrial; porém, no sentido exato da palavra, ele afirma: "Os concretistas nunca se dedicaram ao desenho industrial"[25].

De minha parte, acredito que se deva reconhecer, nas origens do desenho industrial brasileiro, esse compromisso decisivo com o concretismo, seja como ideologia, seja como prática. Neste ponto reside a importância do argumento proposto por Gullar, pois, a partir dele, pode-se compreender em que sentido a racionalidade, como instrumento do concretismo, serviu para mascarar e até mesmo diluir certos conflitos oriundos não só da natureza híbrida do desenho industrial, como também de sua manifestação em nosso país.

Um dos artistas concretistas que, de forma mais sistemática, se dedicou ao design foi Geraldo de Barros (1923-1998), ligado às experiências das empresas Unilabor e Hobjeto. Embora ele já tivesse aderido ao grupo Ruptura (1952), é ainda a partir dos pressupostos concretistas que ele tenta pensar a sua atividade como designer e as relações entre arte e técnica. Segundo ele, a arte concreta trouxe a possibilidade do estabelecimento de uma crítica ao "objeto único". O principal fator para promover a descaracterização dessa unidade foi aquilo que Geraldo chamou de "especificação do projeto". A abertura dessa nova possibilidade de experiência no âmbito da pintura foi, para Geraldo, de grande significação, possibilitando-lhe, segundo ele próprio, "aplicar os princípios do desenho industrial à pintura", e assim dessacralizar o objeto único.

Certo pragmatismo otimista, aliado a uma concepção aberta das relações entre a arte e a técnica, levaram Geraldo a se engajar diretamente na indústria, o que, aliás, como vimos, foi a tônica entre os concretistas paulistas. Ele, no entanto, vê nisso uma derivação natural, à diferença de Katinsky: "Uma vez que não consegui sucesso na minha arte concreta, eu fui fazer móveis". Tratar-se-ia apenas da transferência das lições do concretismo para um terreno mais produtivo[26].

Do exposto, depreende-se que vários fatores determinaram o processo de modernização do móvel no Brasil. Neste livro procurei sistematizar parte da documentação relativa ao design do mobiliário projetado e produzido no Brasil no século XX. Apesar de esta mobília ter introduzido as inovações do projeto moderno no âmbito da arquitetura e dos interiores, de um modo geral ela se distanciou do equipamento doméstico e do móvel de maior utilização social, que frequentemente se inspira no trabalho de arquitetos e designers – o móvel de autor –, mas que resulta num simulacro desprovido da grife e do prestígio do original. A partir das oscilações entre o móvel de autor e o seu simulacro, entre a produção semi-industrial e aquela em série – dados os fatores discutidos – é que o móvel moderno foi encontrando seu caminho no Brasil.

This point of view regarding the contribution of the concretists to industrial design is not, however, shared by Júlio Katinsky (1932-), for whom "[...] the contribution of concretism to industrial design may have occurred after the movement had ended, when its members all went their own ways and their programmatic principles were abandoned"[24]. Indeed, the author ends up agreeing that the concrete artists added to the later air of institutionalization for industrial design; but, in the precise sense of the word, he states: "The concretists never dedicated themselves to industrial design"[25].

For my part, I believe that this decisive commitment to concretism must be acknowledged in the origins of Brazilian industrial design, be it as an ideology or as a practice. It is in this point that the importance of the argument proposed by Gullar resides, since, from then on, it became possible to comprehend to what degree rationality, as an instrument of concretism, served to mask, and even dilute, certain conflicts arising not only from the hybrid nature of industrial design, but also from its manifestation in Brazil.

One of the concretist artists who dedicated himself to design on a more systematic basis was Geraldo de Barros, in connection with the experiments of the Unilabor and Hobjeto companies. Although he had already joined the Rupture group (1952), he still tried to apply concretist premises to his activities as a designer and to the relationships between art and technique. According to him, concrete art brought with it the possibility of establishing a critique of the "one-off object". The main factor in promoting the de-characterization of this unit was what Geraldo called "project specification". The opening up of this new possibility for experimentation within the boundaries of painting was of great meaning to Geraldo, providing him with the possibility, according to himself, "of applying the principles of industrial design to painting" and thereby desacralizing the one-off object.

A certain pragmatic optimism, allied with an open conception of the relationships between art and technique, lead Geraldo to engage directly with industry, which in fact, as we have seen, was the tonic for the São Paulo concretists. He, however, sees in this a natural derivation from the difference represented by Katinsky: "Since I was unable to find success in my concrete art, I decided to make furniture". All it was is the transfer of lessons in concretism to a more fruitful terrain[26].

From what has been said, it can be seen that various factors have determined the process behind the modernization of furniture in Brazil. In this book I have sought to systematize part of the documentation relating to the furniture designed and produced in 20th-century Brazil. Despite this furniture having introduced the innovations of modern design to the ambit of architecture and interiors, in general terms it has moved away from household equipment and furniture meant for more extensive social use, which is often inspired by the work of architects and designers – designer furniture – but which results in a copy, without the brand name or the prestige of the original. Based on the oscillations between designer furniture and its copy, between semi-industrial and mass production – given the factors discussed –, modern furniture began to find its way in Brazil.

NOTAS
NOTES

1. Segundo Lucio Costa, a presença da mão de obra portuguesa na produção de mobília sempre foi significativa no Brasil: "se o material empregado era, isto sim, bem brasileiro, aqueles que o trabalharam foram sempre ou portugueses, filhos mesmo de Portugal – muitos deles irmãos leigos das ordens religiosas –, ou, quando nascidos no Brasil, de ascendência exclusivamente portuguesa, ou então mestiços, misturas em que entravam, junto com o do negro e o do índio, dosagens maiores ou menores de sangue português. Quanto ao negro ou índio sem mistura, limitava-se o mais das vezes a reproduzir móveis do reino e de qualquer forma, se fazia mestre no ofício sob as vistas do português". COSTA, Lucio. "Notas sobre a evolução do mobiliário luso-brasileiro". *Revista do Patrimônio Histórico e Artístico Nacional*, Rio de Janeiro, (3): p. 149-62, 1939.

2. Lucio Costa considera que a preferência pela repetição de determinados modelos em detrimento de outros mais em voga na metrópole se justifica: "[...] não só porque as modas da corte chegavam aqui com muito atraso, e se infiltravam pela vastidão do território da colônia ainda com maior lentidão, mas também porque não havia nenhum interesse particular que estimulasse e justificasse a adoção apressada de formas novas em substituição, quando a maneira de viver e todo quadro social continuavam não somente inalterados, mas sem perspectivas próximas de alteração" (COSTA, Lucio. *Op. cit.*).

3. No Sul do país foi significativa a presença da cultura polonesa, que introduziu o hábito do uso da tradicional cadeira Polaca, em madeira, com assento de taboa trançada.

4. Michael Thonet (1796-1871) fez experiências na Alemanha, em Boppard, com folhas de madeira compensada curvas, moldadas termicamente, entre 1836 e 1840. A estandardização e a produção em série começaram em 1849, quando instalou sua fábrica em Viena. Em 1851 apresentou o resultado de seu trabalho na exposição de Londres. A partir de 1860, com uma produção em série e industrializada, Thonet passou a exportar seus móveis, que tiveram grande aceitação de mercado, pois eram baratos, leves e de fácil transporte. Durante toda sua vida, Le Corbusier utilizou mobília Thonet para equipar seus edifícios, principalmente as cadeiras, às quais ele se referia por sua elegância da concepção, pureza da execução e eficácia de utilização.

1. According to Lucio Costa, the presence of a Portuguese workforce in the production of furniture has always been significant in Brazil: "if the material used was, in fact, totally Brazilian, the ones who worked with it were always either Portuguese, true sons of Portugal – many of them, lay members of the religious orders –, or, when born in Brazil, from exclusively Portuguese parentage, or of mixed race, mixtures in which, together with the Black or Indian, were varying doses of Portuguese blood. Non-mixed blood Blacks and Indians mostly limited themselves to reproducing furniture from the kingdom and whatever the case, they came to be masters of the trade under the eyes of the Portuguese". COSTA, Lucio. *"Notas sobre a evolução do mobiliário luso-brasileiro"*. Revista do Patrimônio Histórico e Artístico Nacional, Rio de Janeiro, (3): p. 149-62, 1939.

2. Lucio Costa considers that the preference for the repetition of certain models in detriment to others that were more in fashion in the metropolis is justified: "[...] not only because the fashions of the Court arrived here with considerable delay and infiltrated the vastness of the colonial territory even more slowly, but also because there was no particular interest that stimulated and justified the hasty adoption of new forms to substitute the old ones, when the way of life and the entire social set up remained not only unaltered, but with no prospects for change on the horizon" (COSTA, Lucio. *Op. cit.*).

3. In the south of the country there was a significant presence of the Polish culture, which introduced the habit of using the traditional *"Polaca"* chair, built in wood with a woven reed seat.

4. Michael Thonet (1796-1871) experimented in Germany, in Boppard, with heat-molded sheets of curved plywood, between 1836 and 1840. Standardization and serial production began in 1849, when he set up a factory in Vienna. In 1851, he presented the results of his work at the London Exhibition. As of 1860, with the arrival of serial and industrialized production, Thonet began to export his furniture, which was very well accepted on the market, since it was inexpensive, light and easy to transport. Throughout his life, Le Corbusier used Thonet furniture to equip his buildings, especially the chairs, to which he referred the elegance of their conception, the purity of fabrication and the efficiency of use.

NOTAS
—
NOTES

5. Segundo Tilde Canti, essa empresa foi presidida por Ernesto Eugenio da Graça Bastos e teve como secretário Leandro Augusto Martins, que, mais tarde, contratou Joaquim Tenreiro para desenhar móveis em sua marcenaria. CANTI, Tilde. *O móvel do século XIX no Brasil*. Rio de Janeiro: Candido Guinle de Paula Machado, 1989, p. 153.

6. A implantação dos Liceus de Artes e Ofícios iniciou-se no Rio de Janeiro, em 1858. A eles se seguiram os liceus de outras cidades: Bahia (1872), São Paulo (1873), Pernambuco (1880), Santa Catarina (1883), Amazonas e Alagoas (1884), Ouro Preto/MG (1886), Serro/MG (1879) e Diamantina/MG (1896). A respeito do Liceu de Artes e Ofícios de São Paulo, ver: BELUZZO, Ana Maria de Moraes. *Artesanato, arte e indústria*. Tese de Doutorado. FAU-USP, São Paulo, 1988. Especialmente o capítulo 3, p. 97-349 e anexos. Tese apresentada posteriormente à redação deste trabalho.

7. No que se refere às madeiras, o Brasil sempre foi favorecido, destacando-se, inclusive, como grande exportador de jacarandá, mogno, peroba, imbuia, pinho e tantas outras. Nos últimos dez anos, a graciosidade e a leveza das madeiras claras, principalmente o pinho da araucária, têm sido exploradas com excelente resultado, trazendo amplitude visual aos reduzidos ambientes modernos.

8. Pode parecer até curioso: afinal, o que tem a ver o seu nome com o móvel e a arquitetura brasileira? As incursões de Mário pelo desenho iniciaram e terminaram no restrito âmbito familiar. Tudo começou no ano de 1920, com a mudança da velha casa da rua Paissandu para a da rua Lopes Chaves. Conforme sua irmã, Maria de Lourdes Andrade Camargo (1901-1989), "[...] antes mesmo de iniciar a mudança, Mário já estava preocupado em como mobiliar a nova casa. Mudamos para a Lopes Chaves em 1921, mas ainda quando estávamos na rua Paissandu ele começou a desenhar e mandar fazer os móveis dele. Desenhou móveis para o seu *studio*, duas peças para a sala de visitas, onde guardava santos, objetos antigos e livros. Desenhou também um jogo de estofados, uma mesa, banco com repartições para músicas, um oratório e um gaveteiro, que ele tirou ideia de uma revista alemã, e estantes de parede inteira com prateleiras que pegavam de alto a baixo, com banco embutido" (Depoimento de Maria de Lourdes Andrade Camargo, São Paulo, 1979.) Essas necessidades tão peculiares de uso do espaço levaram Mário de Andrade ao desenho das seguintes peças: um conjunto de sofá e duas poltronas em madeira escura e envernizada, com um elemento vazado para guardar livros e espaço para encaixe de cinzeiro. Desenhou também: mesa redonda em madeira clara, com pés em forma de lira; estante para guardar objetos de arte e santos, contendo duas prateleiras envidraçadas, portas de correr e esquadrias de madeira para sustentação dos vidros,

5. According to Tilde Canti, this company was directed by Ernesto Eugenio da Graça Bastos and the secretary was Leandro Augusto Martins, who later hired Joaquim Tenreiro to design furniture at his joinery studios. CANTI, Tilde. *O móvel do século XIX no Brasil*. Rio de Janeiro, Candido Guinle de Paula Machado, 1989, p. 153.

6. The implantation of the Lyceums of Arts and Crafts began in Rio de Janeiro, in 1858. These were followed by the lyceums of other cities: Bahia (1872), São Paulo (1873), Pernambuco (1880), Santa Catarina (1883), Amazonas and Alagoas (1884), Ouro Preto/MG (1886), Serro/MG (1879) and Diamantina/MG (1896). With regard to the Lyceum of Arts and Crafts of São Paulo, see: BELUZZO, Ana Maria de Moraes. *Artesanato, arte e indústria*. Doctorate Thesis. FAU-USP, São Paulo, 1988. Especially chapter 3, p. 97-349 and attachments. Thesis presented after the writing of this work

7. With regard to types of wood, Brazil has always been favored and has enjoyed distinction as a major exporter of rosewood, mahogany, peroba, Brazilian walnut, pinewood, and many others. In the last ten years, due to their graciousness and levity, light-colored woods, especially Parana pine, have been used with excellent results, bringing visual amplitude to the reduced spaces of modern interiors.

8. This may seem curious: after all, what does his name have to do with Brazilian furniture and architecture? Mário's incursion into design began and ended strictly within his family environment. It all started in 1920, with the move from the old house on Paissandu Street to Lopes Chaves Street. According to his sister, Maria de Lourdes Andrade Camargo (1901-1989), "[...] even before we started moving, Mário was already worrying about how to furnish the new house. We moved to Lopes Chaves in 1921, but even while we were still at Paissandu Street, he began to design and order his furniture to be made. He designed furniture for his studio, two pieces for the sitting room, where he kept his religious icons, antique objects and books. He also designed a set of upholstered pieces, a table, a piano stool, a prayer stool and a chest of drawers, for which he took the idea from a German magazine, and full-wall shelves that went from top to bottom, with a built in step", (Testimonial from Maria de Lourdes Andrade Camargo, São Paulo, 1979). Such peculiar needs for the use of space led Mário de Andrade to design the following pieces: a set of sofa and two armchairs in dark, varnished wood, with an open part to keep books and a space to hold an ashtray. He also designed: a light-colored, round, wooden table, with harp-shaped legs; a stand on which to keep objects of art and religious icons, containing two glass

dispostos de forma assimétrica; prateleiras de parede inteira, com vão e repartições para guardar partituras; guarda-roupa de madeira escura envernizada; banco com tampo e repartições para guardar músicas. Mandou executar também duas outras peças, seguindo modelos publicados em revista alemã: um oratório e um gaveteiro, ambos em madeira escura envernizada. A fonte desses modelos é a Deustche Kunst und Dekoration, Wohnungskunst, Malerei, Plastik, Architektur, Gartenkunstleriche, Frauenarbeiten. *Darmstadt*, 4(24): 212, jan. 1921.

9. O edital para a realização desse concurso foi publicado em 15 de outubro de 1936. Em seu primeiro artigo definiu que o "concurso consistirá na apresentação de projetos de mobílias para uma sala, conjuntamente de jantar e estar, quarto de dormir, quarto infantil e cozinha". Foi estabelecido também, conforme artigo quinto, que "os projetos deverão atender à originalidade de estilo, bem como ao conforto e economia", podendo participar do evento tanto pessoas individualmente quanto firmas comerciais estabelecidas no Brasil. Numa carta a Murilo Miranda, ele informou sobre a composição do júri desse concurso: Warchavchik, como representante do Departamento de Cultura, um técnico de marcenaria, chefe das oficinas, como representante do Liceu de Artes e Ofícios, e um representante do Sindicato dos Trabalhadores de Madeira.

10. Houve também um aspecto da reflexão de Mário de Andrade sobre a cultura brasileira que revelou sua dimensão crítica num setor diretamente ligado ao desenho de móvel: a crítica de arquitetura. Em carta a Manuel Bandeira, de 30 de agosto de 1927, Mário informou sobre seu ingresso como articulista no *Diário Nacional*, para o qual escreveu "coisinhas quase diárias", discutindo ativamente os principais projetos e polêmicas em torno da arquitetura moderna brasileira e paulista.

11. Desenhou roupas numa pequena folha de bloco: um modelo de *robe de chambre*, acompanhado das seguintes explicações: *setin brillant* por dentro, com *debrun* dele por fora e costuras aparentes; um modelo de vestido também acompanhado de anotações. Na área de programação gráfica, fez um projeto de encadernação da *Revue Musicale*.

12. Conforme DAHER, Luiz Carlos. *Flávio de Carvalho e a volúpia da forma*. São Paulo: MWM, 1984, p. 137.

13. WARCHAVCHIK, Gregori. *Acerca da Arquitetura Moderna* (1925), *Arte em Revista*. Ano 2, número 4, ago. 1980. CEAC/Kairós. São Paulo (org. Maria Cecilia Loschiavo dos Santos).

shelves, sliding doors and wooden frames to hold the glass, set out asymmetrically; fully-fitted wall shelves, with a space and partitions to keep sheet music; a dark-colored varnished wooden wardrobe; a stool with a lid and compartments to keep music. He also had two other pieces made, in accordance with models published in a German magazine: a prayer stool and a chest of drawers, both in dark-colored varnished wood. The source of these models is the *Deutsche Kunst und Dekoration, Wohnungskunst, Malerei, Plastik, Architektur, Gartenkunstleriche, Frauenarbeiten*. Darmstadt, 4(24): 212, January 1921.

9. The edict for the holding of this competition was published on October 15, 1936. In its first article, it defined that the "competition would consist of the presentation of designs for room furniture, consisting of dining room, living room, bedroom, children's bedroom and kitchen". It was also established, in compliance with article 5, that "the designs are to present originality of style, as well as comfort and economy", with the event being equally open to individuals or to commercial firms established in Brazil. In a letter to Murilo Miranda, he talked about the composition of the judging panel for this competition: Warchavchik, as representative of the Department of Culture; a joinery technician, head of the workshops, as representative of the Lyceum of Arts and Crafts; and a representative from the Brazilian Woodworkers Union.

10. There was also an aspect of reflection in Mário de Andrade regarding the Brazilian culture that revealed its critical dimension in a sector directly related to furniture design: the critique of architecture. In a letter to Manuel Bandeira, from August 30, 1927, Mário talked about his entry as a columnist for the *Diário Nacional* newspaper, for which he wrote "almost daily stuff", actively discussing the main projects and polemics relating to the modern architecture of Brazil and São Paulo.

11. He designed clothes in a small notepad: a model for a dressing gown, accompanied by the following explanations: shiny satin inside with satin piping on the outside and visible stitching; a model for a dress, also accompanied by notes. In the field of graphic design, he did a project for the book binding of the *Revue Musicale*.

12. In accordance with DAHER, Luiz Carlos. *Flávio de Carvalho e a volúpia da forma*. São Paulo, MWM, 1984, p. 137.

13. WARCHAVCHIK, Gregori. A*cerca da Arquitetura Moderna* (1925), *Arte em Revista*. Year 2, number 4, August 1980. CEAC/Kairós. São Paulo (org. Maria Cecilia Loschiavo dos Santos).

NOTAS
—
NOTES

14. ANDRADE, Mário de. *Diário Nacional*. São Paulo, 1º de fevereiro de 1928.

15. CANDIDO, Antonio. "Prefácio". In: DUARTE, Paulo. *Mário de Andrade por ele mesmo*. 2ª ed. corr. e aum. São Paulo: Hucitec, Secretaria da Cultura, Ciência e Tecnologia, 1977, p. xii-v.

16. A propósito das relações entre a arquitetura moderna e o Estado Novo, Mário Pedrosa observou que "os jovens arquitetos foram os verdadeiros revolucionários; e a revolução que eles empreenderam foi a sua, em nome de ideais sociais e estéticos muito afirmados, bem mais profundos que os dos políticos, e de sua revolução, além do mais muito superficial. [...] Os novos construtores utilizam-se do poder de ação dos ditadores para pôr em prática suas ideias. Souberam fazer compreender então tudo o que pensavam e sonhavam realizar. A ditadura lhes ofereceu essa possibilidade, mas resultou daí uma contradição ainda não totalmente superada entre os ideais democráticos e sociais implícitos na nova arquitetura, entre seus princípios racionais e funcionalistas e as preocupações de autopropaganda, de exibição, de força, o gosto do suntuoso e da riqueza para impressionar os responsáveis pela ditadura, simbolizada talvez então pelo 'brio' às vezes excessivo e as formas gratuitas que se tornaram moda". (PEDROSA, Mário. *Dos murais de Portinari aos espaços de Brasília*. São Paulo: Perspectiva, 1981, p. 258-59.)

17. ANDRADE, Mário de. *Diário Nacional*, São Paulo, 5 de abril de 1930.

18. Parte da produção de Corbusier foi exposta no salão do automóvel de Paris, em 1929. Criou mesa com pés de aço tubular e tampo de vidro (1928), sofá e poltrona estruturados em aço, com assento e encosto em revestimentos variados (1928), cadeira giratória (1928), banqueta (1928) e armários com pés de aço. No Brasil, ganhou grande difusão a *chaise-longue* LC4 (1928) com inclinação variável, carcaça em aço cromado, revestida em couro, pele ou tecido autoportante. Toda a linha "Cassina I Maestri" – uma seleção do mobiliário mais significativo criado pelos principais arquitetos modernistas: Rietveld, Mackintosh, Frank Lloyd Wright, Asplund – foi produzida no Brasil, sob licença, pela Probjeto.

19. BENJAMIN, Walter. "Illuminaciones II". *Luis Felipe ou o interior*. Madri: Taurus, 1952, p. 182.

20. *Ibidem*, p. 183.

14. ANDRADE, Mário de. *Diário Nacional*. São Paulo, February 1, 1928.

15. CANDIDO, Antônio. "Prefácio". In: DUARTE, Paulo. *Mário de Andrade por ele mesmo*. 2nd ed. corrected and improved. São Paulo, Hucitec, Secretaria da Cultura, Ciência e Tecnologia, 1977, p. xii to xv.

16. With regard to relationships between modern architecture and the Vargas Era, Mário Pedrosa made the observation that "the young architects were the true revolutionaries; and the revolution they brought was their own, in the name of strongly affirmed social and aesthetic ideals, much more profound than those of the politicians and of their revolution, which was, apart from anything else, highly superficial. [...] The new builders made use of the power of action of the dictators to put their ideals into practice. They thereby made everything that they thought and dreamed of doing understood. The dictatorship offered them this possibility, but led to a contradiction that had yet to be fully overcome among the democratic and social ideals that were implicit in the new architecture, among its rational and functionalist principles and the preoccupations with self-promotion. Ostentation, strength, a taste for the sumptuous and wealthy to impress those responsible for the dictatorship, symbolized at that time by the sometimes excessive 'dignity' and the gratuitous forms that became fashion". (PEDROSA, Mário. *Dos murais de Portinari aos espaços de Brasília*. São Paulo, Perspectiva, 1981, p. 258-59.)

17. ANDRADE, Mário de. *Diário Nacional*, São Paulo, April 5, 1930.

18. Part of Corbusier's production was put on show at the Paris Automobile fair in 1929. He created a glass-topped table with tubular steel legs (1928), a sof and armchair with steel frames and seat and backrests in a variety of finishes (1928), a swivel chair (1928), a stool (1928) and cupboards with steel legs. In Brazil, widespread diffusion was enjoyed by a chaise longue LC4 (1928) with a variable recline and chrome-plated steel frame dressed in leather, like a self-bearing skin or tissue. The entire *"Cassina I Maestri"* line – a selection of the most significant furniture created by the foremost modernist architects: Rietveld, Mackintosh, Frank Lloyd Wright, Asplund – and produced in Brazil, under licence, by Probjeto.

19. BENJAMIN, Walter. "Illuminaciones II". *Luis Felipe ou o interior*. Madrid, Taurus, 1952, p. 182.

20. *Ibidem*, p. 183.

21. Segundo Mário Pedrosa, "A revolução arquitetônica não é, pois, puramente externa. Ao contrário, ela se dirige para fora e para dentro do edifício, onde permite que, pela primeira vez, desde as épocas pré-históricas, quando o homem primitivo vivia no interior da terra, tenhamos consciência física do avesso do espaço, da sua existência física". (PEDROSA, Mário. *Dos murais de Portinari aos espaços de Brasília*. São Paulo: Perspectiva, 1981, p. 253.)

22. Gullar examina esse tema em: 1) "Por que parou a arte brasileira". *Revista Civilização Brasileira*. Rio de Janeiro, (1):225, março, 1965; 2) "Arte neoconcreta, uma contribuição brasileira". Revista *Crítica de Arte*, Rio de Janeiro, 1(1):5, março, 1962; 3) depoimento à autora, Rio de Janeiro, 1979.

23. AMARAL, Aracy. *Duas linhas de contribuição concretas em São Paulo/neoconcretos no Rio de Janeiro*. Projeto construtivo na arte 1950-1962. Rio de Janeiro: MAM; São Paulo: Pinacoteca do Estado, 1977, p. 329.

24. KATINSKY, Júlio Roberto. O concretismo e o desenho industrial. Projeto construtivo na arte 1950-1962. Rio de Janeiro: MAM; São Paulo: Pinacoteca do Estado, 1977, p. 329.

25. KATINSKY, Júlio Roberto. *Op. cit.*, p. 328.

26. Depoimento de Geraldo de Barros à autora. São Paulo, 24 de setembro de 1979.

21. According to Mário Pedrosa, "The architectural revolution is not, therefore, purely external. On the contrary, it is directed to the outside and the inside of the building, where it allows us, for the first time since pre-historic times, when primitive man lived within the earth, to have a physical awareness of the inside of space, of its physical existence". (PEDROSA, Mário. *Dos murais de Portinari aos espaços de Brasília*. São Paulo, Perspectiva, 1981, p. 253.)

22. Gullar examines this topic in: 1) *"Por que parou a arte brasileira"*. Revista Civilização Brasileira. Rio de Janeiro, (1):225, March, 1965; 2) *"Arte neoconcreta, uma contribuição brasileira"*. Revista Crítica de Arte, Rio de Janeiro, 1(1):5, March, 1962; 3) statement to the author, Rio de Janeiro, 1979.

23. AMARAL, Aracy. *Duas linhas de contribuição concretas em São Paulo/neoconcretos no Rio de Janeiro*. Projeto construtivo na arte 1950-1962. Rio de Janeiro. MAM; São Paulo, Pinacoteca do Estado, 1977, p. 329.

24. KATINSKY, Júlio Roberto. *O concretismo e o desenho industrial*. Projeto construtivo na arte 1950-1962. Rio de Janeiro, MAM; São Paulo, Pinacoteca do Estado, 1977, p. 329.

25. KATINSKY, Júlio Roberto. *Op. cit.*, p. 328.

26. STATEMENT from Geraldo de Barros to the author. São Paulo, September 24, 1979.

Cama Patente: racionalização do desenho e da produção

—

Patente bed: the rationalization of design and production

Publicidade da Cama Patente, sem data.

Publicity for the Cama Patente L. Liscio industry, no date.

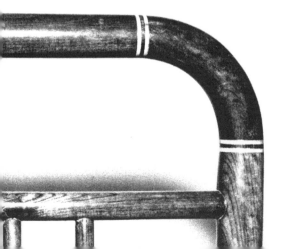

Detalhe da Cama Patente.

Detail of the Patente bed.

A Cama Patente foi uma experiência pioneira na racionalização do desenho e da produção de móveis no país. Projetada em 1915 por Celso Martinez Carrera (1884-1955), propiciou uma nova visão do mobiliário e antecipou a preocupação moderna com o despojamento das linhas. Trouxe, ainda, as novas potencialidades do uso da madeira torneada, correspondendo a uma versão em madeira da cama de ferro. Desde aproximadamente 1830, o ferro foi utilizado para a fabricação de camas na Inglaterra, onde se realizaram várias tentativas para resolver a complexa união dos tubos horizontais e verticais[1]. É preciso frisar, entretanto, que as linhas e as formas puras, a leveza e a simplicidade, tão inovadoras para o gosto reinante, no caso da Cama Patente não corresponderam a um despojamento programático. Pelo contrário, a limpeza do desenho da Patente deveu-se, prioritariamente, a questões econômicas. Tratou-se de pôr em prática princípios funcionais que tornaram possível a industrialização da cama a um custo acessível ao consumo popular, um fator decisivo para o seu êxito comercial.

Com a Cama Patente o repertório do móvel brasileiro ganhou um componente moderno: o uso da madeira torneada que, do ponto de vista formal, remeteu aos históricos móveis em madeira curvada, consagrados internacionalmente pela produção de Michael Thonet (1796-1871), inaugurada em 1836 através de cadeiras, com partes executadas em compensado moldado termicamente[2]. A estandardização e a produção em série das cadeiras Thonet iniciaram-se a partir de 1850 e prosseguem até hoje. O nome Thonet está indissoluvelmente ligado ao móvel moderno, e o próprio Le Corbusier exibiu, "quase como manifestos", esses modelos estandardizados em seu "Pavillon de l'Espirit Nouveau", na Exposição das Artes Decorativas em Paris, em 1925, conforme registrou Giedion:

> Nós tínhamos introduzido, no pavilhão do Espírito Novo, bem como nos hotéis e em pequenas casas populares, a cadeira Thonet de madeira vaporizada, certamente a mais banal e a mais barata das poltronas. E acreditamos que essa cadeira, cujos milhões de cópias guarnecem o nosso continente e as Américas, leva nobreza, pois a sua "pobreza" é um concentrado de formas suscetíveis de se harmonizar com o corpo.[3]

—

The Patente bed was a pioneering experiment in the rationalization of furniture design and production in Brazil. Designed in 1915 by Celso Martinez Carrera (1884-1955), it brought a new vision of furniture and served as a forerunner of the modern preoccupation with plain and simple lines. It also brought new potential uses for turned wood, corresponding to a wooden version of the iron bedstead, which since around 1830 had been used for the manufacture of beds in England, where a number of attempts had been made to resolve the complex joining of the horizontal and vertical tubes[1]. It should be pointed out, however, that the pure lines and shapes, its lightness and simplicity, so new to the prevailing taste, in the case of the Patente bed, did not correspond to a deliberate stripping down. On the contrary, the cleanness of the design of the Patente bed was primarily due to questions of economy. It was about putting functional principles into practice that made it

53

possible to industrialize the bed, at an affordable price for generalized consumption, which was a decisive factor in its commercial success.

With the Patente bed, the repertoire of Brazilian furniture earned a modern component: the use of turned wood that, from a formal point of view, was reminiscent of the bentwood furniture internationally consecrated by the work of Michael Thonet (1796-1871), whose production began in 1836, with chairs made out of heat-molded layerwood[2]. The standardization and mass production of the Thonet chairs began in 1850 and continues to the present day. The name Thonet is inextricably linked to modern furniture, and Le Corbusier himself exhibited, "Almost as manifestoes", these standardized models in his "Pavillon de l'Espirit Nouveau", at the Decorative Arts Exhibition, in Paris, 1925, as registered by Giedion:

> We had introduced in the *Pavillon de l'Esprit Nouveau*, like in the hotels or small common residences, the Thonet chair made in steamed wood, certainly the most ordinary and cheap of the chairs. And we believe that this chair, of which millions of copies are strewn across our continent and the Americas, bears nobility, since its poverty is a concentration of forms susceptible to being harmonized with the body.[3]

Even though the use of bentwood was severely criticized by Bauhaus, it serves as a basic reference for 20th century furniture, standing in the genealogy of forms as a predecessor of tubular steel chairs, the main designers of which were Marcel Breuer, who created a light and semi-suspended chair in 1925, made from Mannesmann tubular steel, and Mies van der Rohe, who designed the elastic tubular steel chair in 1927.

The use of chrome-plated tubular steel in modern Brazilian furniture was present in the work of John Graz (1891-1980), in the 1930s, adhering to one of the main international tendencies of the day. In the 1950s, the architect Paulo Mendes da Rocha (1928-) designed chairs using steel tubes. Geraldo de Barros also used this material in many of his seats and, more recently, Sergio Rodrigues also used steel tubes in conjunction with wood.

It should be remembered, however, that in the general evolution of the Patente bed, the purification of lines, coherence of design and insistence on functional aspects were not always the tonic, on the grounds that, as of a certain moment, production fell into slippery ground with regard to contradictions of "style" and began to add decorative and ornamental elements to a number of models – there was even a "gothic" version of the bed made –, which could never be reconciled with the formal rationality of its original lines.

The first example of this bed was made in Araraquara, at the request of a physician from that town – Dr. Francisco Pedro Monteiro da Silva – to equip his clinic. Since, at that time, the importing of the iron beds traditionally used for that purpose was hindered by the war, it was necessary to create a design that would replace them.

Envelope timbrado da Grande Fábrica de Móveis Finos Celso Martinez Carrera, sem data.

Headed envelope from the Grande Fábrica de Móveis Finos Celso Martinez Carrera, no date.

Croqui não assinado da Cama Patente, datado de 1918.

Unsigned sketch of the Patente bed, dated 1918.

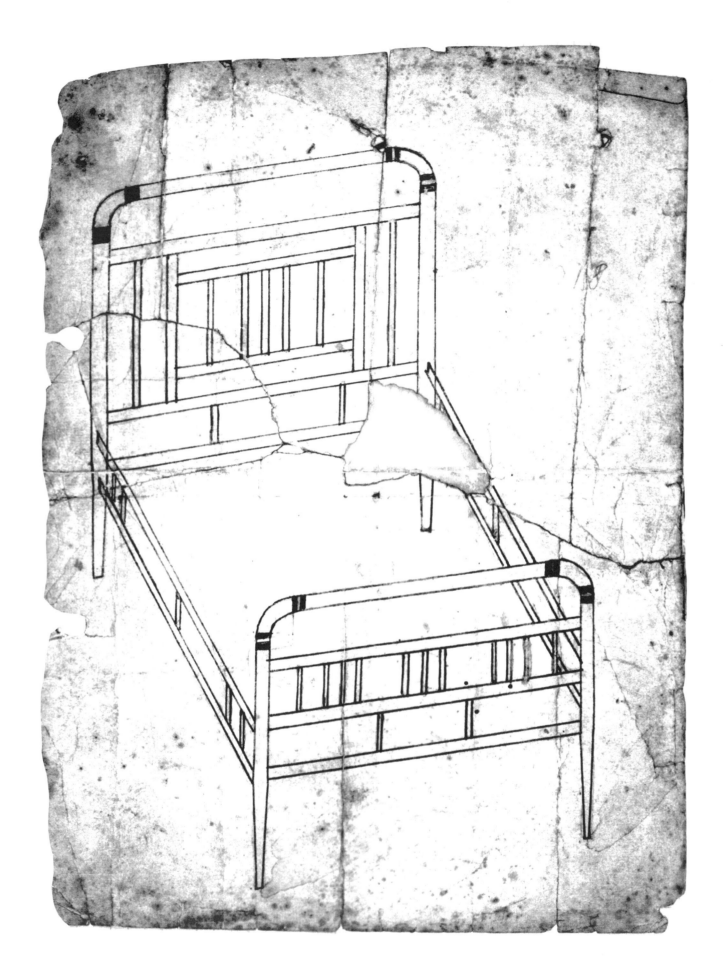

Cama Patente: racionalização do desenho e da produção - 55

These predecessors are important and they contribute to expounding a certain similarity of lightness and simplicity of lines shared by the iron beds and the Patente bed, and, moreover, the purified forms constituted a fundamental element to making it possible to move from hand-building to serial production, which became viable soon after.

We may consider the design of this bed to be a veritable manifesto in favor of modernity and functionality in furniture, which brought about profound changes in terms of design, manufacture, constructive processes, commercialization, consumption and the standards of taste within the sector.

Fábrica de Móveis Carrera

Celso Martinez Carrera, born in Galicia, Spain, son of a craftsman who worked with masonry, came to Brazil in 1906. Like many other immigrants, he came to try his luck and soon started work in the joinery workshops belonging to a railroad company, where he learned the craft. In 1909, he opened his own joinery shop, equipped with imported machinery and employing the excellent artisanal workforce available in the region, composed basically of Spanish and Italian immigrants.

He process for selecting, buying, treating and preparing the wood was looked after personally by Celso Martinez Carrera. The preparation of the wood relied on water and sunshine; the coloring and varnishing were done with shellac and imported pigments. Production at the factory was divided into two phases: initially, furniture with straight lines, plain and modest; later, furniture with eclectic styles, involving all of the virtuosities that wood allows.

The first line consisted of cupboards, shelves, tables, chairs and beds. The Patente bed was designed for this line, in three different models that soon conquered the market.

The commercial success of this enterprise, for Celso Martinez Carrera, was short. His daughter recalls a difficult time in his life: "[...] I remember that daddy was excited about the bed he had designed, in the early days of the joinery shop. Even his friends advised him to patent the popular bed, when one day a bailiff showed up and placed an embargo on all his work, saying that the bed had been patented and that he was manufacturing it illegally"[30]. This fact is significant in helping us understand that illicit appropriation of furniture designs is not a recent phenomenon in this country – the creative element of the work has traditionally found no support in this segment.

Anúncios publicitários da Fábrica de Móveis Carrera, sem data.

Publicity advertisements for the Fábrica de Móveis Carrera, no date.

Ainda que o uso da madeira curvada tenha sido severamente criticado pela Bauhaus, ele é uma referência básica para o móvel do século XX, funcionando, na genealogia das formas, como um antecedente das cadeiras de aço tubular, cujos principais designers foram Marcel Breuer, que criou uma cadeira leve e semiaérea, em 1925, construída com tubos de aço Mannesmann, e Mies van der Rohe, que projetou a cadeira elástica de aço tubular, em 1927.

O aço tubular cromado esteve presente no móvel moderno brasileiro na produção de John Graz (1891-1980), nos anos 1930, remetendo, assim, a uma das principais tendências internacionais da época. Nos anos 1950, o arquiteto Paulo Mendes da Rocha (1928-) projetou cadeiras empregando o tubo de aço; da mesma forma, Geraldo de Barros se utilizou dessa matéria-prima em muitos de seus assentos, e mais recentemente Sergio Rodrigues também associou os tubos de aço à madeira.

É preciso lembrar, no entanto, que, na evolução geral da Cama Patente, a purificação de linhas, a coerência do desenho e a insistência em aspectos funcionais nem sempre foram a tônica, pois, a partir de certo momento, a produção caiu na contradição ardilosa do "estilo" e passou a agregar elementos decorativos e ornamentos em vários modelos – foi produzida, inclusive, uma versão "gótica" da cama –, o que jamais poderia ser conciliado com a racionalidade formal de suas primeiras linhas.

O primeiro exemplar dessa cama foi executado em Araraquara, atendendo à solicitação de um médico da cidade – Dr. Francisco Pedro Monteiro da Silva – para equipar sua clínica. Como, naquele momento, a importação das camas de ferro, tradicionalmente usadas para esse fim, estava dificultada em razão da guerra, foi preciso criar um desenho que as substituísse.

Esses antecedentes são importantes e contribuem para esclarecer certa similaridade de leveza, simplicidade de linhas, entre as camas de ferro e a Cama Patente. Sobretudo, as formas purificadas se constituíram no elemento fundamental para possibilitar a passagem do artesanato para a produção seriada, viabilizada logo a seguir.

Podemos considerar o design dessa cama um verdadeiro manifesto a favor da modernidade e da funcionalidade do móvel, que trouxe alterações profundas em termos de projeto, da execução, dos processos construtivos, da comercialização, do consumo e dos padrões do gosto no setor.

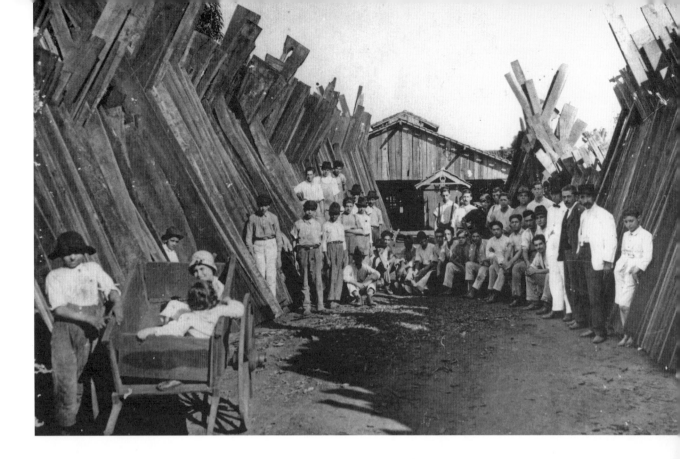

Cama Patente L. Liscio industry

The founder of the Cama Patente L. Liscio industry, Luiz Liscio (1884-1974), arrived in Brazil, from Italy, in 1894, settling in Santos. Later, he moved to Araraquara, from where he transferred, along with the industry, to São Paulo.

His dedication to furniture began in a small metalwork and joinery shop that made furniture to order, shop display cases, shop counters etc. Later, he had the idea of "[...] coming up with a bed that was easy to manufacture and to put together that would substitute the iron bed which, in those days was very expensive, because iron was imported from the United States"[5]. At the time, good quality beds were made to order and sold as part of the traditional bedroom suites: bed, dressing table, bedside cabinet and wardrobe. In general, these were hand-built and luxurious goods, in which the abundance of wood was accompanied by an abuse of ornamentation. Unquestionably, this was furniture was for the wealthier classes.

The beds intended for ordinary people were either the so-called *cama de vento*, a type of folding canvas camp bed on "x-shaped" feet, or they were marquee beds. In the north of the country, the habit of using hammocks was indispensable and, according to Câmara Cascudo, everyone "was born, lived, loved and died in a hammock"[6]. Later came the iron beds, made from imported materials, which made them considerably more expensive. The combination of iron with wood made it possible to create a more accessible type of bed, with the slats connected to the headboard using thin strips of iron. A structure made from coils of wire, was attached to the slats lengthwise and, after some time of use, it would sag. It was discarded when succumbed to rust.

Fábrica de Móveis Carrera

Celso Martinez Carrera, espanhol, nascido na Galícia, filho de um artesão que trabalhava em cantaria, chegou ao Brasil em 1906. Como tantos outros imigrantes, veio tentar a sorte e logo começou a trabalhar nas oficinas de marcenaria da Companhia Estrada de Ferro de Araraquara, onde aprendeu o ofício. Em 1909, inaugurou a própria marcenaria, cujas instalações eram equipadas com maquinário importado, contando com a excelência da mão de obra artesanal disponível na região – basicamente imigrantes espanhóis e italianos.

O processo de seleção, compra, tratamento e preparo das madeiras era feito pessoalmente por Celso Martinez Carrera. O preparo das madeiras era à base de água e sol; os tingimentos e envernizamentos eram feitos com goma-laca e pigmentos importados.

A produção dessa fábrica dividia-se em duas fases: inicialmente, móveis de linha reta, despojados e modestos; posteriormente, móveis de estilos ecléticos, contendo todos os virtuosismos que a madeira permite.

A primeira linha era composta de armários, prateleiras, mesas, cadeiras e camas. Para essa linha foi desenhada a Cama Patente, em três modelos diferentes que logo conquistaram o mercado.

O êxito comercial desse empreendimento, para Celso Martinez Carrera, foi curto. Sua filha recorda um momento difícil na vida dele: "[...] eu lembro que papai estava entusiasmado com a cama que ele tinha desenhado, logo no início da marcenaria. Até os amigos o aconselharam a tirar patente da cama popular, quando um dia chegou o oficial de justiça e embargou todo o trabalho dele, dizendo que a cama tinha sido patenteada e que ele estava fabricando indevidamente"[4]. Esse fato é significativo para compreendermos que a apropriação indevida do desenho de móveis não é um fenômeno recente no país – o desamparo da atividade criadora nesta área já é tradicional.

A Indústria Cama Patente L. Liscio S.A.

O fundador da Indústria Cama Patente L. Liscio S.A., Luiz Liscio (1884-1974), chegou ao Brasil, vindo da Itália, em 1894, radicando-se em Santos. Mais tarde, instalou-se em Araraquara, de onde saiu com a mudança da indústria para São Paulo.

A dedicação ao mobiliário começou numa pequena serralheria e marcenaria que fazia móveis sob encomenda, vitrines, balcões etc. Depois, surgiu a ideia de "[...] bolar uma cama de fácil construção e montagem que substituísse a cama de ferro, pois, naquele tempo, era muito cara, porque ferro era importado dos Estados Unidos"[5]. Naquela época, as camas de qualidade eram feitas sob encomenda e vendidas nos tradicionais jogos de dormitório: cama, penteadeira, criado-mudo e guarda-roupa. Em geral, eram móveis artesanais, luxuosos, em que a abundância da madeira acompanhava o abuso da ornamentação. Indiscutivelmente, eram móveis para as classes mais abastadas.

Vista da serraria da Grande Fábrica de Móveis Finos Celso Martinez Carrera. Araraquara, 1920.

View of the sawmill for the Grande Fábrica de Móveis Finos Celso Martinez *Carrera*. Araraquara, 1920.

Foto de catálogo da Grande Fábrica de Móveis Finos Celso Martinez Carrera, sem data.

Photo from the catalogue for the Grande Fábrica de Móveis Finos Celso Martinez Carrera, no date.

Anúncio do Mappinstore para sua nova seção de conjuntos de móveis para apartamentos, respondendo aos anseios do mercado, 1931.

Advertisement by Mappinstore for its new section offering suites of furniture for apartments, in response to the wishes of the market, 1931.

Anúncio da Indústria Cama Patente, sem data.

Advertisement by the Cama Patente industry, no date.

As camas populares eram as chamadas camas de vento, tipo de cama de campanha, de abrir e fechar, sobre pernas em "x", ou então as camas marquises. No norte do país, o hábito de usar as redes era indispensável e, segundo Câmara Cascudo, todos "nasciam, viviam, amavam e morriam na rede"[6]. Posteriormente, apareceram as camas de ferro, material importado, o que encarecia substancialmente o produto. A combinação do ferro com a madeira permitiu a criação de um tipo de cama mais acessível, com o estrado ligado à cabeceira através de barras finas de ferro. O enxergão, estrutura feita em fios de arame em espiral, era preso ao estrado longitudinalmente e, após algum tempo de uso, afundava. Quando atacado pela ferrugem, ficava inutilizado.

Luiz Liscio tinha consciência dos problemas da produção de camas populares: eram caras, incômodas e de curta duração. Segundo ele, "[...] essas camas não eram nem podiam ser objeto de uma indústria, porque a indústria é a arte de produzir técnica e sistematicamente o objeto útil, sempre melhor, mais numeroso e mais barato. Eram elas fabricadas esporadicamente e junto com os outros artigos. Enfim, não existia uma verdadeira indústria de camas. Esse impressionante conjunto de imperfeições e inconvenientes foi visto e apreciado pelo senhor Luiz Liscio. Poderia haver, e era preciso que houvesse, um tipo de cama simples e elegante, sólida e leve, resistente e portátil, ao alcance de todas as bolsas, capaz de ser fabricado industrialmente, em grande escala, para atender a todas as necessidades, com o aproveitamento de madeira, uma das riquezas naturais do país"[7]. Com essas motivações, e marcado pela controvérsia a respeito dos direitos autorais do desenho, nasceu, se não o mais brasileiro dos móveis, pelo menos uma peça muito representativa da forma de morar dos brasileiros neste século.

As almofadas das cabeceiras e peseiras das camas existentes foram suprimidas e substituíram-se as ligações de encaixes e parafusos por alças com contrapinos. O enxergão começou a ser uma espécie de tecido metálico, de pequenos pedaços de arame, formando malhas articuladas entre si, ligadas ao estrado por molas de tensão em toda a periferia, dotadas de ganchos especiais, cujas hastes atravessavam as barras superiores das longarinas, de modo que a pressão exercida sobre qualquer ponto do enxergão dividia-se pela superfície inteira, impedindo a sua deformação e aumentando a sua elasticidade. O perigo da flexão das longarinas, em virtude da pressão exercida sobre o enxergão, foi evitado mediante o emprego de um dispositivo elástico de madeira, que atuava como mola na parte mediana e transversal dos estrados para equilibrar a flexão com a pressão.

A cama era composta por um conjunto básico de três elementos: cabeceira, peseira e estrado, todos executados em madeira torneada. Inicialmente, eram utilizados a imbuia e o pinho. Com a diversificação de modelos, passaram a ser usadas madeiras folheadas: sucupira, imbuia, amendoim, pau-marfim e até jacarandá, mas só sob encomenda prévia.

Foram produzidos seis modelos de Cama Patente. Os mais conhecidos foram os das camas populares, em madeira roliça, sendo um deles em madeira curvada ou torneada, com ou sem filete em madeira clara, e o outro com plaquetas nas pontas do baluarte da cabeceira e peseira. Havia também modelos de estilos almofadados: a cama Nobre, a cama Seleta, a cama Maria Antonieta e a cama Regência. Essas linhas de cama eram completas, incluindo berço, cama de solteiro, cama de casal, em diversas medidas e acabamentos.

Luiz Liscio was aware of the problems involved in producing beds for common use: they were expensive, uncomfortable and did not last for very long. According to him, "[...] these beds were not and could not be an object of industry, because industry is the art of technically and systematically producing a useful object, always better, in larger quantity and at lower cost. They were made sporadically and along with other articles. In summary, there was no real industry of beds. This impressive set of imperfections and inconveniences was seen and appreciated by Mr. Luiz Liscio. It could exist, and there was a need for it, a type of bed that would be simple and elegant, solid and light, durable and portable, affordable to all and that could be made industrially and on a large scale, to meet all needs, using the wood that was one of the natural riches of the country"[7]. With these motivations, and marked by the controversy regarding the copyright to the design, was born an item of furniture that was highly representative of the way in which Brazilians of that century lived.

The cushioned parts of the headboards and footboards for the existing beds were replaced and the joins with slots and screws were substituted for straps with cotter pins. The straw mattress base was exchanged for a type of metal "sheet", made of small pieces of wire and forming inter-articulated meshes, connected to the mattress base by tensioned springs all around the edge, fitted with special hooks, the shafts of which traversed the upper bars of the longitudinal stringers, so that the pressure exerted on any part of the "sheet" was spread out over the entire surface, preventing it from warping and increasing its elasticity. The danger of flexing in the longitudinal stringers, because of the pressure exerted on the "sheet", was avoided by using a type a wooden elastic device, which served as a spring on the middle and transversal parts of the bed slats to equalize the bending with the pressure.

The bed was comprised of a basic ensemble of three elements: headboard, footboard and mattress frame, all made in turned wood. At first the woods used were Brazilian walnut and pine. With the diversification of models, they began to use wood laminates: chestnut, Brazilian walnut, peanut, pau-marfim and even rosewood, but only to order.

Six Patente bed models were produced, the two best known of which were both in solid wood, with one of them being in bent or turned wood, with or without an inlaid strip of blonde wood, and the other with platelets on the tips of the bed knobs for the headboard and footboard. There were also models in cushioned styles: the Nobre bed, the Seleta bed, the Maria Antonieta bed and the Regência bed. These lines of beds were complete and included baby cots, single beds, and a double bed, in a range of sizes and finishes.

The Patente bed conquered the Brazilian market. The common models were widespread and they cost, in 1928, somewhere between eleven and seventeen *cruzeiros*. The main users were working-class and middle-class people. Commercialization took place in São Paulo, via the major department stores: Mappinstore – Casa Anglo-Brasileira, Mesbla, Cassio Muniz and Casa Alemã. In the countryside they could be found in any furniture store, even in street markets and grocery shops. According to Govido Liscio, in the north of Brazil, the Patente bed disputed the market with the

Exemplar da Cama Patente, pertencente ao acervo do Museu da Casa Brasileira.

Example of the Cama Patente, belonging to the collection at the Museu da Casa Brasileira.

Berço em madeira torneada, produzido por Cama Patente S.A. na década de 1930.

Turned wooden crib, produced by Cama Patente industry in the 1930s.

A Cama Patente conquistou o mercado brasileiro. Os modelos populares eram muito difundidos. Custavam, em 1928, aproximadamente de onze a dezessete cruzeiros. Seus principais usuários eram a classe operária e a classe média. A comercialização era feita em São Paulo, através das principais lojas de departamentos: Mappin Store (Casa Anglo-Brasileira), Mesbla, Cassio Muniz, Casa Alemã. No interior, era vendida em qualquer casa de móveis, até mesmo em feiras e armazéns. Segundo Govido Liscio, no norte do país a Cama Patente disputou o mercado com a rede, que, "a princípio, se constituiu um empecilho comercial, mas o hábito da rede foi dominado pela comodidade da cama e pelo preço. Mas, mesmo assim, a Cama Patente não conseguiu extinguir o uso da rede"[8].

Um dos problemas enfrentados pela Cama Patente foi a concorrência comercial. Os fabricantes de camas de ferro faziam anúncios explorando a facilidade de incêndio que a cama de madeira apresentava, oferecendo a segurança das camas anti-inflamáveis. Além disso, as imitações eram constantes e "[...] foi necessário, então, defender-lhe o nome e com ele sua legitimidade e perfeição, pelo que se criou uma contramarca ou marca de garantia, vistosa e inconfundível: a Faixa Azul, como sinal de autenticidade da verdadeira Cama Patente [...]. Foi preciso também defendê-la, torná-la conhecida, através de incessante propaganda, pela imprensa, rádio, painéis, prospectos, concursos radiofônicos, graças ao que, em todos os rincões do território nacional, o público pôde adquirir, com segurança, a legítima e verdadeira 'Cama Patente'"[9].

A Cama Patente não representou somente uma inovação nos hábitos do dormitório brasileiro; acima de tudo ela foi um dos episódios mais significativos na história da indústria brasileira em termos de criação de novas tecnologias. Foram desenvolvidos métodos próprios de fabricação e, sucessivamente, construídas máquinas: a máquina de fazer arcos tóricos de madeira, a nova lixadeira para peças curvas de seção circular e raio reduzido, trafilas e lixadeiras para as espigas das travessas, tornos automáticos para as pontas dos pés, trafilas para tornar roliça a madeira, lixadeira para lixar continuamente os montantes, longarinas, travessas e balaústres, furadeiras automáticas múltiplas, acionadas por cinco motores, especialmente projetadas e construídas em suas oficinas para furar universalmente, o que permite obter todas as peças estandardizadas, facilitando, assim, a montagem das camas, automaticamente. Merece destaque especial a colocação das molas de suspensão de boca quadrada, objeto da patente nº 23.351, tecida na própria rede do estrado, dela sendo parte integrante, economizando arame galvanizado e eliminando certos problemas da rede, notados no antigo sistema, quando as molas de suspensão eram amarradas com pequenos arames, abaixo da rede.

John de Souza, ex-sócio de Ernesto Hauner na Homestore, que esteve presente na liquidação das máquinas da indústria Cama Patente, declarou que viu, inclusive, uma máquina a vapor de quinhentos cavalos de potência, tirada de um navio inglês, que era utilizada para movimentar parte desse complexo maquinário[10]. A fábrica se mudou de Araraquara para São Paulo em 1919, quando foi registrada. Três anos mais tarde se transferiu para a rua Rodolfo Miranda, no Bom Retiro, onde funcionou até 1968, ano de seu fechamento.

hammock, which, "at first, constituted a commercial hindrance, but the habit of the hammock was overcome by the comfort of the bed and by the price. But, even so, the Patente bed was unable to stamp out the use of the hammock"[8].

One of the problems faced by the Patente bed was the commercial competition. The manufacturers of iron beds launched advertisements talking about the risks of fire presented by the wooden bed, offering the safety of non-flammable beds. Besides this, there were constant imitations and "[...] it then became necessary to defend its name, along with its legitimacy and perfection, which lead to the creation of a counter brand or seal of guarantee, attractive and unmistakable: the Blue Ribbon, as a seal of authenticity for the genuine Patente bed [...]. It was also necessary to defend it, make it known by way of constant advertising, in the press, on the radio, on billboards, prospects, radio competitions, thanks to which, in every corner of the national territory, the public could safely buy the legitimate and true 'Patente bed'"[9]. The Patente bed not only represented an innovation in Brazilian sleeping habits; above all it was one of the most significant episodes in the history of Brazilian industry in terms of the creation of new technologies. Proprietary manufacturing methods were developed and, successively, machines were built: the machine for making single piece wooden arches, the new sander for curved pieces in round section with small radius, lathes and sanders for the spokes on the crossbars, automatic lathes for the ends of the legs to leave the wood rounded, sanders for continuous sanding on the mounts, longitudinal stringers, crossbars and bedposts, automatic multiple drills, driven by five motors, specially designed and built in their workshops, to perform universal drilling and thereby allow standardization of component parts and facilitate automatic assembly of the beds. A point of special note is the use of square-ended suspension, subject of patent No. 23.351 that, woven into the mattress base to form an integral part of the same, cut back the use of galvanized wires and eliminated certain problems encountered in the previous system, when the suspension springs were tied with small pieces of wire, underneath the net.

John de Souza, former partner of Ernesto Hauner in Homestore, who was present at the sell-off for the machines from the Cama Patente L. Liscio industry, stated that he had even seen a five-hundred-horsepower steam engine, taken from an English ship, which was used to move part of the machine complex[10]. The factory moved from Araraquara to São Paulo, in 1919, when it was registered. Three years later it was transferred to Rodolfo Miranda Street, in the neighborhood of Bom Retiro, where it operated until 1968, when it closed.

NOTAS
NOTES

1. As primeiras patentes inglesas para a cama metálica foram registradas entre 1827 e 1841.

2. No caso da Cama Patente, os elementos verticais são torneados, bem como o gradeado da cabeceira; os dois elementos curvos nos cantos são fresados e encaixados. Na delimitação dos encaixes são introduzidos dois filetes de madeira clara, marchetados, que fazem o acabamento.

3. LE CORBUSIER. "Le pavillon de l'Esprit Nouveau". In: *Almanach d'architecture moderne*. Paris: Crés, 1925, p. 145.

4. DEPOIMENTO de Ângela Martinez Corrêa à autora. Araraquara, São Paulo, 1980. A esse respeito, ver: MARTINEZ CARRERA, Cecilia. *Recordações de meus pais: lembranças que por sua grandeza devem ser vividas em nossos corações*. São Paulo: Edição Martinez Carrera, 1991, p. 13-4.

5. DEPOIMENTO de Govido Liscio à autora. São Paulo, 1980.

6. CASCUDO, Luís da Câmara. *Rede de dormir: uma pesquisa etnográfica*. Rio de Janeiro: FUNARTE, Inf., Achiamé, UFRN, 1983, p. 12.

7. *ÁLBUM 33 anos da Cama Patente S.A.* São Paulo: Editora & Publicidade Roman Ltda., 1952, s. p.

8. DEPOIMENTO de Govido Liscio à autora. São Paulo, 1980.

9. *ÁLBUM 33 anos da Cama Patente S.A.* São Paulo, Editora & Publicidade Roman Ltda., 1952, s. p.

10. DEPOIMENTO de John de Souza à autora. São Paulo, 1980.

1. The first English patents for the metal bed were registered between 1827 and 1841.

2. In the case of the Patente Bed, the vertical elements are lathe-turned, as well as the bars for the headboard, the two curved elements in the corners are milled and embedded. In the outlines of the embedding elements, two light-colored wood strips are introduced via marquetry, to provide the finish.

3. LE CORBUSIER. "Le pavillon de l'Esprit Nouveau". In: *Almanach d'architecture moderne*. Paris, Crés, 1925, p. 145.

4. STATEMENT from Ângela Martinez Corrêa granted to the author. Araraquara, São Paulo, 1980. With regard to this, see: MARTINEZ CARRERA, Cecilia. *Recordações de meus pais: lembranças que por sua grandeza devem ser vividas em nossos corações*. São Paulo, Edição Martinez Carrera, 1991, p. 13-4.

5. STATEMENT from Govido Liscio, granted to the author. São Paulo, 1980.

6. CASCUDO, Luís da Câmara. *Rede de dormir: uma pesquisa etnográfica*. Rio de Janeiro, FUNARTE, Inf., Achiamé, UFRN, 1983, p. 12.

7. *ÁLBUM 33 anos da Cama Patente S.A.* São Paulo, Editora & Publicidade Roman Ltda., 1952, n. p.

8. STATEMENT from Govido Liscio granted to the author. São Paulo, 1980.

9. *ÁLBUM 33 anos da Cama Patente S.A.* São Paulo, Editora & Publicidade Roman Ltda., 1952, n. p.

10. STATEMENT from John de Souza to the author. São Paulo, 1980.

A geração dos pioneiros

—

The pioneer generation

Anúncio publicitário
de John Graz, sem data.

Publicity advertisement
of John Graz, no date.

Cadeira em madeira maciça ebanizada. Gregori Warchavchik, 1928.

Chair in ebonized solid wood. Gregori Warchavchik, 1928.

Os primeiros artistas e arquitetos que, de fato, lançaram as bases do estilo moderno da mobília no Brasil foram: John Graz, Cassio M'Boi (1896-1986), Gregori Warchavchik, Lasar Segall (1891-1957) e Theodor Heuberger (1898-1987). À primeira vista pode parecer estranho que as origens da modernização do móvel brasileiro tenham dependido da atuação de profissionais estrangeiros, mas, na prática, o movimento moderno era isento de nacionalismo e apresentou caráter internacional.

A transição do móvel de estilo eclético e acadêmico para o móvel moderno deu-se a partir dos anos 1920-1930. Nesse primeiro momento, os conceitos e as posturas tiveram um caráter preponderantemente internacionalizante. As novas concepções acerca do móvel transformaram-se em senso comum num meio restrito a alguns profissionais da área de arquitetura e decoração.

O móvel brasileiro produzido nesse período foi inovador pela introdução de novas concepções, utilizando materiais e processos produtivos, porém ele acompanhou tal e qual a evolução normal do mobiliário europeu, sem criar um vocabulário próprio, repetindo muito da linguagem *Art-Déco*. Foi uma produção elaborada para disseminar o espírito da modernidade; mas, na verdade, tratava-se de um desenho padronizado. Os modelos eram repetidos e abusados em nome dos novos princípios. A importância maior dessa fase residiu em seu caráter revolucionário, cuja principal consequência foi o despertar da inércia acadêmica.

—

The first artists and architects who really set up the basis of the modern style of furnishings in Brazil were: John Graz, Cassio M'Boi (1896-1986), Gregori Warchavchik, Lasar Segall (1891-1957) and Theodor Heuberger (1898-1987). At first view it may seem strange that the origins of the Brazilian furniture's modernization depended on the actions of foreign professionals but, in practice, the modern movement was exempt of nationalism and international in nature.

The transition from the eclectic and academic to the modern style of furniture took place as of the 1920s and 1930s. In that first moment, the concepts and postures were of a preponderantly internationalizing nature. The new conceptions regarding furniture were transformed into common sense within a restricted métier of some professionals from the field of architecture and decoration.

The Brazilian furniture produced in that period was innovative because of its introduction of new conceptions, employing materials and production processes. But it precisely matched the normal evolution of European furniture, without creating its own vocabulary, but instead repeating much of the Art Deco language. The production was created to disseminate the spirit of modernity, but it was actually about

Sala de visitas com mobília e decoração.
John Graz, sem data.

Sitting room with furniture and decoration.
John Graz, no date.

De qualquer forma, essa fase de intensa ebulição, ainda que num plano muito restrito e elitista, propiciou a revisão de posições. Nesse contexto de revisionismo, o próprio conceito de estética foi dessacralizado e passou a penetrar na esfera do cotidiano e dos anônimos objetos de uso, ou seja, "[...] a arte é para ser utilizada e não olhada; é, em outros termos, uma função da sociedade. [...] Não interessa que as máquinas se multipliquem e ofereçam à produção uma ampla gama de variações: o standard poderá ser repetido ao infinito, porque o objeto produzido não serve para ser contemplado estaticamente, mas para ser usado"[1].

É inegável que o mérito pela realização desse movimento em prol das novas ideias coube a toda aquela geração. Entretanto, houve um nome que serviu de traço de união entre o estilo acadêmico e a modernidade: John Graz. Embora nascido na Suíça, o nome de Graz ficou indissoluvelmente ligado à pintura, ao desenho industrial e às artes gráficas brasileiras e, como tal, ele foi considerado um dos seus grandes expoentes, participante dos principais momentos da modernização de nossa cultura, inclusive na Semana de 22. No conjunto de sua obra ressalta uma interpretação muito peculiar do Brasil.

Graz fixou residência em São Paulo em 1920, tendo sido casado com a brasileira Regina Gomide, irmã do pintor paulista Antônio Gomide.

O casal Graz-Gomide realizou uma produção que sintetizou as principais tendências da vanguarda europeia com o *Art-Déco*, estabelecendo uma ligação fundamental entre pintura, arquitetura e artes aplicadas, traduzindo para o plano do ambiente a estética do cubismo, fato que Graz reconheceu ao afirmar: "[...] eu introduzi no Brasil esses móveis cubísticos, com o metal e diversos materiais nobres"[2].

O reconhecimento da obra do casal Graz-Gomide está explicitamente comprovado pelas inúmeras encomendas que recebeu para projetar o que se poderia chamar de arquitetura de interiores de vários edifícios paulistas, entre os quais as residências de José de Castro, Jeremia e Branca Lunardelli, Jane Gama Cerqueira, Roberto Simonsen, Rafael Noschese, Godoy Moreira, Caio Prado, família Jafet, Cunha Bueno, Celso Figueiredo, Carvalho da Fonseca, Ferrabino Borges Figueiredo, Sergio Scuracchio e Franco Zampari.

Tendo absorvido as principais tendências estilísticas da vanguarda europeia, onde frequentou a Escola de Artes Decorativas de Genebra, Regina Gomide voltou da Europa e passou a aplicar no campo da decoração muito do novo vocabulário formal lá vigente, tendo sido precursora na renovação de tapetes, *panneaux*, almofadas e tapeçarias, utilizando-se de vários tipos de veludo e fios de metal. Em 1930, colaborou na decoração da Casa Modernista de Warchavchik. O êxito comercial de sua produção foi grande, levando-a a organizar uma fábrica de tapetes e tapeçarias, além da implantação de um curso de decoração, por volta de 1950.

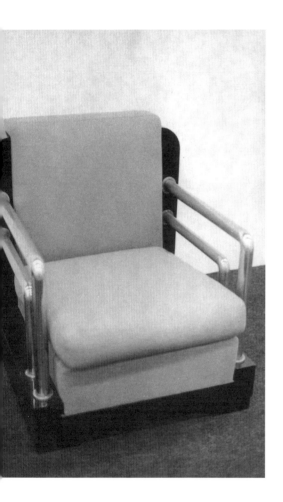

Poltrona em aço tubular cromado, veludo e madeira. John Graz, sem data.

Easy chair in chrome-plated tubular steel, velvet and wood. John Graz, no date.

A geração dos pioneiros - 69

Sala de estar com mobília e decoração. John Graz, sem data.

Living room with furniture and decoration. John Graz, no date.

standardized design. The models were repeated and abused in the name of the new principles. The greater importance of this phase resided in its revolutionary nature, the main consequence of which was the awakening from academic inertia.

Whatever way you look at it, this phase of intense agitation, albeit on a highly restricted and elitist level, led to a review of positions. Within this context of revisionism, the very concept of esthetics was desacralized and began to penetrate the realms of daily life and anonymous utilitarian objects, or rather, "[...] art is to be used and not looked at; it is, in other words, a function of society. [...] It doesn't matter that machines multiply and offer a wide range of variations in production: the pattern could be repeated infinitely, because the object produced is not meant to be contemplated esthetically, but to be used"[1].

It is undeniable that the merit for making this movement in favor of new ideas belongs to that entire generation. But there was one name that represented a joining line between the academic style and modernity: John Graz. Although he was born in Switzerland, the name of John Graz became inextricably linked to Brazilian painting, industrial design and graphic arts and, as such, he was considered to be one of Brazilian greatest exponents, being present in the foremost moments of the modernization of its culture, including the Modern Art Week of 1922. His collective works portray a very particular interpretation of Brazil.

Graz made his home in São Paulo in 1920, having married a Brazilian, Regina Gomide, sister of painter Antônio Gomide.

70 - The pioneer generation

John Graz não foi só pioneiro no desenho de mobília, mas também foi o primeiro a pôr em prática no Brasil o conceito de design total, tão presente nos ideais da Bauhaus. Dessa forma, Graz projetou o móvel, previu sua distribuição no espaço, as luminárias, painéis, vitrais e afrescos. Infelizmente, o legado de tão significativa produção não foi preservado, pois as residências foram demolidas. Entretanto, ainda podemos contemplar em São Paulo os vitrais do Portal do Parque da Água Branca, projeto de Graz do ano de 1928, executado pela firma Conrado Sorgenicht.

Na área da mobília, Graz desenhava os móveis com plantas e perspectivas e detalhava-os em tamanho natural para facilitar a reprodução em oficinas de terceiros. A produção era acompanhada de perto por ele: "[...] no momento da execução eu ia lá para verificar se as proporções que eu queria dar estavam corretas, e, muitas vezes, eu mandava cortar o móvel e recomeçar [...]. Eu tinha que conversar com o mestre, com os operários, para, naturalmente, poder executar de acordo com as minhas plantas, de acordo com os detalhes que eu fornecia"[3].

A produção dos móveis em oficinas trouxe problemas, pois, já naquela época, a polêmica sobre direitos autorais importunava os designers. "[...] os marceneiros aproveitavam os meus desenhos e foram executando fora; não havia lei sobre a originalidade do desenho. É a mesma coisa em literatura, em pintura, em tudo é a mesma coisa"[4].

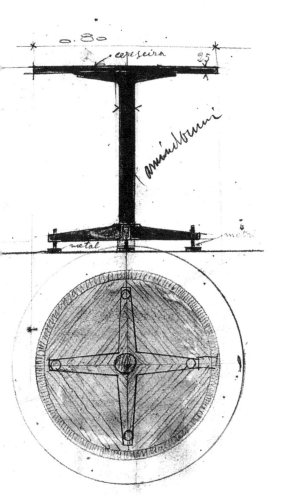

Desenho de mesa em madeira e metal. John Graz, década de 1920.

Design for table in wood and metal. John Graz, 1920s.

No início das atividades, Graz encontrou restrições ao consumo de seus móveis. Ele se referiu àquela época como a Belle Époque e se considerou o introdutor das formas "cubísticas", simplificadas e de novos materiais. Segundo ele, isso foi possível porque: "[...] já estava na cabeça da época essa simplificação. Já estava, especialmente na arquitetura; aliás, as primeiras casas 'cubísticas' foram as de Warchavchik"[5].

Os desenhos de Graz para móveis refletiram de fato certa purificação nas formas, aquilo que ele chama de "móveis futuristas"; mas, ao mesmo tempo, apresentaram aspectos pesados que o filiaram ao mobiliário *Art-Déco*. Foi uma produção executada artesanalmente, sob encomenda, exclusiva para uma elite privilegiada e até mesmo com materiais importados: chapas de cobre, metal, couro e até madeira. Entretanto, o resultado final, em relação à arquitetura e às luminárias, já indicava, nitidamente, uma nova direção para a modernização do interior.

Sua produção abrangeu o período de 1925 a 1940. Depois de ter dado uma grande contribuição ao setor das artes decorativas e ao desenho industrial, Graz abandonou-os e voltou à pintura, atividade que sempre desejou desenvolver. Entretanto, num meio artístico de certa forma acanhado, não era possível comercializar a própria arte para sobreviver. Foi esse o motivo que o encaminhou ao desenho de móveis: "Quando eu cheguei, era para continuar a minha pintura; mas aqui a pintura era atrasadíssima, ninguém se interessava. Então, eu tive que descobrir um ofício que me desse alguma coisa para comer"[6].

The Graz-Gomide duo produced a range of works that resumed the main tendencies of the European vanguard, such as Art Deco, establishing a crucial link between painting, architecture and the applied arts, translating the esthetics of cubism to the domain of the environment, a fact that Graz acknowledged when stating: "[...] I introduced this cubist furniture to Brazil, with metal and a variety of high-quality materials"[2].

This couple's work recognition is explicitly proven by the countless requests they received to design what we might call the interior architecture of several buildings in São Paulo, among which are the residences of José de Castro, Jeremia and Branca Lunardelli, Jane Gama Cerqueira, Roberto Simonsen, Rafael Noschese, Godoy Moreira, Caio Prado, the Jafet family, Cunha Bueno, Celso Figueiredo, Carvalho da Fonseca, Ferrabino Borges Figueiredo, Sergio Scuracchio and Franco Zampari.

Having absorbed the main stylistic tendencies of the European vanguard, where she attended the School of Decorative Arts in Geneva, Regina Gomide returned from Europe and began to apply much of the new formal vocabulary prevailing there to the field of decoration, having been a forerunner in the renewed approach to rugs, *panneaux*, cushions and tapestries, using several types of velvet and metal wires. In 1930 she collaborated in the decoration of the Warchavchik modernist house. The commercial success of her production was considerable, leading her to set up a factory for rugs and tapestries, as well as to create a decoration course around 1950.

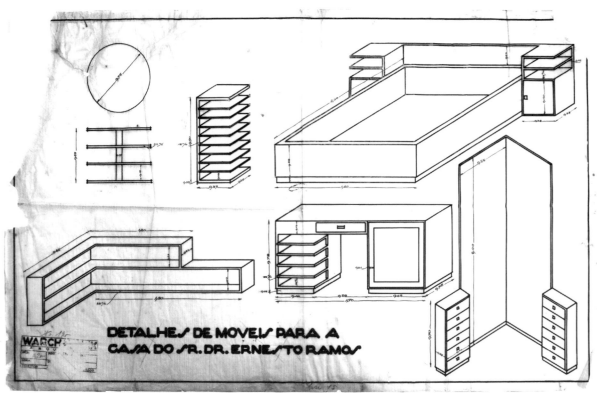

Assim, os anos 1920 representaram uma época básica na história do móvel moderno brasileiro, acarretando algumas consequências importantes para o desenvolvimento do desenho e a produção de móveis, situando-se entre um passado acadêmico e as novas possibilidades que se abriram com a modernização.

Neste momento de ruptura, é preciso sublinhar a atuação decisiva de Gregori Warchavchik, que deu um passo a mais no sentido da incorporação do estilo moderno ao móvel brasileiro. Procurando atender às exigências da arquitetura e da vida moderna, utilizando-se das novas possibilidades técnicas e materiais disponíveis, Warchavchik buscou despertar nos brasileiros uma síntese das principais reformas daquilo que ele chamou de "lógica da beleza de uma época histórica"[7]. O início de sua atividade no setor do mobiliário foi marcado pelo atendimento à adequação de linguagem e funcionalidade entre a sua arquitetura e o móvel. Assim, entre 1928 e 1933 desenvolveu uma completa linha de móveis, abrangendo uma diversificada gama de tipos e modelos, todos eles executados segundo os princípios básicos da modernidade. Os principais materiais utilizados eram a madeira, principalmente a imbuia lustrada ou esmaltada em cores, os tubos de metal cromado, o couro, tecidos e veludos para estofamentos.

Warchavchik projetou também móveis institucionais: para bibliotecas e salas de leitura. É dele o projeto de equipamentos de interiores da sede da Associação Paulista de Medicina, executado em 1931. Segundo Geraldo Ferraz, "a diretoria da Associação Paulista de Medicina pediu a Warchavchik um projeto de interiores com as subdivisões e o mobiliário adequado. Aceita a incumbência, a Associação teve assim um interior moderníssimo para a época, a primeira sede de uma associação a ter um ambiente *up-to-date*, devendo-se notar que não era tarefa fácil adaptá-lo num edifício de considerável arquitetura como era o Martinelli"[8].

Croquis de móveis.
Gregori Warchavchik, sem data.

Sketches of furniture.
Gregori Warchavchik, no date.

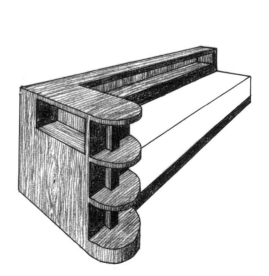
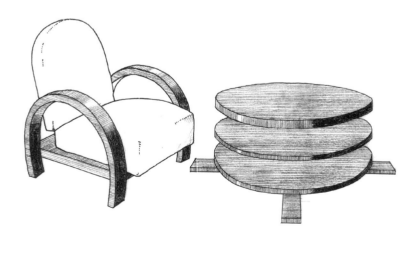

A geração dos pioneiros — 73

Conversadeira em madeira pintada com estofamento em couro. Lasar Segall, sem data.

Conversadeira in painted wood with upholstery in leather. Lasar Segall, no date.

John Graz was not only a pioneer in the design of furnishings, but he was also the first to put the concept of total design, so present in the ideals of Bauhaus, into practice in Brazil. In this way, Graz designed the furniture, foresaw its spatial distribution, the light fittings, panels, stained-glass panels and murals. Unfortunately, the legacy of such immensely significant production was not preserved, since the residences have been demolished. Nevertheless, in São Paulo we can still contemplate the stained-glass panels at the entrance to the Água Branca Park, designed by Graz in 1928 and made by the Conrado Sorgenicht company.

In the field of furnishings, Graz drew the furniture with design plans and perspectives and he added detail in true scale to ease reproduction in the offices of third parties. The manufacturing was closely overseen by him: "[...] at the moment of execution I would go there to check that the proportions I wanted were correct and I would often make them scrap the piece and start again [...]. I had to talk with the master craftsman and with the workers, naturally, to be able to make the pieces in accordance with my design plans, in accordance with the details I provided"[3].

Since that time the production of furniture in workshops presented problems. The controversy regarding copyright had been vexing designers. "[...] the joiners used my drawings to do their own work outside the firm; there was no law protecting the originality of the design. It is the same in literature, in painting, it's the same for everything"[4].

Graz found restrictions to the consumption of his furniture at the start of his activities. He referred to that time as the Belle Epoque and saw himself as being responsible for introducing simplified, "cubist" forms and using new materials. According to him, this was possible because: "[...] this simplification was already in the minds of that time. It was already there, especially in architecture; in fact, the first 'cubist' houses were the Warchavchik houses"[5].

Graz's designs for furniture indeed reflected a certain purification in their forms, what he called "futuristic furniture", but, at the same time, they presented heavy aspects that associate them with Art Deco furnishings. This production was carried

Cadeira com braços em madeira maciça. Lasar Segall, 1932.

Armchair in solid wood. Lasar Segall, 1932.

O mobiliário moderno foi empregado decididamente em todas as obras do arquiteto, que, inclusive, realizou as primeiras exposições desse gênero de mobília nas casas modernas de São Paulo e Rio de Janeiro. Esse fato ganhou repercussão nos jornais da época, conforme registro feito por ocasião da inauguração do apartamento moderno de Copacabana: "Realizou-se ontem, às 5 horas da tarde, no edifício Olinda, a exposição do apartamento moderno, que o architecto (sic) russo Gregori Warchavchik racionalizou em todos os elementos da construção, de móveis e de outras utilidades para serem à vida do homem moderno"[9]. Nesse mesmo dia, outro periódico carioca, O Jornal, noticiou: "Pela primeira vez nesta capital são utilizados móveis de aço! Se, por um lado, o sucesso obtido com as exposições de suas obras propiciou-lhe certo número de projetos, incluindo também o mobiliário, por outro lado, o grande obstáculo enfrentado foi a falta de uma infraestrutura industrial para fabricar seus móveis e elementos para a construção em geral: esquadrias, caixilhos metálicos para janelas, grades, lanternas e outros acessórios".

Numa carta de Warchavchik a Giedion, ele se referiu a esses obstáculos: "Tive de montar oficinas para fazer executar janelas, portas de madeira lisa, móveis e equipamentos, porque a indústria de madeira, que trabalha regularmente para a construção comum, não podia e não queria realizar o que eu lhe pedia com a precisão e limpeza adequadas e exigidas"[10]. Essa solução adotada por Warchavchik representou um impulso muito grande para a industrialização de certos componentes da construção civil. Embora à época tenha sido alto o custo para a produção de protótipos, posteriormente garantiu-se o barateamento dos materiais modernos fabricados em série.

Nesse ciclo dos pioneiros, a produção de Warchavchik representou uma etapa fundamental para o rompimento com o academicismo e o estabelecimento de um novo vínculo com a estética moderna. Entretanto, ele se destacou dos demais designers do período pela constante preocupação teórica na área da arquitetura e da integração das artes modernas. Essas indagações fizeram-no empenhar-se na área crítica, participar de vários debates e polêmicas sobre a implantação da arquitetura moderna no Brasil e deixar escrita uma significativa produção crítica.

A produção de mobília nos anos 1920, embora quantitativamente restrita, foi essencial. Não se pode compreender a evolução do processo de modernização do móvel dos anos 1930 e 1940 em diante sem levar em conta a lenta maturação que a antecedeu. É nesse quadro que se deve analisar também a obra do pintor Lasar Segall, que desenhou alguns exemplares de mobília construídos com base nos princípios modernos: linhas retas, funcionalidade, embora se possa assinalar que a disposição dos volumes e o gosto pelos laqueados tiveram um resultado um tanto pesado, bem próximo ao espírito do estilo *Art-Déco*.

out on an artisanal basis, to order, exclusively for a privileged elite and often using imported materials: sheets of copper, metal, leather and even wood. However, the result with regard to architecture and light fittings clearly indicated a new direction for the modernization of the interior.

His production spanned the period from 1925 to 1940. After having made a major contribution to the sector of decorative arts and to industrial design, Graz abandoned these and went back to painting, a skill he had always wanted to develop. However, within a somewhat timid artistic métier, it was not possible to make a living from selling his art. It was this that moved him toward furniture design: "When I arrived, it was to continue with my painting; but here, painting was very behind the times, nobody was interested. So, I had to find a trade that would put food on my plate"[6].

Thus, the 1920s represented a basic era in the history of modern Brazilian furniture, bringing about a number of important consequences in the development of furniture design and production, standing between an academic past and the new possibilities that appeared with modernization.

In this moment of rupture, it is necessary to underline the decisive work of Gregori Warchavchik (1896-1972), who took an extra step toward incorporating the modern style into Brazilian furniture, seeking to meet the demands of architecture and the modern life using the new technical and material possibilities available. Warchavchik aimed to arouse among the Brazilian people a synthesis of the main reforms in what he called the "logic of the beauty of a historical era"[7]. The start of his activity in the furniture sector was marked by the attendance to an adaptation of language and functionality between his architecture and furniture. This being so, between 1928 and 1933 he developed a complete line of furniture covering a diversified range of types and models, all of which were made in keeping with basic principles of modernity. The main materials used were wood, especially polished or lacquered Brazilian walnut, chromed metal tubes, leather, fabrics and velvets for upholstery.

Warchavchik also designed institutional furniture: furniture for libraries and reading rooms. It was he who designed the interior equipment for the head offices of the São Paulo Medical Association, carried out in 1931. According to Geraldo Ferraz, "the directorate of the association asked Warchavchik to provide a design for interiors with the appropriate sub-divisions and furnishings. With the task being accepted, the association came to have an extremely modern interior for the time, the first head office of such an institution to have an up-to-date environment. It should be noted that it was no easy task to make this adaptation in an edifice with such striking architecture as the Martinelli Building"[8].

Modern furnishings were used decidedly in all of the works of this architect, and he also held the first exhibitions of this type of furnishings in the modern homes of São Paulo and Rio de Janeiro. This fact caused repercussions in the newspapers of the time, as shown in an article registering the unveiling of the modern apartment in Copacabana: "The exposition of the modern apartment was held at 5pm yester-

Interior da residência de Jenny e Lasar Segall. São Paulo, 1944.

Interior of the Jenny and Lasar Segall residence. São Paulo, 1944.

Outra contribuição que participou desse esforço de modernização foi a obra do artista Cassio M'Boi, cujo nome verdadeiro era Cassio da Rocha Mattos. O ano de 1926 marcou a fundação, no Rio de Janeiro, de uma importante loja que aderiu e divulgou o móvel moderno. Trata-se da Galeria Casa & Jardim, dirigida por Theodor Heuberger, personalidade ligada à animação cultural no Brasil, onde se radicou a partir de 1924[11]. Em 1938, instalou uma filial em São Paulo, na esquina da rua Marconi com a rua Barão de Itapetininga. Na verdade, Casa & Jardim era o slogan e a própria filosofia da empresa, cujo nome era A Forma Decorativa S.A. A ideia mestra que presidiu a criação da loja era a unidade e a integração de estilo entre o espaço externo e o interno da casa, entre a arquitetura, o paisagismo e o mobiliário, como também a unidade entre as artes decorativas, sem nenhuma espécie de discriminação. Segundo Heuberger, "tudo o que era necessário para uma casa, das louças aos objetos de vidro, cerâmica, metal, móveis e obras de arte propriamente ditas, era encontrado na loja. Era uma coisa completa. Em geral, separam-se as coisas, mas a nossa ideia era juntar tudo, tanto que o nome da loja era, inicialmente, A Forma, mas como naquela época não foi possível registrar essa marca, fomos obrigados a acrescentar a palavra 'Decorativa'. Então ficou A Forma Decorativa S.A. e o *slogan* era Casa & Jardim"[12].

day afternoon, in the Olinda Building. All the constructive elements, furniture and labor-saving utilities for modern living were designed by the Russian architect Gregori Warchavchik"[9]. On that same day, another periodical from that town, O Jornal, reported: "For the first time in this city steel furniture is being used! If, on one hand, the success obtained with the exhibitions of his work earned him a certain number of jobs, also including the design of the furniture, on the other hand, the major obstacle to be overcome was the lack of industrial infrastructure to manufacture his furniture and elements for construction in general: frames, metal casements for windows, grids, lanterns and other accessories".

In a letter from Warchavchik to Giedion, he made reference to these obstacles: "I had to set up workshops to make the windows, flat wooden doors, furniture and equipment, because the lumber industry that works regularly for common construction was unable and unwilling to do what I was asking with the precision and cleanness required for the job"[10]. This solution adopted by Warchavchik represented a significant boost to the industrialization of certain components for civil construction. Even though the cost of producing prototypes was very high at the time, it later guaranteed cheaper modern mass-produced materials.

In this cycle of pioneers, the work of Warchavchik represented a fundamental step in the rupture with the academic approach and the establishing of a new connection with the modern esthetics. However, he stood apart from other designers of the time, due to his ongoing theoretical preoccupations in the field of architecture and the integration of the modern arts. These questionings led him to get involved in critical aspects, to take part in several debates and polemic issues regarding the implantation of modern architecture in Brazil, and to leave a significant amount of written critical production.

The production of furniture in the 1920s, despite being restricted in quantitative terms, was essential. It is not possible to understand the evolution of the process behind the modernization of furniture from the 1930s and 1940s onwards without taking into account the slow maturing that preceded it. It is also within this framework that one should analyze the work of painter Lasar Segall, who designed a number of pieces of furniture that were built based on modern principles: straight lines and functionality – although it could be said that the disposition of bulk and his taste for lacquered finishes made for a somewhat heavy effect, very close to the spirit of the Art Deco style.

Another contribution that took part in that drive toward modernization was the work of artist Cassio de M'Boi, whose real name was Cassio da Rocha Mattos. The year of 1926 witnessed the founding, in Rio de Janeiro, of an important store that adhered to and divulged the advent of modern furniture. This was Galeria Casa & Jardim (House & Garden Gallery), run by Theodor Heuberger (1898-1987), a personality linked to cultural animation in Brazil, where he came to settle in 1924[11]. In 1938, he set up a branch in São Paulo, on the corner of Marconi Street and Barão de Itapetininga Street. In fact, Casa & Jardim was the slogan as well as the philosophy of the company, the name of which was A Forma Decorativa S.A. The guiding idea

Sala de exposições e da seção de artes gráficas na filial da Galeria Heuberger. São Paulo, 1939.

Exhibition room and graphic arts section at the São Paulo branch of the Heuberger Gallery, 1939.

Casa & Jardim seguiu os princípios da Bauhaus e não estabeleceu nenhuma distinção entre arquitetos, pintores, escultores e marceneiros. Todos são igualmente artesãos no sentido autêntico da palavra.

Como a mentalidade da época ainda não estava preparada para absorver integralmente a produção de móvel moderno, Casa & Jardim foi obrigada a fazer uma concessão comercial e manteve duas seções básicas: uma dedicada a móveis modernos e outra a móveis clássicos.

Os móveis clássicos, que sempre foram alvo principal da clientela, eram representados pelos estilos ecléticos, confeccionados em madeiras nobres, estofados com tecidos especiais. Eram as tradicionais linhas para dormitórios, conjuntos para sala de jantar e *living-room*.

A linha de móveis modernos era composta por móveis rústicos executados em nó de pinho. Nesse particular, revelou-se o pioneirismo da empresa na utilização do pinho encerado para a confecção de móveis, material que só veio a ser utilizado em grande escala nos dias atuais.

A fábrica e a oficina de montagem eram muito bem equipadas e contaram com uma mão de obra artesanal de alta qualidade. A colaboração de alguns profissionais e arquitetos foi decisiva para a implantação do setor de desenho e projeto de móveis e decorações. Entre eles se destacaram: o arquiteto alemão Kublinsk, Ludwig Heuberger, irmão do fundador da empresa, e aquele a quem Theodor Heuberger não poupou elogios, o arquiteto austríaco Bernard Rudofsky (1905-1988), que viveu em São Paulo alguns anos durante a guerra[13].

behind the creation of the store was the unity and integration of style between the external and internal spaces of the home, between the architecture, the landscaping and the furnishings, along with the unity among the decorative arts, with no type of discrimination. According to Heuberger, "everything that was needed for a house, from dishes to glass, china and metalware, furniture and actual works of art, could be found at the store. It was complete. In general, things are separated, but our idea was to bring everything together, because that the name of the store was, originally, A Forma (The Form), but since at that time we were unable to register that brand, we were obliged to add the word 'Decorativa'. So it became A Forma Decorativa S.A. and our slogan was Casa & Jardim"[12].

Casa & Jardim followed the principles of Bauhaus and made no distinction between architects, painters, sculptors and joiners. All of them are equally artisans in the true sense of the word.

Since the mindset of those days was not yet ready to fully absorb the production of modern furniture, Casa & Jardim found itself obliged to make a commercial concession and maintained two basic sections: one dedicated to modern furniture and another to classical furniture.

The classic furniture, which was always the primary target of the clientele, was represented in an eclectic range of styles, made in fine woods and upholstered with special fabrics. These were the traditional lines for bedrooms, as well as suites for the dining room and living room.

The line of modern furniture consisted of rustic pieces made in knotty pine. Here, the pioneering spirit of the company is revealed in the use of waxed pine for the manufacture of furniture, a material that has only come to be used on a wide scale in present days.

The factory and the assembly workshop were very well-equipped and made good use of a high-quality artisanal workforce. The collaboration of a number of professionals and architects was decisive to the implantation of the sector for the designing of furniture and decorations. Among the foremost of these were: German architect Kublinsk; Ludwig Heuberger, a founding brother of the company, and the one for whom Theodor Heuberger was full of praise; and architect Austrian Bernard Rudofsky (1905-1988), who lived in São Paulo for some years during the war[13].

NOTAS
NOTES

1. GRINOVER, Lúcio. *As implicações da ciência e do pensamento lógico no desenho industrial*. São Paulo, FAU-USP, 1964.

2. DEPOIMENTO de John Graz à autora. São Paulo, 1979.

3. *Idem.*

4. *Idem.*

5. *Idem.*

6. *Idem.*

7. Warchavchik discorre sobre esse tema nos seguintes termos: "A nossa compreensão de beleza, as nossas exigências quanto a mesma, fazem parte da ideologia humana e evoluem incessantemente com ela, o que faz com que cada época histórica tenha sua logica de beleza. Assim, por exemplo, ao homem moderno, não acostumado às formas e linhas dos objetos pertencentes às épocas passadas, elas parecem obsoletas e, às vezes, ridículas". "Acerca da Arquitetura Moderna". Maria Cecilia Loschiavo dos Santos (org.). São Paulo, *Arte em Revista*, (4):5, ago. 1980. (Este manifesto foi publicado originalmente no *Correio da Manhã*. Rio de Janeiro, 1º de novembro de 1925.)

8. FERRAZ, Geraldo. *Warchavchik e a introdução da nova arquitetura no Brasil: 1925 a 1940*. São Paulo, Masp, 1965, p. 148.

9. *Correio da Manhã*. Rio de Janeiro, 6 de janeiro de 1952.

10. FERRAZ, Geraldo. *Op. cit.*, 1965.

11. Segundo Aracy Amaral, Heuberger foi "o grande animador cultural a articular o meio artístico brasileiro com a musica, as artes decorativas e as artes plásticas alemãs, a partir de 1924, sobretudo no Rio de Janeiro e São Paulo". Foi ele o responsável pela montagem, no Rio de Janeiro, em junho de 1928, da Grande Exposicao de Arte Alemã no Brasil, no Museu Nacional de Belas Artes, exibida, posteriormente, em São Paulo, integrada por obras de pintura, escultura, gravuras expressionistas e desenhos. O nome de Heuberger está ligado a uma série de outras atividades no setor das artes e da cultura do país: foi o fundador da Sociedade Pró-Arte, com o objetivo de promover o intercambio musical e artístico com a Alemanha; com esse mesmo proposito criou a *Revista Intercâmbio*, em 1935. Foi também o criador de uma das principais galerias de arte em São Paulo, a Galeria Casa & Jardim, em 1938. AMARAL, Aracy Abreu. *Arte e meio artístico (1961-1981): entre a feijoada e o x-burguer*. São Paulo, Nobel, 1983, p. 97-101.

12. DEPOIMENTO de Theodor Heuberger à autora. São Paulo, 1980.

13. A produção de móveis de Rudofsky será analisada a seguir.

1. GRINOVER, Lúcio. *As implicações da ciência e do pensamento lógico no desenho industrial*. São Paulo, FAU-USP, 1964.

2. STATEMENT from John Graz to the author. São Paulo, 1979.

3. *Idem.*

4. *Idem.*

5. *Idem.*

6. *Idem.*

7. Warchavchik talks about this subject in the following terms: "Our understanding of beauty and our demands regarding it form part of the human ideology and are constantly evolving along with it. This means that each historical era has its own logic of beauty. This being so, for example, to the modern man, unaccustomed to the shapes and lines of the objects pertaining to bygone eras, they appear obsolete and, sometimes, ridiculous". "*Acerca da Arquitetura Moderna*". Maria Cecilia Loschiavo dos Santos (org.). São Paulo, *Arte em Revista*, (4):5, August 1980. (This manifesto was originally published in the *Correio da Manhã* newspaper. Rio de Janeiro, November 1, 1925.)

8. FERRAZ, Geraldo. *Warchavchik e a introdução da nova arquitetura no Brasil: 1925 a 1940*. São Paulo, Masp, 1965, p. 148.

9. *Correio da Manhã*. Rio de Janeiro, January 6, 1952.

10. FERRAZ, Geraldo. *Op. cit.*, 1965.

11. According to Aracy Amaral, Heuberger was "the great cultural and articulating patron of the Brazilian artistic métier with German music and plastic arts, starting in 1924, especially in Rio de Janeiro and São Paulo". He was responsible for setting up, in Rio de Janeiro, in June 1928, the Great German Art Exhibition in Brazil, at the National Museum of Fine Arts, shown previously in São Paulo, consisting of paintings, sculptures, expressionist etchings and drawings. The name of Heuberger is linked to a series of other activities in the sector of arts and culture in Brazil: he was the founder of *Sociedade Pró-Arte*, set up to promote musical and cultural exchange with Germany; it was with this same intention that he created magazine *Revista Intercâmbio* in 1935. He was also the creator of one of the leading art galleries in São Paulo, *Galeria Casa & Jardim*, in 1938. AMARAL, Aracy Abreu. *Arte e meio artístico (1961-1981): entre a feijoada e o x-burguer*. São Paulo, Nobel, 1983, p. 97-101.

12. STATEMENT from Theodor Heuberger to the author. São Paulo, 1980.

13. The production of furniture by Rudofsky will be analyzed ahead.

O arquiteto e o móvel

The architect and furniture

Os dois grandes centros do país, São Paulo e Rio de Janeiro, detiveram, entre os anos 1930 e 1960, a maioria das iniciativas em matéria de modernização da mobília.

O Rio de Janeiro, de certa forma, na qualidade de Capital Federal, concentrava boa parte dos recursos para investimentos em obras públicas, surgindo daí uma demanda bem característica de produção de mobília de escritório. Já São Paulo, como maior polo industrial e econômico, aglutinava grande parte dos recursos tecnológicos para a execução do mobiliário então projetado. As outras cidades brasileiras limitavam-se, em sua maioria, a seguir a orientação proveniente dessas metrópoles.

Como já observamos, a contribuição dos arquitetos para a modernização da mobília foi expressiva, ainda que na maioria das vezes a sua produção tenha sido em pequena escala, assistemática e não comercializada em canais de venda regulares, ficando mais no nível do atendimento das necessidades de seus próprios projetos.

Em virtude das características próprias da participação dos arquitetos no processo de modernização de mobília, neste momento é necessário deixar de lado a ordem cronológica que vem presidindo esse trabalho para evidenciar esse aspecto da formação do móvel moderno no país.

Muitos arquitetos acabaram fazendo móveis como extensão de sua própria arquitetura, como parte integrante de seus projetos. Nesse caso, possuem uma produção pontual, direcionada pela busca da unidade do espaço construído. Entretanto, alguns móveis de arquitetos acabaram adquirindo vida própria e entraram para o circuito comercial.

—

From 1930 to 1960, the two major centers of the country, São Paulo and Rio de Janeiro, were home to practically most of the initiatives in terms of the modernization of furniture modernization.

To some degree, Rio de Janeiro, as the Federal Capital, held a large part of the funds for investment in public works, which gave rise to a very characteristic demand for the production of office furniture. São Paulo, as the largest industrial and economic center, had a considerable portion of the technological resources required for making the furniture designed there. The other Brazilian cities mostly restricted themselves to following the directions taken by those metropolises.

As we have already seen, architects contributed considerably to the modernization of furnishings, though most of the time their production was on a small scale, non-systematic, and not commercialized via regular sales channels, being more directed at meeting the needs of their own projects.

Poltrona de escritório, premiada no Concurso Nacional de Mobiliário Brafor. Artur Lício Pontual, 1962.

Office easy chair, winner of an award at the *Concurso Nacional de Mobiliário Brafor*. Artur Lício Pontual, 1962.

Given these elements of the participation of architects in the process of furniture modernization, at this point we must leave aside the chronological order that has been presiding over this work in order to highlight this specific aspect of the development of modern furniture in Brazil.

Many architects ended up making furniture as an extension of their own architecture, as an integral part of their projects. In this case, their production is according to immediate need, focused on the search for unity in the constructed space. However, some of the furniture made by architects ended up acquiring independent life and entered the commercial circuit.

The movement for the modernization of furniture in Rio de Janeiro

The presence of the group of architects from Rio de Janeiro played an important role in promoting the movement and modernizing furniture, and in introducing industrial design in Brazil. This position is defended by Júlio Katinsky, who points, among other things, several characteristics of this phenomenon, including "a coherent theory of the project with industry, without the slightest doubt, a fruit of absorbing the lessons of French master Le Corbusier"[1]. This group of architects, led by Lucio Costa, included: Affonso Reidy, Alcides da Rocha Miranda, Carlos Leão, Ernani Vasconcellos, Jorge Moreira, and Oscar Niemeyer. These architects articulated with the foremost designers, artisans and furniture makers of the day, placing orders with them for furniture to equip their projects for public buildings and residences. This gave rise to a number of important and original examples of modern design.

Sofá desmontável de três lugares, com almofadas soltas em espuma de borracha revestida em tecido, apoiadas em lona e caibros. Artur Lício Pontual, sem data.

Collapsible 3-seat sofa, with loose foam rubber cushions covered in fabric, supported on canvas and wooden battens. Artur Lício Pontual, no date.

O movimento de modernização do móvel no Rio de Janeiro

A presença do grupo de arquitetos cariocas exerceu papel importante para a animação do movimento e modernização do móvel e para a introdução do desenho industrial no país. Essa posição é defendida por Júlio Katinsky, apontando, inclusive, várias características desse fenômeno, entre as quais "uma teoria coerente do projeto com a indústria, fruto, sem dúvida alguma, da absorção das lições do mestre francês Le Corbusier"[1]. Esse grupo de arquitetos, liderados por Lucio Costa, era composto, entre outros, por Affonso Reidy, Alcides da Rocha Miranda, Carlos Leão, Ernani Vasconcellos, Jorge Moreira e Oscar Niemeyer. Esses arquitetos articularam-se com os principais designers, artesãos e produtores de móveis à época, encomendando-lhes móveis para equipar os projetos dos edifícios públicos e residências de sua autoria. Assim surgiram exemplares importantes e originais de desenho moderno.

Entre os arquitetos desse período destacaram-se duas personalidades, Lucio Costa e Oscar Niemeyer, que fomentaram, sobremaneira, o surgimento do novo estilo de móveis, que se consolidou por completo nos anos 1960, a partir de quando foi gradativamente absorvido pela indústria.

Foi pelas mãos de Lucio Costa que a produção de designers talentosos, porém pouco divulgados, veio à tona, principalmente em fins dos anos 1950 e início dos anos 1960. Foi ele quem convidou o jovem arquiteto pernambucano Artur Lício Pontual (1935-1972) para participar da montagem da exposição de Brasília no prédio da Unesco, em 1958, tendo sido o responsável pela organização dos painéis expositivos, muito elogiados por Mies van der Rohe na ocasião[2]. A carreira de Pontual como designer começou no final da década de 1950, associado a Aloísio Magalhães e Noronha, num escritório de comunicação visual e desenho industrial. Artur Lício Pontual foi um dos principais mentores da criação da Loja do Bom Desenho, no Rio de Janeiro, inaugurada em 1963 com a intenção de oferecer à clientela uma escolha de objetos de boa forma que, naquela época, não eram muito frequentes no mercado.

Among the architects of that period, two personalities stand out: Lucio Costa and Oscar Niemeyer, who greatly fostered the emergence of the new style of furniture, which was finally fully consolidated in the 1960s and then gradually absorbed by the industry.

It was at the hands of Lucio Costa that the production of talented but little-known designers came to be seen, especially towards the end of the 1950s and start of the 1960s. It was he who invited Artur Lício Pontual (1935-1972), a young architect from the state of Pernambuco, to participate in setting up the exhibition in Brasília at the Unesco building in 1958, having been responsible for organizing the exhibition panels, much praised by Mies van der Rohe on the occasion[2]. Pontual's career as a designer began at the end of the 1950s, associated with Aloísio Magalhães and Noronha, in a visual communication and industrial design office. Artur Lício Pontual was one of the principal mentors behind the creation of the Loja do Bom Desenho, a shop opened in Rio de Janeiro in 1963 with the intention of offering its clientele a choice of well-designed and beautiful objects that, in those days, were not often found on the market.

The designs for Pontual's furniture were drawn to order, one of the most interesting of which was the collapsible sofa, made with integrated components and with a rational design to reduce cost. He also designed a chair for the dining table and another chair in brazilian rosewood and leather, both of which were collapsible.

In 1962 he participated in the Brafor National Furniture Contest, where he was given honorable mention for an office armchair and table. According to the memorandum, the idea behind this work was "to study a chair and a desk for independent professionals or company directors, based on the opinion that office furniture consists of integrated elements; that an executive's chair and desk should be the crowning

Ambientes projetados com mobiliário de Carlo Benvenuto Fongaro, incluindo itens de estar, jantar e escritório. Na foto maior, as cadeiras têm assento e encosto em fibra natural trançada, década de 1950.

Rooms designed with furniture by Carlo Benvenuto Fongaro, including pieces for living room, dining room and office. In the larger photo, the chairs have seats and backrests in natural twisted fiber. 1950s.

86 – The architect and furniture

Os projetos de móveis de Pontual foram desenvolvidos sob encomenda. Entre eles, destacam-se: o sofá desmontável, feito com componentes integrados, com um desenho racional para a redução de custos; uma cadeira para a mesa de refeição e uma cadeira em jacarandá e couro, ambas desmontáveis.

Em 1962, participou do Concurso Nacional de Mobiliário Brafor, no qual conquistou menção honrosa por um conjunto de poltrona e mesa para escritório. Segundo o memorial, com esse trabalho procurou "estudar uma poltrona e uma mesa para profissional liberal ou diretor da empresa, tendo por princípio a opinião de que o mobiliário de escritório é um todo. Que uma poltrona e mesa de executivo devem ser o coroamento de uma linha de móveis, na qual o parentesco visual é gerado pelo planejamento e racionalização dos processos de produção"[3]. Pontual também foi docente na Escola Superior de Desenho Industrial, entre 1967 e 1969, onde trabalhou com Karl Heinz Bergmiller (1928-), Aloísio Magalhães e Alexandre Wollner.

Lucio Costa exerceu continuamente um papel estimulador para o desenvolvimento do desenho industrial, ligando-se a designers e arquitetos, a quem encomendou projetos para equipar suas obras. Nesse sentido, manteve ligações com a empresa paulista Ambiente, contratando, em 1959, um projeto de equipamentos para o Edifício Boa Vista, instalações do Banco Aliança, no Rio de Janeiro. O projeto, do arquiteto italiano Carlo Benvenuto Fongaro (1915-1986), foi uma das primeiras linhas de móveis de escritórios modernos desmontáveis, em tubos de aço quadrado, com tampos e gaveteiros em jacarandá.

Fongaro chegou ao Brasil em 1947. Naquele momento, o móvel moderno era uma exceção num mercado hostil às novas propostas. O mais fácil era aliar-se a iniciativas do tipo Paschoal Bianco, mas o arquiteto insistiu no moderno e colaborou com várias empresas de mobiliário moderno: Paubra, Jatobá, Ambiente e Projeto. Em todas elas desenhou linhas completas para residências: salas de jantar, jogos para dormitórios e estofados, usando muito jacarandá e ferro.

À época, Fongaro conseguiu bastante sucesso com uma peça simples e utilitária, comercializada pela loja Cristais Prado e Dominici: um móvel que funcionava, ao mesmo tempo, como caixa para rádio e porta-trabalhos manuais, permitindo que a mulher carregasse o rádio para qualquer canto da casa.

Fongaro acreditou que as facilidades para aceitar as concepções modernas de mobília eram maiores aqui no Brasil do que na Europa, pois lá havia toda uma tradição consolidada que devia ser incorporada ao novo, e aqui não. O único problema que se enfrentava é que "não estávamos preparados industrialmente para produzir, era tudo na base do braço artesanal; só depois da instalação da indústria automobilística é que foi possível participar do desenvolvimento industrial do resto do mundo. [...] Só agora no Brasil é que estão sendo criadas as condições para a produção de um móvel em grande escala, mas até chegar a isso, eu tive que aguentar muita cliente que queria uma cadeira especial, diferente da cadeira da amiga"[4].

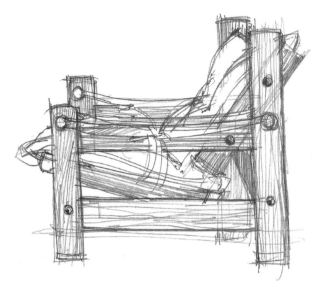

Cadeira dos Arcos, em jacarandá, com assento e encosto em couro. Desenhada por Bernardo Figueiredo para o Palácio dos Arcos, sede do Itamaraty em Brasília, 1967.

Arcos chair, in brazilian rosewood with seat and backrest in leather. Designed by Bernardo Figueiredo for the *Palácio dos Arcos* building, head offices of Itamaraty in Brasília, 1967.

Croqui de poltrona. Bernardo Figueiredo, sem data.

Sketch of easy chair. Bernardo Figueiredo, no date.

Sofá Conversadeira, em madeira e palhinha. Bernardo Figueiredo, sem data.

Conversadeira sofa, in wood and straw. Bernardo Figueiredo, no date.

Sofá Deck. Bernardo Figueiredo, sem data.

Deck sofa. Bernardo Figueiredo, no date.

Cadeira Rio, em jacarandá e palhinha. Bernardo Figueiredo, década de 1960.

Rio chair, in brazilian rosewood and straw. Bernardo Figueiredo, 1960s.

Living room da residência do arquiteto e designer Bernardo Figueiredo. Rio de Janeiro, década de 1960.

Living room at the home of architect and designer Bernardo Figueiredo, Rio de Janeiro, 1960s.

Essa relação entre os pioneiros da arquitetura moderna e o desenvolvimento do mobiliário no Brasil, além de caracterizar a tendência de um tempo de renovação, estabeleceu uma filiação do ponto de vista da criação estética, que ficou arraigada na produção de nossos grandes designers.

Durante a construção de Brasília, Oscar Niemeyer convidou vários arquitetos e designers a projetarem móveis para os palácios dos Arcos, da Alvorada e do Planalto. A ocupação, o equipamento e a ambientação de interiores dos elegantes edifícios de Brasília, com sua diversidade de usos administrativos, foi também aspecto essencial no projeto de Niemeyer. O mobiliário e os arranjos internos deveriam condizer com a pujança daquela revolução arquitetônica, que certamente não era apenas externa. Era necessário o acolhimento apropriado para os funcionários, chefes de Estado e dignitários que visitavam e trabalhavam na capital federal. Dentre os designers que contribuíram para o design do mobiliário de Brasília destacam-se: Joaquim Tenreiro, Sergio Rodrigues, Sérgio Bernardes (1919-2002), Karl Heinz Bergmiller, Jorge Zalszupin (1922-), Jorge Hue e Bernardo Figueiredo.

Este último formou-se arquiteto pela Faculdade Nacional de Arquitetura, no Rio de Janeiro, em 1957. Ainda como estudante, começou a fazer móveis na base do autodidatismo e, entre acertos e erros, foi aprendendo à custa de muita dedicação. Partiu para os projetos de móveis residenciais, pois no mercado havia certa lacuna de móveis adequados e acessíveis a seus clientes; além disso, com a verticalização dos espaços, a partir dos anos 1960, o projeto de interiores passou a ser um canal importante de absorção da mão de obra de arquitetura.

Entre 1959 e 1961, Figueiredo colaborou na Oca Arquitetura de Interiores S.A., onde recebeu fortes influências de Sergio Rodrigues, iniciando uma produção que dava destaque para certos materiais nacionais: o couro, o jacarandá e a palhinha. Naquele momento, intensificou suas relações com Joaquim Tenreiro, outro mestre, a quem reconhece o aprendizado: "Tenreiro me aguçou o estilo; com ele aprendi como uma cadeira vibra e dura anos sem se desmanchar"[5]. Influências bem pesadas, guardando as marcas dos mestres, Figueiredo passou a desenvolver uma produção própria. Definiu seu estilo e inaugurou uma loja para comercializá-lo, a Chica da Silva & Atelier de Arquitetura. O ponto alto de seus projetos foram os móveis concebidos para o Palácio dos Arcos, edifício-sede do Ministério das Relações Exteriores, Itamaraty. A atuação decisiva do embaixador Wladimir do Amaral Murtinho e do arquiteto Olavo Redig de Campos foi fundamental na valorização do talento dos designers e profissionais brasileiros. Para esse edifício, Bernardo Figueiredo projetou, entre outros, a cadeira Arcos e móveis de grandes dimensões, todos em madeira nobre, inclusive os estofados.

pieces in a line of furniture in which visual kinship is generated by the planning and rationalization of the production processes"[3]. Pontual was also one of the teaching staff at the College of Industrial Design, from 1967 to 1969, where he worked with Karl Heinz Bergmiller (1928-), Aloísio Magalhães, and Alexandre Wollner.

Lucio Costa exercised an ongoing role in stimulating the development of industrial design, forming links with designers and architects, from whom he ordered projects to furnish his works. In this sense, he maintained connections with company *Ambiente* from São Paulo, hiring them in 1959 to design equipment for the Boa Vista Building and installations for the Aliança Bank, in Rio de Janeiro. The project, by Italian architect Carlo Benvenuto Fongaro (1915-1986) was one of the first lines of modern collapsible office furniture, made in square-sectioned steel tubes, with rosewood tops and drawers.

Fongaro arrived in Brazil in 1947. At that time, modern furniture represented an exception in a market that was hostile to new proposals. The easiest path was to make alliance with initiatives along the lines of Paschoal Bianco, but the architect insisted on the modern and worked in conjunction with several modern furniture companies: *Paubra*, *Jatobá*, *Ambiente* and *Projeto*. In all of them he designed complete lines for residences: dining rooms, bedroom suites and upholstered pieces, using a lot of rosewood and iron.

At the time, Fongaro achieved considerable success with a simple and utilitarian piece, sold by the Cristais Prado e *Dominici* store: a piece of furniture that served, at one and the same time, as a radio box and a carry case for manual work, allowing women to take the radio with them anywhere in the house.

Cadeira Augusta, em mogno e couro. Aida Boal, 2001.

Augusta chair, in mahogany and leather. Aida Boal, 2001.

Mesa de centro.
Aida Boal, sem data.

Coffe table. Aida Boal, no date.

90 - The architect and furniture

Cadeira João Carlos Cavalcanti, jacarandá com estofamento em tecido. Aida Boal, 1989. À direita, poltrona Ipanema. Aida Boal, 1960.

João Carlos Cavalcanti *chair*, brazilian rosewood with upholstery in fabric. Aida Boal, 1989. On the right, Ipanema easy chair. Aida Boal, 1960.

Dentre os arquitetos cariocas que contribuíram para o desenvolvimento da mobília moderna brasileira, vale ressaltar a obra de Aida Boal (1930-2016). Formada na Faculdade Nacional de Arquitetura, sob o clima renovador dos anos 1950, Boal iniciou sua produção em pequena escala e paulatinamente seus produtos ganharam reconhecimento do mercado.

Finalmente, é importante observar que os dois mais consagrados arquitetos da velha geração modernista do Rio de Janeiro, Oscar Niemeyer e Lucio Costa, também emprestaram sua colaboração como desenhistas de móveis modernos. Ambos desenvolveram uma produção que não se destaca quantitativamente, sendo, porém, muito significativa para o processo de consolidação do novo móvel.

É nesse contexto que se dá a contribuição de Lucio Costa com a empresa Oca, onde, em 1960, desenhou um modelo de poltrona em jacarandá e couro. Oscar Niemeyer, no entanto, iniciou sua produção um pouco mais tarde, por volta de 1970, em parceria com sua filha Anna Maria Niemeyer (1930-2012), quando, na busca de uma continuidade entre sua arquitetura e os elementos que a complementavam, passou a desenhar móveis. Dessa forma, procurou garantir a harmonia entre o equipamento, o arranjo interno e o edifício, preservando a unidade dos espaços concebida em seus projetos.

O arquiteto e o móvel - 91

Fongaro believed that the acceptance of modern conceptions in furniture was greater here in Brazil than in Europe, since there they had a fully developed and consolidated tradition that would have to be incorporated to the new, and here that was not the case. The only problem encountered was that "we were not prepared, industrially, for production, it was all done by hand; only after the installation of the automobile industry did it become possible to take part in the industrial development seen in the rest of the world [...] It is only now in Brazil that conditions are being created for the large-scale production of furniture, but before getting to this point, I had to put up with a lot of clients who wanted a special chair, different from the one their friend had"[4].

This relationship between the pioneers of modern architecture and the development of furniture in Brazil, besides characterizing the tendency of a time of renewal, established an affiliation from the point of view of esthetic creation, which was rooted in the work of Brazilian great designers.

During the construction of Brasília, Oscar Niemeyer invited several architects and designers to create furniture for the Arcos, Alvorada and Planalto Palaces. The occupation, equipment and setting of the interiors in Brasília's elegant buildings, with their range of administrative uses, were also essential aspects of the project designed by Niemeyer. The furniture and the internal arrangements were to be in keeping with the vigor of this architectural revolution, which was certainly more than just external. It was necessary to provide a suitable environment for the staff, heads of state and dignitaries who visited and worked in the federal capital. Among the designers who contributed to designing the furniture for Brasília, special mention is deserved by: Joaquim Tenreiro, Sergio Rodrigues, Sérgio Bernardes (1919-2002), Karl Heinz Bergmiller, Jorge Zalszupin (1922-), Jogre Hue, and Bernardo Figueiredo.

This latter graduated in architecture through the National College of Architecture, in Rio de Janeiro, in 1957. While still a student, he began to make furniture on a self-taught basis and, between hits and misses, he learned, at the cost of great dedication. He began to draw up designs for residential furniture, since the market presented a certain gap for furniture that was suited and accessible to his customers; besides this, with the urban densification that began in the 1960s, interior design came to be an important channel for absorbing the architectural workforce.

Between 1959 and 1961, Figueiredo collaborated with Oca Arquitetura de Interiores S.A., where he received considerable influence from Sergio Rodrigues, starting a production that highlighted certain materials of Brazilian origin: leather, rosewood and straw. At that time he developed a stronger relationship with Joaquim Tenreiro, another master craftsman, to whom he attributes much of his learning: "Tenreiro refined my style; with him I learned how a chair vibrates and can last for years without falling apart"[5]. With these weighty influences and preserving the marks of his masters, Figueiredo began to develop his own production. He defined his style and opened a store from which to sell it, the Chica da Silva & Atelier de Arquitetura. The high point of his designs was the pieces of furniture conceived for the Arcos Palace, the headquarters of the Ministry of External Relations, also known

Espreguiçadeira Rio, em madeira ebanizada e palhinha. Anna Maria e Oscar Niemeyer, 1977/78.

Rio sun lounger, in ebonized wood and straw. Anna Maria and Oscar Niemeyer, 1977/78.

Essa posição é explicada por Oscar Niemeyer: "O problema que eu encontrei no equipamento dos edifícios é que, muitas vezes, o mobiliário, o arranjo interno, prejudica completamente a arquitetura. A arquitetura prevê os espaços que devem ficar livres entre grupos de móveis, e, às vezes, os móveis são colocados de uma maneira imprópria, os espaços se perdem e a arquitetura fica prejudicada. De modo que nós procuramos sempre marcar o lugar dos móveis, mas mesmo assim, às vezes eles não estão de acordo com a arquitetura, e o ambiente se faz sem a unidade que a gente gostaria. Por isso tudo é que eu comecei. É claro que existem bons decoradores no Brasil, mas quando a gente não tem sorte de encontrar um desses decoradores, o nosso projeto se prejudica"[6]. Imbuído dessas preocupações e atento aos principais problemas de produção de mobília em nosso país, Oscar Niemeyer começou a estudar móveis de madeira colada, que era usada nas cadeiras suecas, e a projetá-los com superfícies maiores. Assim fez cadeiras, poltronas, mesas, cadeiras de balanço, espreguiçadeiras e marquesas. Além da madeira, utilizou também o couro e a palhinha para o assento e o encosto. Inicialmente, a empresa responsável pela fabricação desses móveis foi a Tendo Brasileira, em São Paulo. A partir do final da década de 1980, a Móveis Teperman passou a produzir a coleção da mobília de Oscar Niemeyer.

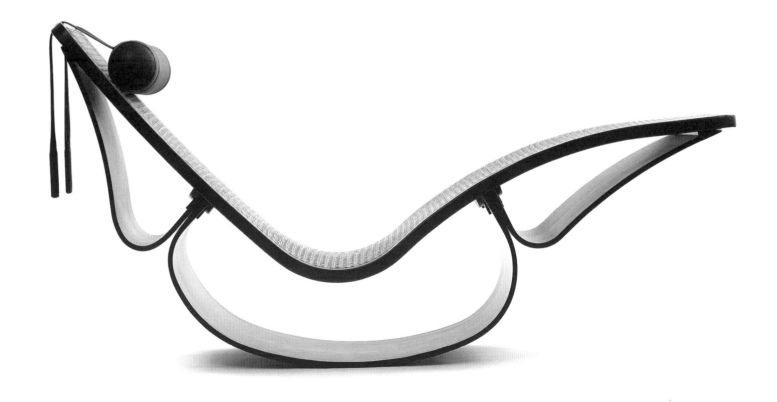

O arquiteto e o móvel - 93

as Itamaraty. The pivotal actions of ambassador Wladimir do Amaral Murtinho and architect Olavo Redig de Campos were fundamental in the appreciation of the talent of Brazilian designers and professionals. For this building, Bernardo Figueiredo designed, among others, the Arcos chair and large pieces of furniture, all in hardwood, including upholstered items.

Among the architects from Rio de Janeiro who contributed to the development of modern Brazilian furnishings, it is fitting to mention the work of Aida Boal (1930-2016). Graduated from *the* National College of Architecture in the climate of renewal that prevailed in the 1950s, Boal began her production on a small scale and her work gradually gained the recognition of the market.

Finally, it is important to note that the two most consecrated architects of the older modernist generation from Rio de Janeiro, Oscar Niemeyer and Lucio Costa, also provided collaboration as designers of modern furniture. Both developed products that, despite not being made in significant quantity, were of considerable importance in the process of consolidating the new furniture.

It is in this context that we place the contribution of Lucio Costa, with his company Oca, where in 1960 he designed a model for a chair in rosewood and leather. Oscar Niemeyer, however, began his production a little later on, around 1970, in partnership with his daughter Anna Maria Niemeyer (1930-2012), when in his search for continuity between his architecture and the elements that complemented it, began to design furniture. It was in this way that he sought to ensure harmony between the equipment, the internal arrangement and the building, preserving the unity of the spaces conceived in his projects.

Marquesa, em madeira ebanizada e palhinha. Anna Maria e Oscar Niemeyer, 1974.

Marquesa, in ebonized wood and straw. Anna Maria and Oscar Niemeyer, 1974.

Poltrona Alta. Anna Maria e Oscar Niemeyer, 1971.

Alta easy chair. Anna Maria and Oscar Niemeyer, 1971.

Com esses móveis, combinados a outros, Oscar equipou vários de seus projetos, entre eles Baubigny e a sede do Partido Comunista na França[7]. Segundo ele: "Gostamos de usar esses móveis, com outros, de outros arquitetos, de modo que há uma variação, mas todos presos ao princípio de que o móvel é complemento da arquitetura e deve ser atualizado e moderno como a própria arquitetura. Deve haver uma adequação entre o móvel e o interior, dependendo do tipo de prédio. Numa residência, por exemplo, os móveis devem acompanhar a maneira de viver do homem de hoje; eles são mais simples, menos austeros. O mobiliário antigo se adaptava a uma atitude diferente do homem. Hoje a coisa mudou muito e o mobiliário acompanha esse modo de vida diferente, esse modo de ser das pessoas de hoje"[8].

Croquis de poltrona com puff e espreguiçadeira. Oscar Niemeyer, sem data.

Sketches of easy chair with pouffe and sun lounger. Oscar Niemeyer, no date.

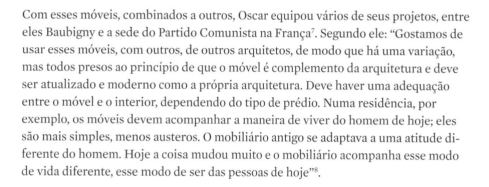

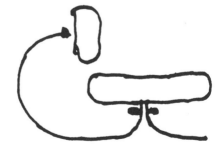

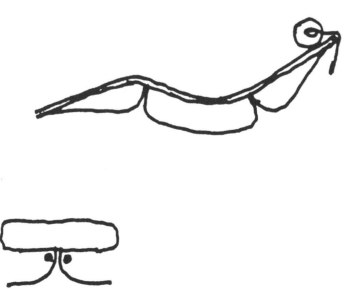

O arquiteto e o móvel · 95

Interior da Casa das Canoas, projeto de Oscar Niemeyer, 1953.

Interior of the Casa das Canoas, designed by Oscar Niemeyer, 1953

This position is explained by Oscar Niemeyer: "The problem that I found in the equipment for buildings is that, very often, the furniture, the internal layout, completely undermines the architecture. The architecture provides for spaces that are to remain free between groups of furniture and sometimes the furniture is poorly positioned, the spaces are lost and the architecture is undermined. This being so, we always try to mark the positions for the furniture, but still sometimes they are not in keeping with the architecture and the ambiance does not have the unity that we would like it to have. It is for all this that I started. Of course, there are good interior designers in Brazil, but when we are not lucky enough to find one of these interior designers, our project is undermined"[6]. Imbued with these concerns and attentive to the main problems in the production of furniture in Brazil, Oscar Niemeyer began to study furniture made with laminated wood, which was used in Swedish chairs, and to design it with larger surfaces. He made chairs, armchairs, tables, rocking chairs, sun-loungers and *marquesa* benches. Besides wood, he also used leather and straw for seats and backrests. Initially, the company responsible for the manufacture of this furniture was Tendo Brasileira, in São Paulo. As of the end of the 1980s, company Móveis Teperman began to produce the furniture collection designed by Oscar Niemeyer.

With this furniture, combined with other pieces, Oscar furnished several of his projects, including Baubigny and the headquarters of the Communist Party in France[7]. According to him: "We like to use this furniture, with other furniture, by other architects, for variation, but with everything bound by the principle that furniture is a complement to architecture and must be as up-to-date and modern as the architecture itself. The furniture must be suited to the interior, depending on the type of building. In a residence, for example, the furniture should remain in step with the lifestyle of today's man; it is simpler and less austere. The old style of furniture adapted itself to a different attitude. Today things have changed a lot and furniture has kept up with this different way of life, this way of being for people today[8]".

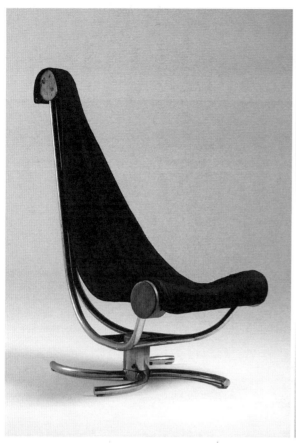

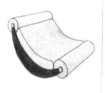  

Poltrona Rede e Poltrona Rampa, ambas em madeira, aço inox e tecido. Sergio Bernardes, 1975. No croqui, notam-se também esboços do Sofá Berço, do mesmo autor.

Rede easy chair and Rampa easy chair, both in wood, stainless steel and fabric. Sergio Bernardes, 1975. The sketch also shows some rough drawings of the *Berço* sofa, by the same designer.

The movement for the modernization of furniture in São Paulo

In São Paulo, it appears that the movement for the modernization of furniture initially grew up around the same architects who were responsible for modernizing the architecture of São Paulo. As we have seen, in the pioneering phase of the 1920s, the presence of Gregori Warchavchik was decisive and, as of the 1930s, there is a considerable contribution from Oswaldo Arthur Bratke (1907-1997) and João Batista Vilanova Artigas (1915-1985), Rino Levi (1901-1965), and Henrique Ephim Mindlin (1911-1971).

Within the generation of *architect-designers* reference must be made to the work of Rino Levi, who distinguished himself as a pioneer for the renewal of architecture in Brazil. Sensitive and highly attentive to the needs for unity between architecture, landscaping, acoustics, ambient comfort and the design of the furniture, he brought an important contribution to the project in this sector.

This concern with furniture design is made evident throughout his works. In some of his projects, such as the Cultura Artística Theater, built in 1942, one can clearly see the way in which the architect dealt with this issue. To meet the needs for comfort in the seats of the auditorium and for rationalizing the internal circulation of theatergoers between the rows in the audience, in 1948 Rino Levi designed a chair in tubular steel, with a reclining mechanism.

Graduated as an engineer-architect in 1930 through Mackenzie University[9], Bratke defined himself as a drawing-board man, whose interests focused exclusively on construction, having created the projects for around a thousand building works. Despite his strong connection with building, Bratke always maintained a great passion

Cadeira projetada por Rino Levi para o auditório do Teatro Cultura Artística, em São Paulo, 1948. Produzidas em aço tubular cromado, com assento revestido em tecido, essas cadeiras são dotadas de um mecanismo basculante que permite recuo para facilitar o acesso aos assentos. Abaixo, o auditório com as cadeiras instaladas e a fachada do Teatro.

Chair designed by Rino Levi for the auditorium of the *Teatro Cultura Artística*, São Paulo, 1948. Produced in chrome-plated tubular steel, with seat covered in fabric, these chairs have a moving mechanism that allows them to moved back in order to facilitate access for seating. Below, the auditorium with the chairs installed and the facade of the Theater.

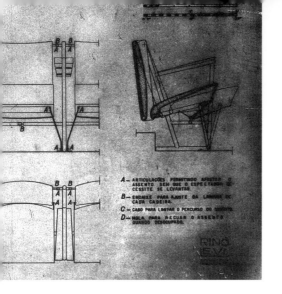

O movimento de modernização do móvel em São Paulo

Em São Paulo, constata-se que o movimento de modernização do móvel se desenvolveu, inicialmente, em torno dos próprios arquitetos responsáveis pela modernização da arquitetura paulista. Como vimos, na fase pioneira dos anos 1920, a presença de Gregori Warchavchik foi decisiva e, a partir dos anos 1930, destaca-se a contribuição de Oswaldo Arthur Bratke (1907-1997) e João Batista Vilanova Artigas (1915-1985), Rino Levi (1901-1965) e Henrique Ephim Mindlin (1911-1971).

Dentre a geração dos *arquitetos-designers*, é preciso referir a obra de Rino Levi, que se destacou como pioneiro da renovação da arquitetura no Brasil. Sensível e muito atento às necessidades de unidade entre a arquitetura, o paisagismo, a acústica, o conforto ambiental e o design de mobília, ele trouxe uma contribuição importante para o projeto nesse setor.

A preocupação com o design do mobiliário está evidenciada em todo o conjunto de sua obra. Em alguns projetos, como no Teatro Cultura Artística, de 1942, pode-se observar com muita clareza o tratamento que o arquiteto deu ao problema. Para atender as necessidades de conforto nos assentos de auditório e a racionalização da circulação interna dos espectadores entre as fileiras da plateia, Rino Levi projetou uma poltrona em aço tubular, com mecanismo basculante, em 1948.

Formado engenheiro-arquiteto em 1930 pelo Mackenzie[9], Bratke define-se como homem de prancheta, com interesses voltados exclusivamente para a construção, tendo projetado cerca de mil obras. Apesar da forte ligação com a obra, Bratke sempre teve grande paixão pelo desenho. Desde garoto já desenhava, e aos 15 anos começou a vir a público um pouco de seu talento, através das chamadas artes aplicadas. Ele desenhou riscos para bordados para serem executados em ponto-cruz ou em ponto *richelieu* para a Agência Lila, na rua Barão de Itapetininga. Entre 1924/25 desenhou anúncios de filmes em chapas de vidro, pintados, para serem exibidos antes das sessões no Cinema Central. Dedicou-se também ao desenho de ilustrações de livros, e só mais tarde passou ao desenho de arquitetura. Como muitos arquitetos de sua geração, ele fez muito estilo, passando pela fase eclética da arquitetura antes de começar a projetar o moderno.

for drawing. He had been drawing since childhood and at the age of fifteen some of his talent began to come to public light, via the so-called applied arts. He designed outlines for bordered pieces to be done in cross-stitch or *richelieu* embroidery for the Lila Agency, on Barão de Itapetininga Street. From 1924-25, he designed movie advertisements to be painted on to panes of glass and shown before the movies in the film sessions at the Cinema Central movie theater. He also dedicated himself to doing drawings for book illustrations and only later moved on to architectural drawing. Like many architects of his generation, he worked in many styles, going through the eclectic phase of architecture before moving to modern design.

It was then that Bratke made his major contribution, and his offices on Barão de Itapetininga Street ended up becoming a mandatory meeting point for the artists and architects of the day. Many professionals came to work with him and later made their names within the various areas of Brazilian culture. They include: Lívio Abramo, who worked as a draftsman; Francisco Rebolo Gonsales (1903-1980); modeler José Zanine Caldas (1919-2001); and Carlo Benvenuto Fongaro.

Bratke was responsible for several important initiatives for the industrial production of elements for finishes in civil construction: windows[10], doorknobs, frames, etc. In terms of furniture, he designed a number of items to complete his constructions and worked with the company Jatobá, for whom he designed a coffee table for serial production.

Cadeira em chapas de compensado recortado, presas com um só parafuso. Oswaldo Artur Bratke, 1948. Na outra página, desenho da cadeira desmontada.

Chair in sheets of shaped plywood, held together with a single screw. Oswaldo Artur Bratke, 1948. The other page shows a drawing of the dismantled chair.

100 - The architect and furniture

Desenho de poltrona em madeira com assento e encosto encaixados. Oswaldo Artur Bratke, sem data.

Design for a wooden chair with slot-fitted seat and backrest. Oswaldo Artur Bratke, no date.

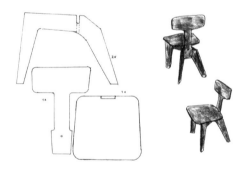

Deu-se então a grande contribuição de Bratke, e seu escritório à rua Barão de Itapetininga acabou se transformando num ponto de encontro obrigatório para artistas e arquitetos da época. Com ele colaboraram muitos profissionais que, posteriormente, se destacaram nos vários campos da cultura brasileira. Entre eles: Lívio Abramo, que trabalhou como desenhista, Francisco Rebolo Gonsales (1903-1980), José Zanine Caldas, maquetista, e Carlo Benvenuto Fongaro.

Bratke desenvolveu importantes iniciativas para a produção industrial de equipamentos para acabamento na construção civil: janelas[10], maçanetas, esquadrias etc. Em matéria de mobília, projetou alguns equipamentos para completar suas construções e colaborou com a empresa Jatobá, para a qual desenhou uma mesa de centro para produção em série.

Em 1937, Bratke foi pioneiro no projeto e utilização de cozinhas e copas industrializadas, compostas por peças pré-fabricadas, que eram montadas na própria obra e embutidas na parede. Na década de 1940 começou a fazer experiências com o compensado recortado, tendo desenhado algumas cadeiras. O projeto de Vila Amazônia e Vila Serra do Navio, desenvolvido pelo arquiteto entre 1956/57, permitiu-lhe produzir móveis simples e adequados à região, através do uso de ferro pintado a duco e fibras naturais do lugar.

O interesse crescente dos pioneiros da arquitetura moderna pelo design da mobília e pelos equipamentos de interiores também está presente na obra do arquiteto Henrique Ephim Mindlin. Engenheiro-arquiteto pela Escola de Engenharia Mackenzie, Mindlin desenvolveu uma carreira marcada por realizações importantes para a difusão e consolidação da arquitetura moderna entre nós. Entre 1933 e 1941, através de seu escritório em São Paulo, projetou residências particulares e edifícios, para alguns dos quais também desenhou mobília. Aliás, vale destacar que ele estabeleceu sociedade com o arquiteto e designer de móveis Giancarlo Palanti (1906-1977), originando a empresa Henrique E. Mindlin, Giancarlo Palanti e Arquitetos Associados S.C. Ltda. Em 1942, transferiu residência para o Rio de Janeiro, iniciando-se uma fase de intensa produção em sua carreira, que lhe valeu vários prêmios em concursos. Dotado de espírito aberto e permanentemente comprometido com o projeto moderno, Mindlin foi também um animador das artes e da cultura, promovendo exposições, escrevendo artigos para revistas especializadas, além de desenvolver atividade docente na Faculdade Nacional de Arquitetura da Universidade do Brasil.

In 1937, Bratke was a pioneer in the design and use of industrialized kitchens and breakfast rooms, consisting of pre-fabricated components that were assembled on site and set into the wall. In the 1940s he began to experiment with shaped plywood, having designed a number of chairs. The project for Vila Amazônia and Vila Serra do Navio, created by the architect in 1956/57, allowed him to produce simple furniture, suited to the region, using duco-painted iron and regional natural fibers.

The growing interest of the pioneers of modern architecture in furniture design and equipment for interiors can also be seen in the work of architect Henrique Ephim Mindlin. As an engineer-architect graduated from the Mackenzie School of Engineering, Mindlin filled his career with important achievements for the diffusion and consolidation of modern architecture in Brazilian midst. Between 1933 and 1941, from his offices in São Paulo, he designed a number of private residences and buildings, for some of which he also designed furniture. In fact, it should also be said that he set up a partnership with the architect and furniture designer Giancarlo Palanti (1906-1977), giving rise to the company Henrique E. Mindlin, Giancarlo Palanti e Arquitetos Associados S. C. Ltda. In 1942 he moved to Rio de Janeiro and thus began an intense period of production in his career, which earned him a number of awards in competitions. Gifted with an open spirit, permanently committed to modern design, Mindlin was also a patron of the arts and culture, promoting exhibitions, writing articles for specialist magazines, as well as carrying out teaching activities for the National College of Architecture.

Another fundamental personality who makes his presence felt as a reference in the process for the modernization of furniture is João Batista Vilanova Artigas, whose name is inextricably linked to the valuable and authentic creation of the major Brazilian architecture that appeared in the 1930s. But the very conception of architectural space that he professed had also led him to make a decisive contribution to the implementation of industrial design in Brazil.

Croquis de poltronas. João Batista Vilanova Artigas, 1948.

Sketches of easy chairs. João Batista Vilanova Artigas, 1948.

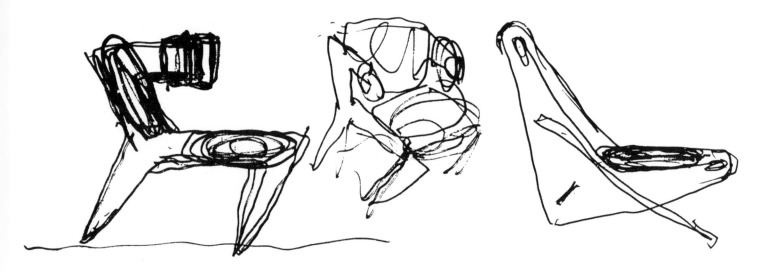

Poltrona em compensado recortado e couro. João Batista Vilanova Artigas, sem data.

Easy chair in shaped plywood and leather. João Batista Vilanova Artigas, no date.

Outra personalidade fundamental que se impõe como referência do processo de modernização da mobília é João Batista Vilanova Artigas, cujo nome está indissoluvelmente ligado à criação valiosa e autêntica da grande arquitetura brasileira, surgida nos anos 1930. A própria concepção do espaço arquitetônico professada por ele levou-o também a contribuir de maneira decisiva para a implantação do desenho industrial em nosso país.

Para Artigas, o que importava com relação ao móvel no Brasil era recuperar o afeto especial que o homem brasileiro sempre teve pela madeira, redescobrir a origem nos nomes das essências vegetais e das diversas madeiras. Dizia que "só assim sairemos de nossas raízes, partiremos para o plano universal da forma moderna e, depois, reencontraremos na nossa própria terra os principais elementos que compõem o passado de nosso gosto". Dessa maneira, concluiu ele, "[...] a consciência do colonizado flui sob o pé do colonizador"[11].

Desde pequeno, Artigas aprendeu a respeitar o trabalho dos artesãos; seu avô, Inocenzio Artigas, era um deles. Um camponês italiano, radicado no Paraná, que fazia de tudo, de queijos a rodas de carroças, e trabalhou durante certo período com a comercialização de madeiras. Foi pelas mãos do avô que ele recebeu sua primeira coleção de livros de História da Arte e um incentivo muito grande a deixar sua cidade natal para estudar em São Paulo.

Na área do mobiliário, Artigas desenhou, em 1943, uma cadeira em compensado recortado, com couro. Em 1948, projetou uma poltrona, influenciado por Richard Neutra, executada em compensado revestido de peroba, com assento e encosto em tecido, e outra poltrona da linha Bauhaus, em compensado de pinho, com assento e encosto em borracha revestida de tecido.

No mesmo ano, desenhou uma cadeira para os vários projetos de residência executados à época, incluindo a sua própria, à rua Barão de Jaceguai, em São Paulo. Trata-se de uma cadeira de braços, assento e encosto estruturados em madeira, almofada em algodão revestida em tecido azul mescla. Projetou também, em 1982, móveis para cozinha, em compensado revestido em mogno, e uma estante em compensado encerado, com portas revestidas em fórmica brilhante nas cores azul, amarela e vermelha, numa alusão cromática à cadeira *Red and Blue*, de Gerrit Rietveld.

For Artigas, what mattered in terms of furniture in Brazil was to recover the special affection that Brazilians have always felt for wood, to rediscover the origin of the names of the vegetable essences and the different types of wood, "it is only then that we break away from our roots, move towards the universal plane of modern form and then, later on, re-encounter, in our own land, the main elements that comprise the past of our taste". In this way, he concludes, "[...] the conscience of the colonized flows beneath the feet of the colonizer"[11].

From a young age, Artigas learned to respect the work of craftsmen; his grandfather Inocenzio Artigas was one of them. An Italian peasant who had settled in Paraná, he made a little of everything, from cheese to cartwheels, and worked for a while selling timber. It was from his grandfather that he received his first collection of books on the History of Art and a huge incentive to leave his hometown to go and study in São Paulo.

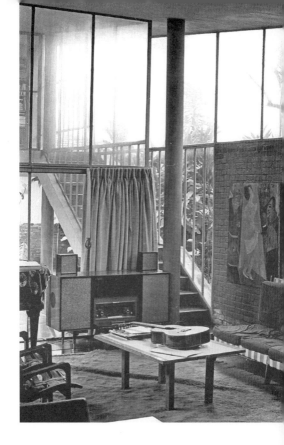

In the field of furniture, Artigas designed, in 1948, a chair in shaped plywood, with leather. In 1948 he designed a chair influenced by Richard Neutra and made in chipboard laminated with *peroba* wood, with seat and backrest in fabric, and another chair from the Bauhaus line in laminated pine with seat and backrest in fabric-encased rubber.

That same year, he designed a chair for the various residential projects he worked on at the time, including his own, on Barão de Jaceguai Street, in São Paulo. This chair had wooden arms, seat and backrest, with a cotton cushion covered in mixed-fiber blue fabric. He also designed kitchen furniture made in mahogany-laminated plywood, in 1982. That same year, he designed a shelf cabinet in waxed plywood, with the doors covered in blue, yellow and red glossy Formica, in a chromatic allusion to Gerrit Rietveld's Red and Blue chair.

Residência de João Batista Vilanova Artigas. São Paulo, década de 1960.

Residence of João Batista Vilanova Artigas. São Paulo, 1960s.

No setor do mobiliário institucional, Artigas projetou uma cadeira giratória em metal pintado, com assento e encosto estofados recobertos por couro natural.

A influência dos assentos aéreos e elásticos estruturados em metal, típicos do início do processo de modernização dos móveis europeu e americano, no final dos anos 1920, está presente na obra de um dos mais expressivos arquitetos paulistas, Paulo Mendes da Rocha.

Desde o final de seu curso de arquitetura na Universidade Mackenzie, ele começou a trabalhar em equipamentos e decoração para a empresa paulista Interior's, pertencente a um grupo de empresários italianos dedicados ao ramo de móveis e decoração. Ainda que a título de atividade secundária, o arquiteto acreditou que havia no desenho industrial do móvel um mercado promissor, que estava sendo ameaçado pelas multinacionais.

Em 1955, Paulo desenhou uma cadeira em aço flexível dobrado a frio e couro. Originalmente, o arquiteto pretendia utilizar um tecido com fibra de tucum, cujo emprego acabou não se adequando ao projeto. Desenhou também uma cadeira inspirada na cadeira africana, que foi executada para equipar o projeto de Warchavchik, do Clube Atlético Paulistano.

A euforia do início das atividades como designer foi passageira, pois, como afirmou Paulo Mendes da Rocha, "[...] os arquitetos sentiram um campo promissor, mas retrocederam. Havia possibilidade de fazer uma indústria nacional, com perspectivas brasileiras, uma indústria que pudesse ser brasileira e nos ter libertado. O peculiar é o uso, o costume, que pode redundar em características estéticas próprias. Isso amplia a nossa riqueza visual e formal. Acho que os arquitetos não tinham consciência de perder esse mercado. Infelizmente, não floresceu o aspecto didático do móvel"[12]. Apesar das dificuldades com o mercado, Paulo Mendes da Rocha desenhou, nos anos 1980, uma *chaise-longue* executada em folhas de aço, pintadas à base de resina.

Within the sector for institutional furniture, Artigas designed a swivel chair in painted metal, with padded seat and backrest upholstered in natural leather.

The influence of suspended and elastic seats on metal frames, typical of the initial process for the modernization of European and American furniture at the end of the 1920s, is present in the work of one of the most expressive of São Paulo's architects, Paulo Mendes da Rocha.

From the end of his course in architecture at Mackenzie University, he began to work with equipment and decoration for Interior's, a company belonging to a group of Italian businessmen dedicated to the area of furniture and decoration in São Paulo. Although as a secondary activity, the architect believed that was a promising market for the industrial design of furniture, which was under threat from multinational companies.

In 1955, Paulo designed a chair in cold-folded steel and leather. Originally, the architect had intended to use a fabric made from the fibers of the *tucum* plant (*Astrocaryum vulgare*), the use of which ended up being unsuited to the project. He also designed a chair based on the African chair, which was made to furnish a project by Warchavchik for the São Paulo Athletics Club.

The euphoria of the start of activities as a designer was short-lived, since, as stated by Paulo Mendes da Rocha, "[...] architects sensed a field full of promise, but they retreated. There was a possibility for setting up a national industry with a Brazilian outlook, an industry that could be Brazilian and could have liberated us. We have our own particular uses and customs, which could develop into our own esthetic characteristics. This expands our visual and formal wealth. I think that the architects were not aware of losing this market. Unfortunately, the didactic aspect of furniture did not come to flourish"[12]. Despite the difficulties with the market, in the 1980s Paulo Mendes da Rocha designed a chaise longue made in sheets of steel painted with resin.

Another significant contribution to the industrial design of furniture in São Paulo is associated with a generation of architects graduated from the School of Architecture and Urbanism, University of São Paulo, as of the end of the 1950s. They demonstrated a growing interest for the graphic arts and for industrial design and actively took part in drawing and design competitions – held in those days – for a broad range of objects. This interest began to grow, from the covers of publications by the school's students association (GFAU) to streamers, posters, light fittings and furniture. One of the architects who took part in this moment is Júlio Roberto Katinsky. It so happens that his contribution to Brazilian industrial design stands apart from that of other architects; it goes beyond the drawing board, venturing into the twisted paths of the complex relationships between art and technique in Brazil. From his effort to understand the evolution of technical history in Brazil, a number of theoretical works were born[13].

Cadeira Paulistano, estruturada em aço flexível, com capa em couro ou tecido. Desenhada por Paulo Mendes da Rocha especialmente para a área de varandas, bar e piscina da nova sede do Clube Atlético Paulistano, 1955.

Paulistano chair, flexible steel frame covered in leather or fabric. Designed by Paulo Mendes da Rocha especially for the varandas, bar and pool areas of the new *Clube Atlético Paulistano*, 1955.

Foto e croquis de espreguiçadeira em lâmina de aço pintada, regulável em três posições. Paulo Mendes da Rocha, 1981.

Photo and sketches of sun lounger in painted steel sheet, adjustable for three positions. Paulo Mendes da Rocha, 1981.

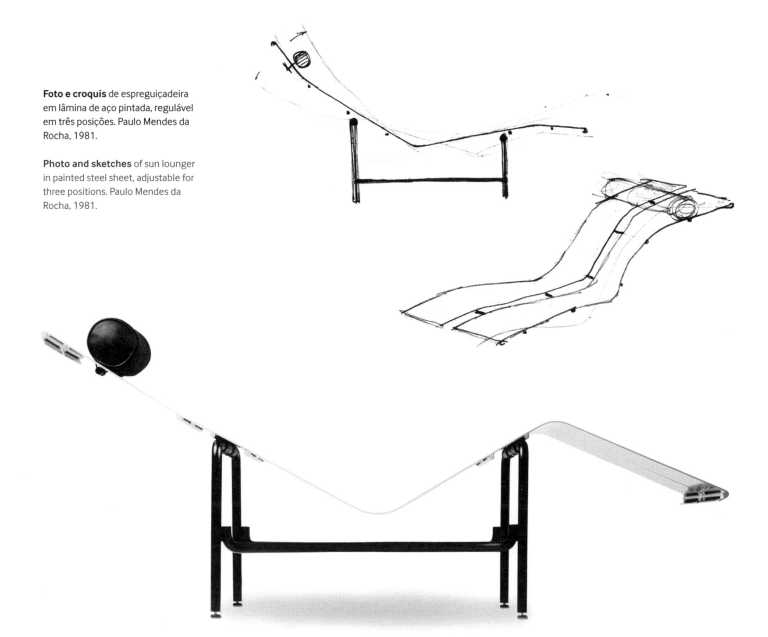

Outra significativa contribuição para o desenho industrial do móvel em São Paulo circunscreve-se a uma geração de arquitetos formados pela Faculdade de Arquitetura e Urbanismo da Universidade de São Paulo a partir de fins dos anos 1950. Eles manifestaram um interesse crescente pelas artes gráficas e pelo desenho industrial e participaram ativamente dos concursos de desenho – então promovidos – dos mais variados objetos. Esse interesse foi-se ampliando, das capas das publicações do GFAU – Grêmio da FAU –, para flâmulas, cartazes, luminárias e móveis. Um dos arquitetos que participou desse momento é Júlio Roberto Katinsky. Ocorre que sua contribuição para o desenho industrial brasileiro destaca-se da dos demais arquitetos; ele vai além da prancheta, aventurando-se nos caminhos tortuosos das complexas relações entre arte e técnica no Brasil. Do esforço empreendido por ele para compreender a evolução da história técnica no Brasil surgiram vários trabalhos teóricos[13].

Mesa de centro Andorinha, em compensado de jacarandá. Jorge Zalszupin e Julio Roberto Katinsky, 1959.

Andorinha coffee table, in brazilian rosewood plywood. Jorge Zalszupin and Julio Roberto Katinsky, 1959.

Katinsky's contribution was not limited, however, to the realm of theory, since from the end of the 1950s he designed furniture for industrial production, in partnership with Jorge Zalszupin at company L'Atelier, between 1959 and 1961. This furniture always favored the use of Brazilian materials. According to Katinsky, "[...] it was inevitable that the most appropriate field for experimenting with industrial design had to be the furniture industry, because it was already well established. It is not that we wanted to make furniture, but there was no other way. We can see that even Bergmiller, who had studied in Ulm, made furniture because it was the only possibility available. This was a small national industry that needed models, and perhaps furniture was the only sector where industrial design enjoys a certain success; for this reason, it was almost compulsory for our experiments with industrial design to involve furniture. [...] Despite this, I think there is a certain aristocratic refusal from architects to designing furniture, a certain prejudice from those who do not want to make little houses in order to avoid serving the *bourgeoisie*, to make cities to serve society. This aristocratic mentality exists and is extremely powerful"[14].

Tamborete estruturado em aço e madeira, com assento em couro. Julio Roberto Katinsky, 1959.

Tamborete made in steel and wood, with leather seat. Julio Roberto Katinsky, 1959.

In his doctrinal conceptions, Katinsky distinguishes himself from the formalist tendency present in the teachings of industrial design in some colleges, developing an ideological reflection in the face of the social role of design, attempting to understand the relationship of art and technique in relation to the political moment. This is what he expresses when observing, with great regret, that in the current stage of development of Brazilian industrial design, "from the 'design' point of view, the only phenomenon exalted in these last few years has been the weapons industry"[15]. To what extent – we ask – is this not the consequence of the esthetic formalism to which we allude?, following the suggestions of Walter Benjamin in the conclusion of *The Work of Art in the Age of Mechanical Reproduction*, when linking the esthetics of the futurist-fascist war to the movement of "art for art's sake".

Croqui para mesa de centro estruturada em aço com tampo de vidro. Julio Roberto Katinsky, 1990.

Sketch for steel framed coffee table with glass top. Julio Roberto Katinsky, 1990.

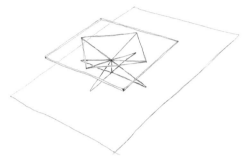

Poltrona estruturada em aço e madeira, com assento e espaldar em couro. Julio Roberto Katinsky, sem data.

Steel and wood framed easy chair with seat and back in leather. Julio Roberto Katinsky, no date.

A contribuição de Katinsky não se restringiu, entretanto, à área teórica, pois, desde o final dos anos 1950, ele desenhou móveis para a produção industrial, numa colaboração com Jorge Zalszupin, na empresa L'Atelier, entre 1959 e 1961, onde projetou móveis sempre privilegiando os materiais nacionais. Segundo Katinsky, "[...] era fatal que o campo mais propício para se fazer experiências de desenho industrial tinha que ser a indústria de móveis, porque já era muito difundida. Não é que a gente quisesse fazer móveis, mas não tinha outro caminho. Veja que o próprio Bergmiller, que estudou em Ulm, fez móveis porque era a única possibilidade. Era uma pequena indústria nacional que precisava de modelos, e talvez o móvel seja o único setor onde há certo êxito do desenho industrial; por isso, quase que obrigatoriamente, as experiências do desenho industrial que fizemos passaram pelo móvel. [...] Apesar disso, eu acho que existe certa resistência aristocrática dos arquitetos para desenhar móveis, certo preconceito de quem não queria fazer casinhas para não servir à burguesia, mas fazer cidades para servir à sociedade. Essa mentalidade aristocrática existe e é muito forte"[14].

Em suas concepções doutrinárias, Katinsky diferencia-se da tendência formalista presente no ensino do desenho industrial em algumas faculdades, elaborando uma reflexão ideológica diante do papel social do design, tentando entender a relação entre arte e técnica em função do momento político. É o que expressa ao constatar, com muito pesar, que, no atual estágio de desenvolvimento do desenho industrial brasileiro, "o único fenômeno, do ponto de vista de 'projeto', exaltado nesses últimos anos, foi a indústria bélica"[15]. Até onde não é isso consequência do formalismo esteticista a que aludimos?, perguntamos, seguindo as sugestões de Walter Benjamin na conclusão da *Obra de arte na era da reprodução técnica*, ao vincular a estética da guerra futurista-fascista ao movimento da "arte pela arte".

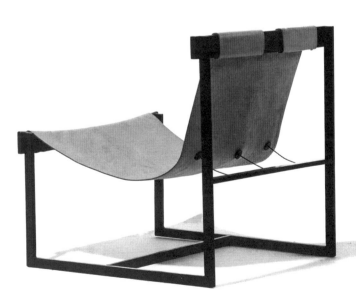

Another architect who made a contribution to the development of modern furniture design is Abrahão Sanovicz (1933-1999). According to him, "What connected me to industrial design was the movement of the students from the School of Architecture and Urbanism of Maranhão Street, who included João Xavier, Ludovico Martino, João Carlos Cauduro, Júlio Katinsky, Henrique Pait, Luís Gastão de Castro Lima, and João Rodolfo Stroeter. We lived with the feeling that we were democratizing the world of objects; it was pretty restricting to stick just with houses"[16]. With the creation of the Industrial Design Sequence at the School of Architecture and Urbanism, University of São Paulo (FAU-USP), which included the participation, among others, of Lúcio Grinover, in 1962, Abrahão already had a close connection with the issues of industrial design[17], coming to take part in this as a teacher. In the 1960s, together with Bramante Buffoni and Júlio Katinsky, Abrahão developed a number of projects for equipment for public gardens in the city of São Paulo.

The difficulties in carrying out projects for industrial design began to be overcome with the architect coming to incorporate certain graphic and written elements, among others, into his building work. An example of this is the *brise-soleil* he designed, with details by Sacilotto, for the Abaeté Building. A point of pioneering importance to the development of furniture design in Brazil was Abrahão's work with the Escriba company, where over a period of more than ten years – from 1962 to 1973 –, he designed office furniture and implemented, on a representative basis, a design mindset in the field of institutional furniture.

The contribution of the architect Eduardo Corona (1921-2001), from Rio Grande do Sul, should also be mentioned. In the field of industrial design, he worked in favor of its diffusion, coordinating, in 1960, the furniture contest promoted by company Ambiente Indústria e Comércio de Móveis S.A. and the São Paulo section of IAB, the Institute of Brazilian Architects (IAB).

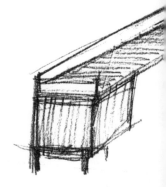

As a designer, his work is relatively scarce, with the best examples being a number of projects for the Ambiente company, one of which was a chair designed in 1963, in Brazilian rosewood, with seat and backrest in stitched natural leather. The leather was loose with a buckle underneath and the arms were strips of suspended leather, attached to rounded ends on the wooden structure that formed the legs.

Within this context of the contribution made by architects to furniture design, the work of José Gabriel Borba Filho (1942-) should also be mentioned. He belongs to a generation that took part in the activities of the School of Architecture and Urbanism, University of São Paulo, in the field of industrial design, which started in 1962, through a series of disciplines ministered by the Department of Design.

Foto e croqui de sistema de móveis para escritório. Desenhado por Abrahão Sanovicz para a Escriba, 1962.

Photo and sketch of office furniture system. Designed by Abrahão Sanovicz for Escriba, 1962.

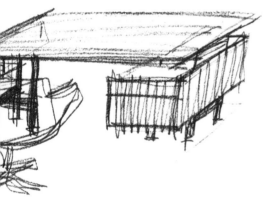

Outro arquiteto que prestou sua contribuição para o desenvolvimento do desenho da mobília moderna é Abrahão Sanovicz (1933-1999). Segundo ele, "O que me ligou ao desenho industrial foi um movimento dos estudantes da FAU-Maranhão, entre eles João Xavier, Ludovico Martino, João Carlos Cauduro, Júlio Katinsky, Henrique Pait, Luís Gastão de Castro Lima e João Rodolfo Stroeter; nós vivíamos com a sensação de democratizar o mundo dos objetos; ficar só na casa era muito limitado"[16]. Com a criação da Sequência de Desenho Industrial da FAU-USP, que contou, entre outros, com a participação de Lúcio Grinover, em 1962, Abrahão já estava bastante ligado à problemática do desenho industrial[17], passando a integrá-la como docente. Nos anos 1960, juntamente com Bramante Buffoni e Júlio Katinsky, Abrahão realizou alguns projetos de equipamentos públicos para jardins da cidade de São Paulo.

As dificuldades para realizar os projetos de desenho industrial começaram a ser superadas à medida que o arquiteto incorporou certos elementos gráficos, escritos etc. às suas obras edificadas. Um exemplo disso é o *brise-soleil* que desenhou, detalhado por Sacilotto, para o edifício Abaeté. De importância pioneira para o desenvolvimento do desenho de mobília no Brasil foi a colaboração de Abrahão com a empresa Escriba, na qual, num período de mais de dez anos – de 1962 a 1973 –, projetou móveis de escritório, implementando de forma representativa uma mentalidade de projeto na área do mobiliário institucional.

Merece destaque a contribuição do arquiteto gaúcho Eduardo Corona (1921-2001). Na área de desenho industrial, trabalhou pela sua difusão, coordenando, em 1960, o concurso de mobília promovido pela empresa Ambiente Indústria e Comércio de Móveis S.A. e o IAB – Instituto dos Arquitetos do Brasil, departamento de São Paulo.

Borba created the *Pequeno Mobiliário Brasileiro* following extensive research into the relationships between physical postures symbolically transmitted, throughout history, by way of the plastic arts. This work represents a critique on industrial design and its political and social use within the context of Brazil. It consists of a set of five pieces, with iron frames, and seats and backrests in fabric and rope, all on casters. Some of the technical solutions used derive from current traditions within Brazilian popular culture: hammock hooks, hammocks, and bearing rings from kid's go-karts. This project won first prize in the Form of Industrial Design competition in 1977.

In the long extension of the contributions made by architects from FAU-USP in the field of furniture design, special mention is deserved by the work of Enzo Grinover who, in addition to projects, also dedicates himself to stimulating the market in this sector, unveiling the work of Brazilian and foreign designers.

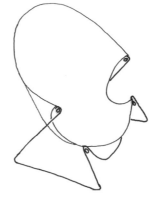
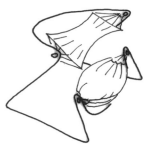

112 - The architect and furniture

Fotos e croquis apresentam o processo criativo e variações da série Pequeno Mobiliário Brasileiro. Gabriel Borba, 1977.

Photos and sketches present the creative process and variations in the series entitled *Pequeno Mobiliário Brasileiro*. Gabriel Borba, 1977.

Como designer, sua produção é relativamente escassa, destacando-se alguns projetos para a empresa Ambiente, dentre os quais uma cadeira desenhada em 1963, em jacarandá, com assento e encosto em couro natural grosso costurado. O couro era solto e afivelado embaixo, e os braços eram tiras de couro suspensas, fixadas em extremidades arredondadas, integrantes da própria estrutura de madeira dos pés.

Nesse contexto, de contribuição dos arquitetos para o design da mobília, vale mencionar também a obra de José Gabriel Borba Filho (1942-). Ele pertence a uma geração que participou das atividades da Faculdade de Arquitetura e Urbanismo da Universidade de São Paulo na área do desenho industrial, iniciadas em 1962, através de sua sequência de disciplinas ministradas pelo Departamento de Projeto.

Borba criou o Pequeno Mobiliário Brasileiro a partir de uma ampla pesquisa sobre as relações de posturas físicas transmitidas simbolicamente, ao longo da história, através das artes plásticas. Trata-se de um trabalho crítico sobre o desenho industrial, seu uso social e político no contexto brasileiro. É composto por um conjunto de cinco peças, com estrutura de ferro, assento e encosto em tecido e corda, tudo sobre rodízios. Algumas soluções técnicas utilizadas derivam de tradições correntes na cultura popular no Brasil: ganchos de rede, rede, rolimã de carrinhos de meninos. Esse projeto obteve o primeiro prêmio do concurso "Forma de Desenho Industrial", em 1977.

No extenso caudal das contribuições dos arquitetos da FAU-USP na área do design de mobiliário deve-se destacar, ainda a atuação de Enzo Grinover, que além de projetos também dedica-se à animação do mercado no setor, divulgando a obra de designers brasileiros e estrangeiros.

O arquiteto e o móvel • 113

NOTAS
NOTES

1. KATINSKY, Júlio Roberto. "Desenho industrial no Brasil. Meados do século XIX até 1970". In: ZANINI, Walter (org.). *História geral da arte no Brasil*. São Paulo: Instituto Walter Moreira Salles, 1983.

2. CONVERSA TELEFÔNICA de Lucio Costa com a autora. Rio de Janeiro, 1980.

3. PONTUAL, Artur Lício. *Memorial de Projeto para Prêmio Brafor de Mobiliário*. Projeto de mesa e poltrona para escritório. Rio de Janeiro, 18 out. 1962.

4. DEPOIMENTO de Carlo Benvenuto Fongaro à autora. São Paulo, 1980.

5. DEPOIMENTO de Bernardo Figueiredo à autora. Rio de Janeiro, 1980.

6. DEPOIMENTO de Oscar Niemeyer à autora. Rio de Janeiro, 1979.

7. Embora a Mobilier International, em Paris, tenha produzido alguns móveis de Oscar Niemeyer para o mercado europeu, as poltronas para a sede do Partido Comunista foram executadas pela Teperman.

8. DEPOIMENTO de Oscar Niemeyer à autora. Rio de Janeiro, 1979.

9. Há um importante grupo de arquitetos formados pelo Mackenzie que se dedicaram ao desenho de mobília nos anos 1950: Salvador Candia, Roberto Aflalo, Carlos Barjas Millan, Miguel Forte e Plínio Croce, cuja produção será analisada a seguir.

10. Na década de 1960 projetou uma janela basculante que não oferece impactos, como as similares existentes no mercado. Essa janela foi produzida em escala industrial.

11. DEPOIMENTO de João Batista Vilanova Artigas à autora. São Paulo, 1980.

12. DEPOIMENTO de Paulo Mendes da Rocha à autora. São Paulo, 1980.

1. KATINSKY, Júlio Roberto. *"Desenho industrial no Brasil. Meados do século XIX até 1970"*. In: ZANINI, Walter (org.). *História geral da arte no Brasil*. São Paulo, Instituto Walter Moreira Salles, 1983.

2. TELEPHONE CONVERSATION between Lucio Costa and the author. Rio de Janeiro, 1980.

3. PONTUAL, Artur Lício. *Memorial de Projeto para Prêmio Brafor de Mobiliário*. Project for office desk and chair. Rio de Janeiro, October 18, 1962.

4. STATEMENT from Carlo Benvenuto Fongaro to the author. São Paulo, 1980.

5. STATEMENT from Bernardo Figueiredo to the author. Rio de Janeiro, 1980.

6. STATEMENT from Oscar Niemeyer to the author. Rio de Janeiro, 1979.

7. Although Mobilier International, in Paris, had produced some furniture by Oscar Niemeyer for the European market, the chairs for the headquarters of the Communist Party were made by Teperman.

8. STATEMENT from Oscar Niemeyer to the author. Rio de Janeiro, 1979.

9. There is an important group of architects graduated through Mackenzie who dedicated themselves to furniture design in the 1950s: Salvador Candia, Roberto Aflalo, Carlos Barjas Millan, Miguel Forte and Plínio Croce, whose work will be analyzed further on.

10. In the 1960s he designed a tilting window with no impact, unlike other similar windows on the market. This window was produced on an industrial scale.

11. STATEMENT from João Batista Vilanova Artigas to the author. São Paulo, 1980.

12. STATEMENT from Paulo Mendes da Rocha to the author. São Paulo, 1980.

13. Foi publicado um *Guia para a história da técnica no Brasil colônia*, São Paulo, FAU-USP, 1976. A primeira grande sistematização crítica de todo o desenho industrial brasileiro, de meados do século XIX até 1970, foi publicada num texto de 1979, escrito para a *História da arte no Brasil*, São Paulo, Instituto Walter Moreira Salles, e, finalmente, a Katinsky em conjunto com Ruy Gama coube a criação e coordenação da primeira disciplina, em nível de pós-graduação, sobre a história das artes e da técnica, ministrada em 1980, na FAU-USP, sob o título de *Trabalho e Pensamento na História das Artes e da Ciência*.

14. DEPOIMENTO de Júlio Roberto Katinsky à autora. São Paulo, 1980.

15. KATINSKY, Júlio Roberto. *História da arte no Brasil*. São Paulo, Fundação Walter Moreira Salles, 1979.

16. DEPOIMENTO de Abrahão Sanovicz à autora. São Paulo, 1980.

17. Em sua formação profissional destacam-se, entre outras, as seguintes atividades na área do desenho industrial: participação no curso da Escola de Artesanato do Museu de Arte Moderna de São Paulo, onde se familiarizou com técnicas de cerâmica, gravura etc., com professores renomados como Lívio Abramo, Tarsila do Amaral, Antônio Gomide e Mario Gruber; em 1959, desenvolveu estágio de desenho industrial, artes gráficas e arquitetura no escritório de Marcelo Nizzolli, em Milão.

13. The *Guia para a história da técnica no Brasil colônia* was published in São Paulo (FAU-USP), in 1976. The first major critical systematization of all Brazilian industrial design, from the mid-19th century up until 1970, was published in a text from 1979, written for the *História da arte no Brasil*, São Paulo, Walter Moreira Salles Institute. And Katinsky, together with Ruy Gama, was responsible for the creation and coordination of the first post-graduate course on the history of the arts and technique, ministered in 1980 at FAU-USP, under the title of *Trabalho e Pensamento na História das Artes e da Ciência* (Work and Thinking in the History of Arts and Science).

14. STATEMENT from Júlio Roberto Katinsky to the author. São Paulo, 1980.

15. KATINSKY, Júlio Roberto. *História da arte no Brasil*. São Paulo, Fundação Walter Moreira Salles, 1979.

16. STATEMENT from Abrahão Sanovicz to the author. São Paulo, 1980.

17. In preparation for his professional trajectory, some of the most important points include, among others, the following activities in the field of industrial design: participation in the course at the School of Crafts of the Museum of Modern Art of São Paulo, where he familiarized himself with techniques in ceramics and etching, among others, studying under renowned teachers such as Lívio Abramo, Tarsila do Amaral, Antônio Gomide and Mario Gruber; in 1959, he did an internship in industrial design, graphic arts and architecture at the offices of Marcelo Nizzolli, in Milan.

A consolidação da produção

—

The consolidation of production

Nos anos 1940, um grupo de profissionais passou a realizar desenhos de móveis e de outros equipamentos da habitação que, pela temática proposta e pelo uso de materiais nacionais, estabeleceu um novo estilo, mais próximo de nossa realidade cultural.

O início da década apresentou um panorama que pode parecer, à primeira vista, inócuo, pois da produção corrente do período não emergiu qualquer tipo de originalidade e, em geral, os modelos não passaram de imitações de obras então em voga na Europa. Foi um notável mostruário de móveis pé-palito, que seguiram os vários estilos ecléticos, somando-se a esse ecletismo certo mau gosto que predominou na época. Mas, na verdade, não se pode compreender a evolução do móvel moderno no Brasil, a partir do segundo pós-guerra, sem considerar a lenta maturação que a precedeu.

Cadeira de balanço em jacarandá e palhinha. Joaquim Tenreiro, 1959.

Swing seat in brazilian rosewood and straw. Joaquim Tenreiro, 1959.

In the 1940s, a group of professionals started designing furniture and other household equipment which, due to their proposed thematic and to the use of national materials, established a new style, closer to Brazilian cultural reality. The start of the decade presented a panorama that might appear, at first glance, innocuous, since the current production of that period did not bring forth any type of originality and, in general, the models were little more than imitations of the examples that were in vogue in Europe. It was a notable collection of spindle-legged furniture that followed the various eclectic styles, adding to this eclecticism a certain bad taste that was predominant at the time. But, in truth, it is not possible to comprehend the evolution of modern furniture in Brazil on the period following World War II without considering the slow maturing by which it was preceded.

This period corresponded to the consolidation of certain modern conquests. It was marked by the intensification in experiments with design and production that were turning the project for modern Brazilian furniture into reality, based on an esthetic ideal more in keeping with the times and with the materials and production conditions that were available to us. The professionals who were concerned with keeping up with the trends of the major European centers tended to revise their initial postures and seek a differentiated path, albeit one linked to the European cultural schemes. These concerns and characteristics were prolonged throughout the end of the 1940s, mainly in the work of Joaquim Tenreiro, Lina Bo Bardi (1914-1992), Giancarlo Palanti and Bernard Rudofsky. In such cases, a production was obtained that brought together the modern spirit of clean lines and simplicity with the use of Brazilian materials, ensuring that the furniture produced had a universal and artistically elaborate quality, which significantly changed the look of Brazilian furniture.

This new organic look, in contrast to the static appearance characteristic of the preceding period, is the point that distinguishes, in general terms, the work of those designers. In relation to the furniture from the previous period, this brought a new conception of comfort, allowing better adjustment to the body, bringing a multiplicity of shapes, bent and slim.

It is important to point out that, within this mood, the furniture was gradually being absorbed by the industry, thereby giving rise, in the strict sense of the word, to Brazilian first designers, although these were still mostly foreign professionals who had settled in Brazil shortly after the war. This fact, however, brought a more cosmopolitan characteristic to the designs, as observed by Pietro Maria Bardi: "[...] This was furniture that still alluded to the cultural schemes of Europe, but with an accentuated demand for Brazilian materials"[1].

As previously seen, the presence of foreign professionals in the center of the process for the modernization of Brazilian architecture and furniture was fundamental, it being necessary, once again, to reiterate that, despite its nationalistic ideals, the modernist movement raised no restrictions to the work of the foreigners who had established themselves here.

The configuration of the designated elements, however, did not correspond in advance to a full command of the situation; at best we can say that, over all, they represented the minimum conditions required to ensure the effective application of modern furniture among us.

Capa de catálogo da empresa Tenreiro Móveis e Decorações, década de 1950.

Cover of the catalogue for the Tenreiro Móveis e Decorações company, 1950s.

Esse período correspondeu à consolidação de algumas conquistas modernas. Caracterizou-se por intensificar as experiências de desenho e produção, que foram tornando realidade o projeto do móvel moderno brasileiro, pautado por um ideal estético mais condizente com a época, com os materiais disponíveis aqui e as nossas condições de produção. Os profissionais que estiveram preocupados em acompanhar a moda dos grandes centros europeus tenderam a uma revisão de sua postura inicial, procurando um caminho diferenciado, muito embora ligado a esquemas culturais europeus. Tais preocupações e características se prolongaram durante todo o fim da década de 1940, mormente na obra de Joaquim Tenreiro, Lina Bo Bardi (1914-1992), Giancarlo Palanti e Bernard Rudofsky. Nesses casos, obteve-se uma produção que conjugou o espírito moderno do despojamento e da simplicidade ao uso de nossos materiais, assegurando ao móvel então produzido uma qualidade universal e artisticamente elaborada, o que alterou de maneira significativa o aspecto do mobiliário brasileiro.

Essa nova feição orgânica, em contraste com o aspecto estático, característico do período antecedente, é o traço que distingue, de um modo geral, a produção daqueles autores. Em relação ao móvel do período anterior, houve uma nova concepção de conforto, permitindo melhor ajustamento ao corpo, trazendo uma multiplicidade de formas, recurvas e adelgaçadas.

É importante frisar que, sob esse clima, o mobiliário foi, gradativamente, sendo absorvido pela indústria, fazendo surgir, no sentido específico da palavra, nossos primeiros designers, embora ainda, em sua grande maioria, profissionais estrangeiros que se radicaram no Brasil logo após a guerra. Esse fato, entretanto, conferiu uma característica mais internacionalizante aos desenhos, conforme constatou Pietro Maria Bardi: "[...] Eram móveis ainda ligados a esquemas culturais europeus, mas com uma procura acentuada de materiais brasileiros"[1].

Como vimos anteriormente, a presença dos profissionais estrangeiros no centro do processo de modernização da arquitetura e do móvel brasileiros foi fundamental, sendo necessário, mais uma vez, reiterar que, apesar dos ideais nacionalistas, o movimento modernista não fez qualquer espécie de restrição ao trabalho dos estrangeiros que aqui se estabeleceram.

A configuração dos elementos indicados, entretanto, não correspondeu, antecipadamente, a um domínio total da situação; quando muito podemos dizer que, no conjunto, eles representaram as condições mínimas necessárias para assegurar a efetivação do móvel moderno entre nós.

Joaquim Tenreiro

Of all the designers from his time, Tenreiro is certainly the most representative, be it for the vigor of his work, for the high artisanal quality of his production, or because he reminds deeply of Portuguese traditions that Brazil inherited, in the common and elegant use of rosewood and straw. A painter of Portuguese origin, he joined the Bernardelli[2] nucleus soon after his arrival in Brazil, in 1928, working on portraits and landscapes, and performing a lyrical interpretation of the hills of Rio de Janeiro. He did not have the specialized training of the other architects who converged here in that same period, since he was born in Melo, a village in northern Portugal that did not offer the necessary resources for his professional education. That, in a certain way, was not essential to this artist, who had inherited the true Portuguese tradition of artisanal woodwork that already formed part of his family heritage. He stated: "I was perfectly familiar with woodwork because of my father, who was a first-class furniture maker. In my province, if you wanted something in wood, he was the man to go to; there was no specialization. A man who worked with wood, worked with everything, the only thing he didn't make was wine barrels"[3].

Indeed, the work of Tenreiro reveals this familiar and almost loving bond with wood: his fascination for the texture of the fiber, for the organic and tactile qualities, shows through in the use of volumes, shapes and colors that guide his work. With regard to this, Antônio Houaiss made the observation "How the love of Tenreiro for this material, his sense of organization, simplicity, seeking the vocation of this raw material, strived first and foremost to give it, in its final and extremely artisanal form, this serene essence"[4].

Tenreiro's achievements in the furniture sector cover two highly distinct phases: the first corresponds to the period from 1931 to 1942, in which he dedicated himself to designing furniture through two major furniture manufacturers, basically only producing furniture according to pre-defined styles; the second spanned the period from 1942 to 1969, when he founded Langenbach & Tenreiro Móveis e Decorações, putting his conceptions of modern furniture into practice.

His contact with furniture design began with a job as assistant to the French designer Maurice Nosières, at the German firm of C. Laubisch, Hirth & C., between the years of 1931 and 1934. Since he had mastered the knowledge of wood from an early age, he sought to engage himself with a firm that was sufficiently knowledgeable for him to be able to expand it. He then began to work with approximately 350 professionals, including joiners, carpenters, upholsterers and polishers, exclusively designing French models, within the standards of the prevailing taste, but with a hugely professional spirit and working on an artisanal basis.

This period, circumscribing the production of eclectic furniture, was very important in the learning of Joaquim Tenreiro, allowing him to work with all styles of furniture: Louis XV, Louis XVI, Regency, French, English, Italian, Spanish, Portuguese, Dutch and even Arabic, forming a solid basis for his new, inventive and innovative proposals.

Poltrona Leve, em imbuia lustrada preta, estofada com tecido estampado por Fayga Ostrower. Joaquim Tenreiro, 1942.

Leve easy chair, in black polished imbuia wood, upholstered in fabric with pattern designed by Fayga Ostrower. Joaquim Tenreiro, 1942.

Joaquim Tenreiro

De todos os designers de seu período, Tenreiro é, certamente, o mais representativo, seja pelo vigor de sua obra, seja pela alta qualidade artesanal de sua produção, seja porque nos remete mais profundamente às nossas tradições lusas no uso corriqueiro e elegante dos jacarandás e da palhinha. Pintor de boa cepa portuguesa, ligou-se ao núcleo Bernardelli[2], logo depois de chegado ao Brasil, em 1928, realizando retratos e paisagens e interpretando liricamente os morros cariocas. Não trouxe a formação especializada dos outros arquitetos que para cá afluíram nesse mesmo período, pois nasceu em Melo, uma aldeia ao norte de Portugal que não oferecia os recursos necessários para a sua formação profissional. Isto que, de certa forma, era prescindível para o artista, herdeiro da verdadeira tradição artesanal portuguesa dos trabalhos em madeira, que já era um patrimônio familiar. Ele afirmou: "Eu conheci o trabalho de madeira perfeitamente bem com o meu pai, que era um artesão de móveis de primeira ordem. Na província, o que era de madeira era com ele; não houve especialização. Homem que trabalhou em madeira, trabalhou em tudo, só não fez tonéis de vinho"[3].

De fato, a obra de Tenreiro revela essa proximidade familiar e quase amorosa com a madeira: seu fascínio pela textura da fibra, pela organicidade e tatilidade transparece no jogo de volumes, formas e cores que presidem a sua produção. A esse respeito, Antônio Houaiss observou: "Como o amor de Tenreiro por essa matéria, o senso organizador, despojador, buscador da vocação dessa própria matéria-prima, primava primeiro em dar-lhe na sua forma final artesanalíssima, essa serena essência de linho, ligno, lenhame, ligname"[4].

Fachada da primeira loja Tenreiro Móveis e Decorações em São Paulo, 1953.

Facade of the first Tenreiro Móveis e Decorações store in São Paulo, 1953.

Even though, at Laubisch, the overall production reflected the monumental nature of the prevailing taste, Tenreiro dared to present his modern, clean and sober designs, which were always met with enthusiasm, but always accompanied by: "[...] it's a pity that here in Brazil nobody accepts this"[5]. Tenreiro considered the almost four years spent at Laubisch to have been highly enriching, especially the contacts he maintained with Hirth, from whom he acquired an important technical vision: "[...] I learned a lot of interesting things from him: he would draw a chair, free-hand, to a scale of 1:10, which, as was his custom, he already had in his mind's eye. Later, he would make measurements and transfer them, in natural scale, to a floor plan, with front and vertical section. Then he would have it made. This was a very significant technique for me, because it released my sensitivity and brought greater coherence with all the details"[6].

In 1935, Maurice Nosières became director of a Portuguese furniture company – Móveis, Tapeçarias Leandro Martins e Cia. – and took his assistant Tenreiro with him, where he remained until 1941. That year he returned to C. Laubisch, Hirth & Cia., but now as a designer. Once again he attempted to design a line of modern furniture, but it was in vain. However, in 1941, he finally got the opportunity to show some of his new conceptions for furniture. On that occasion, Francisco Inácio Peixoto ordered furniture from Laubisch to furnish his house in Cataguases, designed and built by Oscar Niemeyer. A number of designs were drawn up, but none of them satisfied the taste of the client, who insisted on having modern furniture. So they handed the plans for the house to Tenreiro and he took over the project. It was with great satisfaction that Tenreiro referred to this moment in his profession: "When the client came to see the project, he opened his eyes wide and said: 'that is what I wanted'. And that is where my story with modern furniture began"[7].

After decorating the house in Cataguases, the situation began to change. In 1942, Tenreiro decided to form an association with a former German sales representative from Laubisch, named Langenbach, and founded the Langenbach & Tenreiro company, specialized in modern and stylized furniture, which was one of the demands made by the partner. Tenreiro took charge of the technical and artistic aspects, while Langenbach was responsible for the commercial side. Between 1942 and 1947 they underwent a period of adaptation. Tenreiro felt that it was not possible to only make modern furniture; for that reason they also sold the different prevailing styles, but he made a point of stating: "[...] I didn't go for those baroque-ish shapes of certain Portuguese, Italian and even French styles. For my partner's sector I sought to work with the line of English furniture, which was cleaner and more basic. For my sector, I made my own furniture. I don't need to tell you that, in that year (1947), acceptance was so good that we no longer made stylized furniture for the store"[8].

Little by little, the store began to make its name, coming to be recognized and visited by a highly characteristic public: "[...] in the beginning, most of our customers were civil servants, with a certain level of income and culture, but not from high society; that was a group I never worked with; they never accept innovations and even when they do, they generally deform them"[9].

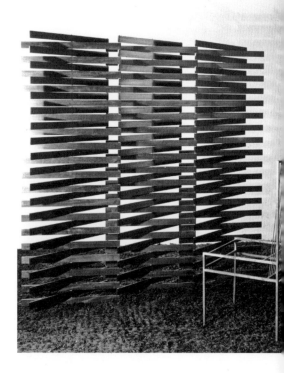

Cadeira estruturada em latão e biombo pantográfico. Joaquim Tenreiro, 1965.

Brass-framed chair and pantographic standing screen. Joaquim Tenreiro, 1965.

Cadeira em jacarandá e palhinha.
Joaquim Tenreiro, 1962.

Chair in brazilian rosewood and straw. Joaquim Tenreiro, 1962.

As realizações de Tenreiro no setor de mobília compreendem duas fases bastante distintas: a primeira corresponde ao período de 1931 a 1942, em que ele se dedicou ao desenho de móveis através de duas grandes casas de mobília, produzindo basicamente só móveis de estilo; a segunda abrangeu o período de 1942 a 1969, quando ele fundou a Langenbach & Tenreiro Móveis e Decorações, pondo em prática suas concepções de móvel moderno.

O contato com o desenho de mobiliário começou com o trabalho de auxiliar do designer francês Maurice Nosières, da firma alemã C. Laubisch, Hirth & C., entre os anos de 1931 a 1934. Tendo dominado os conhecimentos da madeira desde cedo, procurou engajar-se numa firma gabaritada o suficiente para lhe permitir ampliá-los. Passou a trabalhar, então, com aproximadamente 350 profissionais, entre marceneiros, carpinteiros, estofadores e lustradores, desenhando exclusivamente modelos franceses, dentro dos padrões do gosto reinante, mas com um espírito profissional muito grande, e produzindo em moldes artesanais.

Esse período, circunscrito à produção de móveis ecléticos, foi muito importante na formação de Joaquim Tenreiro, possibilitando-lhe desenvolver todos os estilos: Luís XV, Luís XVI, regente, francês, inglês, italiano, espanhol, português, holandês, e até mobiliário de estilo árabe, o que lhe garantiu uma base sólida para as suas novas propostas, inventivas e inovadoras.

Ainda que, na Laubisch, o conjunto da produção refletisse a monumentalidade do gosto dominante, Tenreiro ousou apresentar seus desenhos modernos, despojados e sóbrios, que suscitaram entusiasmo, porém sempre acompanhados de: "[...] é pena, aqui no Brasil ninguém aceita isso"[5]. Tenreiro considerou os quase quatro anos de permanência na Laubisch muito enriquecedores, principalmente os contatos que manteve com Hirth, de quem adquiriu uma visão técnica importante: "[...] com ele aprendi uma coisa muito interessante: ele desenhava uma cadeira, à mão livre, numa escala de 1:10, a qual, já de costume, tinha na retina. Depois, media e passava para a escala natural em planta baixa, frente e corte vertical. Aí mandava executar. Foi uma técnica muito significativa para mim, porque liberta a sensibilidade, dá mais coerência com todos os detalhes"[6].

Em 1935, Maurice Nosières foi dirigir uma firma portuguesa de móveis – Móveis, Tapeçarias Leandro Martins e Cia. – e levou consigo o auxiliar Tenreiro, que lá permaneceu até 1941. Nesta data, voltou à C. Laubisch, Hirth & C., mas já na função de designer. Tentou novamente desenvolver uma linha de móveis modernos, mas foi em vão. Entretanto, em 1941, teve finalmente a oportunidade de mostrar um pouco de suas novas concepções sobre o móvel. Na ocasião, Francisco Inácio Peixoto encomendou à Laubisch móveis para equipar sua casa em Cataguases, projetada e construída por Oscar Niemeyer. Foram feitos vários projetos, mas nenhum satisfez o gosto do cliente, que insistiu na procura de móveis modernos. Então, entregaram a Tenreiro as plantas da casa e ele desenvolveu o projeto. Foi com satisfação que Tenreiro se referiu a esse momento de sua profissão: "Quando o cliente veio ver o projeto, logo arregalou os olhos e disse: 'é isso que eu queria'. Aí começou a minha história do móvel moderno"[7].

A consolidação da produção

It is important, above all, to emphasize that this initial production by Tenreiro, the profound desire to renew the language of furniture in Brazil, created the foundations for the search to find the new speculations on modern furniture that followed from that point

If, on one hand, the furniture made by Tenreiro served almost as a manifesto in favor of the modern style, on the other it should be remembered that the manufacturing process was still totally artisanal, wherein prototypes were made in small numbers and, very often, limited to a single piece, due to commitments to the client.

Working with around one hundred highly qualified craftsmen, under his direct supervision, Tenreiro always kept his distance from the industry. At one point he considered going to Switzerland to buy machinery; but he found that this would be impossible, since, "[...] in the case of furniture, industries really didn't equip themselves to industrially produce the pieces; but since furniture is rooted in older times, it came to industry by way of the craftsman. In my view, one of the industry's greatest mistakes was in not making strictly industrial furniture, with suitable machinery and materials. In this way, you end up doing neither one thing nor the other, there is no handcraft and there is no industry, in the true sense of the word. Industrialization, instead of producing good quality furniture for the masses, ended up contributing to the mass production of inferior articles"[10].

In the 1950s, Tenreiro achieved great commercial success, even having opened a branch in São Paulo. This fact was registered by Habitat magazine: "Noteworthy contribution to the beauty and comfort of homes in São Paulo: Tenreiro, the famous decorator to the high society of Rio de Janeiro, already known and admired by the '*paulistas*' (residents of São Paulo) who know him from Rio, also came to set up shop in São Paulo. His original furniture, his perfect creations, come to completion in

Canapé de três lugares em jacarandá e palhinha.
Joaquim Tenreiro, 1958.

Three-seat *Canapé* bench in brazilian rosewood and straw.
Joaquim Tenreiro, 1958.

124 - The consolidation of production

Em primeiro plano, sofá revestido em couro; no bar, banquetas em madeira com assento estofado; ao fundo, bancos de tronco de vinhático gema de ovo. Joaquim Tenreiro, 1961.

In the foreground, sofa upholstered in leather; at the bar, wooden stools with upholstered seats; in the background, benches made from logs of 'egg yolk' vinhatico wood. Joaquim Tenreiro, 1961.

Após a decoração da casa de Cataguases a situação foi se alterando. Em 1942, Tenreiro resolveu associar-se a um antigo vendedor de Laubisch, o alemão Langenbach, e fundou a Langenbach & Tenreiro, especializada em móveis modernos e de estilo, uma exigência do sócio. Tenreiro cuidou da parte técnica e artística, e Langenbach das questões comerciais. Entre 1942 e 1947 viveram um período de adaptação. Tenreiro sentiu que não era possível fazer só móveis modernos; por isso, comercializou também os estilos, mas fazia questão de afirmar: "[...] Eu não entrei naquelas coisas abarrocadas de certos estilos portugueses, italianos e mesmo franceses. Procurei a linha de móveis ingleses, que são mais limpos e despojados, para o setor do meu sócio. Para o meu setor, fiz os meus móveis. Não preciso dizer que, naquele ano (1947), a aceitação foi de tal ordem que não se fizeram mais móveis de estilo na loja"[8].

Aos poucos, a loja foi se firmando, passando a ser reconhecida e frequentada por um público bastante característico: "[...] no início, a maior parte de nossos clientes era constituída por funcionários públicos, de um certo nível econômico e cultural, mas não da alta sociedade; esses eu nunca tive; são um grupo que nunca aceita inovações e, quando aceita, em geral as deforma"[9].

É importante, sobretudo, destacar que essa produção inicial de Tenreiro, o anseio profundo de renovar a linguagem do móvel no Brasil, garantiu o alicerce para a busca de novas especulações do móvel moderno que se sucederam a partir de então.

Se, por um lado, o mobiliário de Tenreiro funcionou quase como um manifesto em favor do estilo moderno, por outro, em relação ao modo de produção, é preciso lembrar que era ainda completamente artesanal: o protótipo tinha uma tiragem mínima e, muitas vezes, ficava no exemplar único, por questões de compromisso com o cliente.

Contando com cerca de cem artesãos de alto gabarito, que trabalharam sob sua orientação direta, Tenreiro sempre se manteve afastado da indústria. Chegou até a pensar em ir à Suécia para comprar maquinário; entretanto, verificou que isso era impossível, pois, "[...] no caso do mobiliário, as indústrias realmente não se aparelharam para fazer móvel industrialmente; mas como o móvel tem uma raiz mais antiga, ele vem para a indústria através do artesanato. A meu ver, um dos maiores equívocos da indústria é não fazer um móvel estritamente industrial, com materiais e maquinário apropriados. Desse modo não se faz nem uma coisa, nem outra, não há nem artesanato, nem indústria, no verdadeiro sentido da palavra. A industrialização, em vez de produzir móveis de qualidade para as massas, acaba contribuindo para a produção, em grande escala, de artigo inferior"[10].

Na década de 1950, Tenreiro alcançou grande sucesso comercial, tendo, inclusive, inaugurado uma filial em São Paulo. Esse fato foi registrado pela revista *Habitat*: "Notável contribuição para a beleza e conforto dos lares paulistanos: Tenreiro, o tão famoso decorador da sociedade carioca e já conhecido e admirado por paulistas, que o conhecem do Rio, veio instalar-se também em São Paulo. Seus móveis originais, suas criações perfeitas, completam-se na execução primorosa da firma Langenbach & Tenreiro, que acaba de inaugurar uma galeria de interiores e arte à rua Marques de Itu, nº 64, próxima à Praça da República. Para se ter ideia da distinção que Tenreiro

Cadeira de balanço estruturada em madeira com assento e encosto em couro. Joaquim Tenreiro, 1947.

Wooden swing seat with seat and backrest in leather. Joaquim Tenreiro, 1947.

the excellent work of the Langenbach & Tenreiro company, who have just opened a gallery for interior design and art at number 64 of Marquês de Itu Street, close to the República Square. To get an idea of the distinction Tenreiro brings to his interiors, you just need to see this gallery, which breaks away from the routine for this type of establishment and distributes the pieces in accordance with a strongly defined taste. It is a worthy gallery in São Paulo. It is an exhibition and constant suggestion for the arrangement of the residential interior. It is, in summary, a store where everything has been thought about, from the new and well-made furniture to the combination of colors, the composition of the ambience and even the placement of the works of art, perfectly fitting into the arrangement. Everything we have said here will be confirmed, unconditionally, by each person who visits this gallery, which is here to attend the good taste and wishes of the local society"[11].

At first, Langenbach was to have managed this store, but due to personal problems, he left the company. Then problems began to arise with the branch in São Paulo, which operated for six years before closing. At the same time as the crisis at the branch in São Paulo, other problems appeared in the market and began to wear Tenreiro down, leading him to produce a type of furniture that was more expensive and better suited to consumption among the elite. With time, this situation became unsustainable, obliging Tenreiro to gradually de-activate the workshops, until they were finally closed down in 1968, and he left design behind, once and for all, to dedicate his time exclusively to the plastic arts.

Finally, it must be remembered that in more than thirty years as a furniture designer Tenreiro managed to bring together art and technique, in a well thought out proportion, providing solutions that were characterized, above all, by finesse, technical refinement and sobriety. With this, interior decoration ceased to be looked upon as "[...] a kind of vanity without justice, a pride without logic. A momentary enthusiasm that was not born of any need for plastic expression, nor of any constant experiment and work"[12], acquiring greater dignity, and worthy of being considered "[...] as an artistic movement, a creative movement, where we can already see new contributions to decoration, creations with their own character, capable of firmly setting its fundaments [...] With this, decoration is not just a medium that we use to hide an ugly corner, with artifice, with additional elements, but it is a force that shapes, that creates furniture to meet functional and esthetic needs, curtains that temper the light and rugs that pull together the composition"[13].

Cadeira em jacarandá e palhinha, inspirada na cadeira portuguesa conhecida como cadeira de "encostas", ou "bacalhau". Joaquim Tenreiro, 1965.

Chair in brazilian rosewood and straw, based on the Portuguese chair known as the "*bacalhau*" chair. Joaquim Tenreiro, 1965.

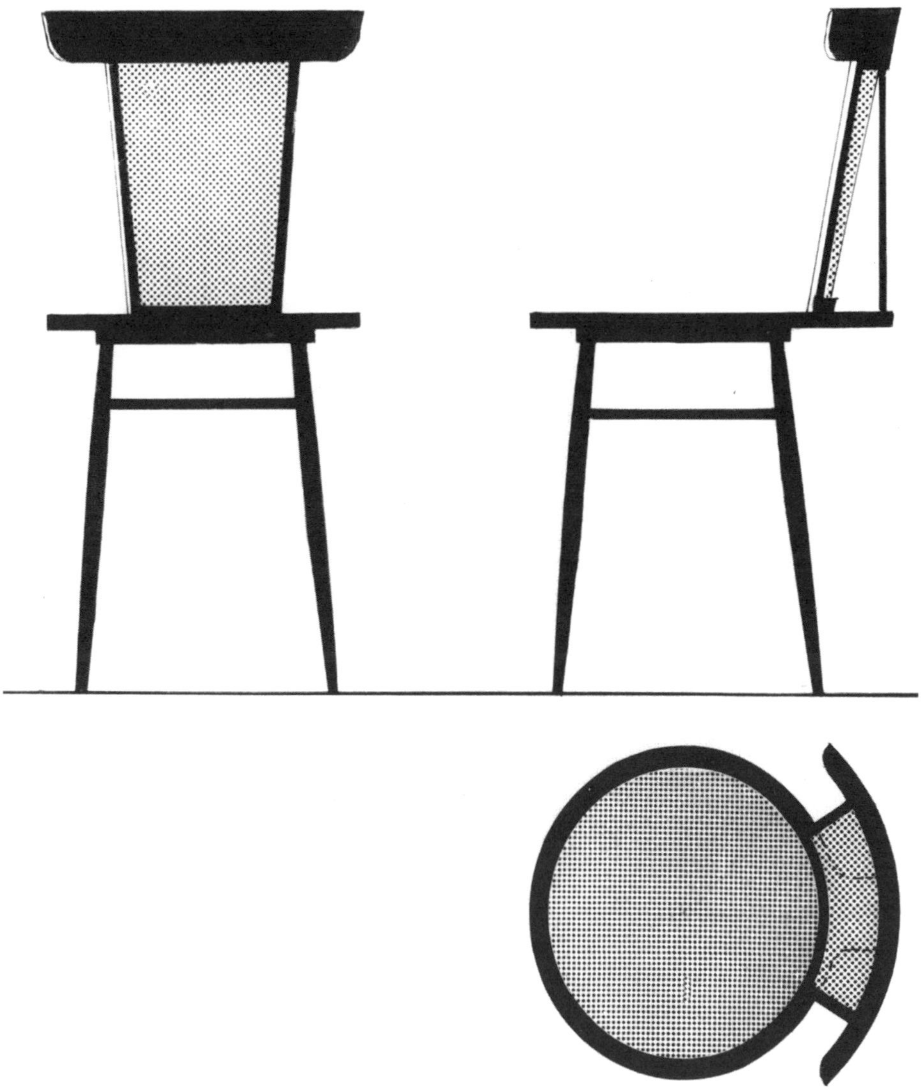

Cadeira Três Pés, em jacarandá e amendoim. Joaquim Tenreiro, 1947. Criada para o cenário de uma peça de teatro, foi exposta no Salão Nacional de Arte Moderna do Rio de Janeiro, em 1961.

Três Pés chair, in brazilian rosewood and peanut wood. Joaquim Tenreiro, 1947. Created as scenery for a theater play and exhibited at the *Salão Nacional de Arte Moderna do Rio de Janeiro*, in 1961.

Mesa de jantar em madeira com tampo de vidro, cadeiras estruturadas em madeira com assento e encosto em palhinha. Joaquim Tenreiro, 1961.

Dining table in wood with glass top, wood frame chairs with straw seat and backrest. Joaquim Tenreiro, 1961.

imprime a seus interiores, bastará ver essa galeria que foge à rotina das casas do gênero e distribui as peças em obediência a um firme gosto. É uma galeria digna em São Paulo. É uma exposição e sugestão constante para o arranjo do interior da residência. É, enfim, uma loja onde tudo está pensado, desde o móvel bem confeccionado e novo, à combinação das cores, à composição do ambiente, até a colocação das obras de arte, perfeitamente entrosadas no arranjo. Tudo isto que aqui dissemos será confirmado, sem favor, por cada pessoa que visite essa galeria, que veio ao encontro do bom gosto e dos desejos da sociedade paulista"[11].

A princípio, Langenbach deveria gerenciar essa loja, mas, por problemas pessoais, ele se afastou da empresa. Surgiram então problemas com a filial de São Paulo, que funcionou durante seis anos, até que foi fechada. Acompanhando a crise da filial de São Paulo, surgiram outros problemas com o mercado, os quais passaram a desgastar Tenreiro, levando-o a produzir um tipo de mobília cara e mais adequada ao consumo da elite. Com o tempo, essa situação foi se tornando insustentável, obrigando Tenreiro a desativar gradualmente as oficinas, até o encerramento das atividades, em 1968, afastando-se definitivamente do design para se dedicar com exclusividade às artes plásticas.

Finalmente, é preciso lembrar que, em mais de trinta anos de atividade como designer de móveis, Tenreiro conseguiu unir o artista ao técnico, numa proporção bem ponderada, trazendo soluções que se caracterizaram, sobretudo, pelo apuro, refinamento técnico e sobriedade. Assim, a decoração de interiores deixou de ser encarada como "[...] uma espécie de vaidade sem justiça, um orgulho sem lógica. Entusiasmo momentâneo que não vem de nenhuma necessidade de expressão plástica, nem de uma experiência e trabalho constante"[12], assumindo maior dignidade, podendo ser considerada "[...] como um movimento de arte, um movimento criador, onde já se possam contar contribuições novas à decoração, criações com caráter próprio, capazes de firmar-lhes os fundamentos [...] Aí, a decoração não é um meio de que nos servimos para esconder um canto feio, com artifício, com elementos extras, mas uma força que modela, que cria móveis que preenchem finalidades funcionais e estéticas, cortinas que temperam a luz e tapetes que ligam a composição"[13].

Bernard Rudofsky

In the 1940s, the timidity to accept new furniture was gradually overcome, beginning a slow process of renewal, adapting furniture to the standards of modern architecture. As we have seen, the post-war period was marked by the arrival in Brazil of a number of foreign architects and professionals, who gave a strong boost to the modernization of Brazilian furniture.

The renewal of design, started by Tenreiro, brought greater levity to the furniture. But in terms of materials, the pieces were still conceived thinking of hardwoods, especially rosewood, traditionally present in Brazilian homes furnished in earlier periods. For this reason, it was not enough to just renew the design; there was a need to go further.

In a certain way, decoration, since the end of the last century, still bore strong ties to the scheme of fake glitter and gold of the European interiors. This aspect, in fact, was registered in the fictional work by Eça de Queirós *A correspondência de Fradique Mendes*, in which the protagonist who lends his name to the work communicates with Eduardo Prado, in the following terms: "[...] the old and simple customs have been abandoned with disdain: each man seeks for his own head a baron's crown and, with temperatures of 100 degrees in the shade, the ladies begin to melt in their grosgrain ribbons and heavy velvets. While in the houses there was not one honest straw chair where, at the end of the day, the body could find rest and repose: and the strong-colored damask fabrics began to appear, along with the furniture with golden feet, drapes with thick tassels, all the weight and stuffiness of the upholstered decoration with which Paris and London defend themselves from the snow and where the microbes thrive. [...] I roamed Brazil in search of the 'new' and all I found was the 'old', which has already been old for a hundred years in our old Europe – our old ideas, our old habits, our formulas and everything else that is old, worn to the wire and absolutely finished by the trip and by the sun"[14].

It was in this period in the evolution of modern Brazilian furniture that there was an increased quest to find rustic material, *caroa*, hemp and other fibers that remind us directly of the values of the earth. One of the authors whose work pointed in that direction was Bernard Rudofsky, an Austrian[15] architect who lived in São Paulo for about four years, during the war, and was the main designer for Casa & Jardim company. In reference to him, Heuberger was generous in his praise: "[...] That was a very talented architect who, in 1938, opened and directed Studio de Móveis Modernos de Casa & Jardim"[16].

Before analyzing his production of furniture, it is important to emphasize the contribution that Rudofsky made to visual design. He was responsible for the layout of the catalogues for Casa & Jardim and created a number of brands and logos, including the one for Fotóptica Ltda., in 1944, which was in use until recently. In his furniture productions there was an overriding concern for the use of natural Brazilian fibers, such as jute, *caroa*, hemp, sisal, etc., and he was a pioneer in anticipating the use of native materials, which would be the tonic in the work of many designers at the

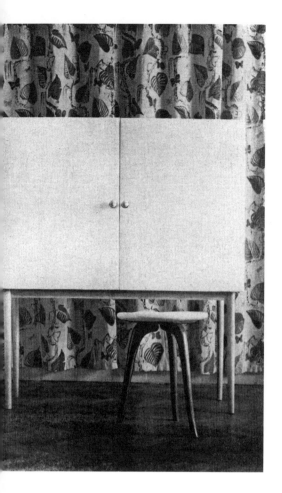

Armário toucador em madeira "Acer", revestido com couro branco, produzido para o Studio Casa & Jardim. Bernard Rudofsky, sem data.

Dressing table cabinet in "Acer" wood, covered in white leather, produced for Studio Casa & Jardim. Bernard Rudofsky, no date.

Poltrona em carvalho revestida com chintz, produzida para o Studio Casa & Jardim. Bernard Rudofsky, 1939.

Easy chair in oak, upholstered in chintz, produced for Studio Casa & Jardim. Bernard Rudofsky, 1939.

Bernard Rudofsky

Nos anos 1940, aos poucos a timidez do meio em aceitar um móvel novo foi sendo vencida, iniciando-se um lento processo de renovação, adequando-se o móvel aos padrões da arquitetura moderna. Como vimos, o período pós-guerra foi marcado pela chegada ao país de vários arquitetos e profissionais estrangeiros, que deram um forte impulso à modernização do móvel brasileiro.

A renovação do desenho, iniciada por Tenreiro, trouxe leveza ao móvel. Mas, do ponto de vista dos materiais, as peças ainda eram concebidas na lógica das madeiras de lei, principalmente o jacarandá, tradicionalmente presente na casa brasileira abastada dos períodos anteriores. Por isso, não bastava renovar o desenho, era preciso ir além.

De certa forma, a decoração, desde fins do século passado, ainda estava muito ligada ao esquema dos falsos brilhos e dourados dos interiores europeus. Esse aspecto, aliás, foi registrado na obra ficcional de Eça de Queirós *A correspondência de Fradique Mendes*, na qual o protagonista que dá nome à obra se corresponde com Eduardo Prado, nos seguintes termos: "[...] os velhos e simples costumes foram abandonados com desdém: cada homem procurou pôr na cabeça uma coroa de barão e, com 47 graus à sombra, as senhoras começaram a derreter dentro dos gorgorões e veludos ricos. Já nas casas não havia uma honesta cadeira de palhinha onde, ao fim do dia, o corpo encontrasse pouso e frescura: e começaram os damascos de cores fortes, os móveis de pés dourados, os reposteiros de grossas borlas, todo o pesadume de decoração estofada, com que Paris e Londres se defendem da neve e onde triunfa o micróbio. [...] Percorri o Brasil à procura do 'novo' e só encontrei o 'velho', o que já é velho há cem anos na nossa velha Europa – as nossas velhas ideias, os nossos velhos hábitos, as nossas fórmulas e tudo o mais velho, gasto até o fio como inteiramente acabado pela viagem e pelo sol"[14].

Foi nesse período da evolução do móvel moderno brasileiro que se acentuou a busca de materiais rústicos, as fibras de caroá, cânhamo etc., que nos remetem diretamente aos valores da terra. Um dos autores cuja obra apontou nessa direção foi Bernard Rudofsky, arquiteto austríaco[15] que viveu em São Paulo cerca de quatro anos, durante a guerra, e foi o principal designer colaborador da empresa Casa & Jardim. Referindo-se a ele, Heuberger não poupou elogios: "[...] Este foi um arquiteto muito talentoso que, em 1938, inaugurou e dirigiu o Studio de Móveis Modernos de Casa & Jardim"[16].

Divã portátil para jardim, em imbuia com estofado em cretone, produzido para o Studio Casa & Jardim. Bernard Rudofsky, 1939.

Portable garden divan, in imbuia wood with cretonne upholstery, produced for Studio Casa & Jardim. Bernard Rudofsky, 1939.

end of the 1940s, especially in that of Lina Bo Bardi. With natural Brazilian fibers, Rudofsky combined the use of galvanized and painted metals to obtain pieces that were light, in keeping with the new artistic vision of furniture and, at the same time, imbued with a Brazilian character through the use of materials.

It was through the hands of Rudofsky that, in 1941, Brazil received one of the prizes for industrial design awarded by the New York Museum of Modern Art. The competition in question was for furniture design using native materials, for which Rudofsky enrolled and sent in, from São Paulo, his designs for chairs made in tubular metal with seat and backrest in fabrics made from natural fibers, in accordance with the required specifications. Seventeen of the twenty American republics took part in the competition and five candidates[17] were awarded prizes by the same jury that analyzed the North American candidates[18]. The prize consisted of a round trip to the United States, a cash prize of a thousand dollars and the possibility that Bloomingdale's would produce some of the pieces from the winning projects. The projects enrolled in this competition were on show at the MoMA in New York from September to November of 1941, in an exhibition entitled Organic Design. According to the exhibition catalogue, "a project or design can be called organic when there is a harmonic organization of the parts comprising a whole, in accordance with the structure, material and purpose. Within this definition there can be no unwarranted or superfluous ornamentation; however, the matter of beauty is no less important than the ideal choice of material, the visual refinement and the elegance of the materials intended for use"[19]. Rudofsky's work represented an important phase in the process for the modernization of furniture in Brazil, having taken a decisive step by incorporating unusual materials in the production of the furniture.

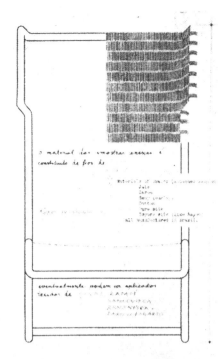

Desenhos de poltronas em metal tubular com assento e encosto em tecido de fibras naturais brasileiras. Projeto de Bernard Rudofsky premiado pelo MoMA (Museu de Arte Moderna de Nova Iorque), 1941.

Drawings for easy chairs in tubular metal, with seat and backrest in fabric made from natural Brazilian fibers. Project by Bernard Rudofsky that won an award at the New York Museum of Modern Art – MoMA, 1941.

Antes de analisar sua produção de móveis, é importante ressaltar a contribuição que Rudofsky deu para a programação visual. Diagramou catálogos da empresa Casa & Jardim e criou varias marcas e logotipos, entre os quais o da Fotóptica Ltda., de 1944, até recentemente em uso. Em sua produção de mobília destacou-se sobremaneira a preocupação com o uso das fibras naturais brasileiras, a juta, o caroá, o cânhamo, o sisal etc., precedendo de forma pioneira as tendências de uso de materiais nativos, que foram a tônica da produção de designers em fins dos anos 1940, principalmente na obra de Lina Bo Bardi. Com os tecidos de fibras nacionais, Rudofsky combinou o uso de metais galvanizados e pintados, obtendo como resultado peças leves, dentro da nova visão artística do mobiliário e, ao mesmo tempo, portadoras de um caráter brasileiro, pelo uso de materiais.

Foi pelas mãos de Rudofsky que, em 1941, o Brasil recebeu um dos prêmios de desenho industrial, oferecido pelo Museu de Arte Moderna de Nova Iorque (MoMA). Tratou-se de um concurso de desenho de móveis com materiais nativos, no qual Rudofsky se inscreveu e mandou de São Paulo seus projetos de poltronas estruturadas em metal tubular com assento e encosto em tecidos de fibras naturais dentro das especificações requeridas. Participaram do concurso dezessete das vinte repúblicas americanas, e cinco candidatos[17] foram premiados pelo mesmo júri que analisou os candidatos norte-americanos[18]. O prêmio consistiu em uma viagem de ida e volta aos Estados Unidos, mil dólares em dinheiro, além da possibilidade de a Bloomingdale's realizar algumas peças dos projetos vencedores. Os projetos inscritos nesse concurso foram expostos, de setembro a novembro de 1941, pelo Museu, na mostra intitulada "Organic Design". Segundo o catálogo da mostra, "um projeto ou design pode ser chamado de orgânico quando existe uma organização harmônica das partes de um todo, de acordo com a estrutura, material e propósito. Dentro dessa definição não pode haver ornamentação vã, ou supérflua; entretanto, a parte da beleza não é menos importante do que a escolha ideal do material, o refinamento visual e a elegância dos materiais pretendidos para o uso"[19]. A obra de Rudofsky representou uma etapa importante no processo de modernização do móvel no Brasil, tendo dado um passo decisivo na incorporação de materiais não usuais na produção do móvel.

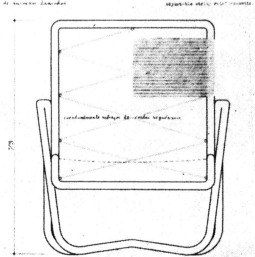

A consolidação da produção

Lina Bo Bardi

Besides being a designer and architect, Lina Bo Bardi (Archilina Bo Bardi)[20] was a vigorous reformer in favor of the modernization of Brazilian culture. Her contribution went far beyond the narrow boundaries of industrial design. Lina arrived in Brazil, from Italy, in 1946, bringing with her an extremely rigid schooling, acquired at the School of Architecture in Rome, where she obtained her diploma in 1939. Contact with major Brazilian architects – Lucio Costa, Oscar Niemeyer and others – gave her a lesson in enthusiasm and optimism. She was in a country where the stand against academicism in architecture had been victorious. With regard to furniture design, it was not possible to adopt the same position, since furniture had not kept pace with the development of architecture. This, perhaps, was the main reason that led Lina to set out on a quest to find a type of furniture that could find its identity in the demands of the new architecture and conditions of Brazil.

In 1947, Lina designed her first work of major repercussion in the development of modern Brazilian furniture: the chairs for the auditorium for the first installation of the São Paulo Art Museum (Masp). The chairs, in leather and wood, could be folded and stacked. The need to maximize the use of the meager space available in the auditorium of the museum, at the time still located on Sete de Abril Street, led Lina Bo Bardi to plan an auditorium with furniture that was simple, comfortable and that could be immediately removed. It was in order to meet these requirements that Lina created this chair, which could be stacked whenever there was a need to use the full space of the auditorium.

Lina Bo Bardi tried to find something that satisfied her within the incipient market of modern furniture that already existed in São Paulo by that time: "[...] We turned the whole of São Paulo upside down and found nobody who had a modern chair in 1947. Despite the attempts of Warchavchik, Graz, Tenreiro, Segall, etc., we found absolutely nothing, both in terms of a chair and of modern furniture"[21].

Having gotten past this stage, they encountered the same troubles in finding a joiner to carry out the project. The couple, Lina Bo and Pietro Maria Bardi, ended up turning to an Italian upholsterer – Saracchi –, who, in a small garage, made the one hundred and fifty chairs for the opening of the museum auditorium.

To fill this gap in the production of modern furniture, Lina, Pietro Bardi and Giancarlo Palanti formed a partnership and opened, in 1948, the Studio de Arte Palma and the Fábrica de Móveis Pau Brasil Ltda.

Among the initial objectives of the Studio de Arte Palma, Lina emphasized "[...] the creation of a line of industrially designed objects. In fact, I took responsibility for creating jewelry made from Brazilian materials. The tendency was to create a movement in this field, which had nothing to present, while Brazilian architecture was already in existence, which was extremely important"[22].

Cadeira dobrável desenhada para o Pequeno Auditório do Museu de Arte de São Paulo, em sua sede original, na rua Sete de Abril. Lina Bo Bardi, 1947.

Folding chair designed for the small auditorium at the São Paulo Art Museum, at its original location in on Rua Sete de Abril. Lina Bo Bardi, 1947.

Lina Bo Bardi

Além de designer e arquiteta, Lina Bo Bardi (Archilina Bo Bardi)[20] foi uma reformadora enérgica em prol da modernização de nossa cultura. Sua contribuição ultrapassou, muito, os estreitos limites do desenho industrial. Lina chegou ao Brasil, proveniente da Itália, em 1946, trazendo uma formação bastante rígida, adquirida na Faculdade de Arquitetura de Roma, onde se diplomou em 1939. O contato com os principais arquitetos brasileiros – Lucio Costa, Oscar Niemeyer e outros – trouxe-lhe uma lição de entusiasmo e otimismo. Estava num país onde a luta contra o academicismo na arquitetura tinha sido vitoriosa. Com relação ao desenho de móveis, não foi possível a mesma posição, pois o mobiliário não acompanhou a velocidade de desenvolvimento da arquitetura. Este, talvez, tenha sido o principal motivo que levou Lina a se lançar na busca de um tipo de móvel que se identificasse com as exigências da nova arquitetura e com as condições brasileiras.

Em 1947, Lina desenhou sua primeira obra de grande repercussão para o desenvolvimento da mobília moderna brasileira: a cadeira do auditório da primeira instalação do Museu de Arte de São Paulo, dobrável e empilhável, em couro e madeira. A necessidade de maximizar o aproveitamento do exíguo espaço do auditório do Museu, ainda situado à rua Sete de Abril, levou Lina Bo Bardi a planejar um auditório constituído por móveis simples, confortáveis e de remoção imediata. Foi para atender a essas exigências que Lina criou essa cadeira, que poderia ser empilhada quando fosse preciso dispor de todo o espaço do auditório.

Lina Bo Bardi tentou localizar no incipiente mercado de móveis modernos, já existente em São Paulo àquela altura, algo que a satisfizesse: "[...] Nós viramos São Paulo inteira e não encontramos ninguém que tivesse uma cadeira moderna em 1947. Apesar das tentativas de Warchavchik, Graz, Tenreiro, Segall etc., não encontramos absolutamente nada, tanto em termos de cadeira, como de móveis modernos"[21].

Vencida essa etapa, repetiram-se novamente as mesmas dificuldades para encontrar um marceneiro que executasse o projeto. O casal Lina Bo e Pietro Maria Bardi acabou recorrendo a um tapeceiro italiano – Saracchi – que, numa pequena garagem, executou as 150 cadeiras para a inauguração do auditório do Museu.

Para preencher essa lacuna na produção de móveis modernos, Lina, Pietro Bardi e Giancarlo Palanti associaram-se e inauguraram, em 1948, o Studio de Arte Palma e a Fábrica de Móveis Pau Brasil Ltda.

Dentre os objetivos iniciais do Studio de Arte Palma, Lina destacou: "[...] criar uma corrente de desenho industrial, de objetos. Inclusive, eu me ocupei de joias, de materiais brasileiros. A tendência era criar um movimento nesse campo, que nada apresentava, ao passo que já existia a arquitetura brasileira, que era importantíssima"[22].

 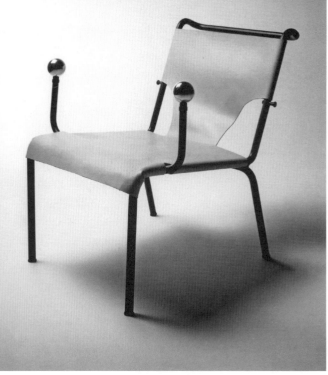

The Studio de Arte Palma carried out an attempt at hand-building furniture in plywood, cut upright, not bent, in accordance with the principles of Alvar Aalto. They didn't use any type of upholstery. The seats and backrests of the chairs were made in canvas, leather and even calicos from the Casas Pernambucanas department store. This was revolutionary given the customs and taste of the time. Amid the market's reticence to accept modern furniture, Lina's work defined new standards of taste and could be considered to be a reference point in terms of the introduction of new materials, especially plywood cut and shaped in parallel sheets, a novelty in a country where, up until then, there had been a prevailing use of solid wood.

The experiment with Studio de Arte Palma was registered in details by Habitat magazine: "While Brazilian architecture assumed a notable development, the same could not be said of the furniture; the architects, extremely busy with their more urgent construction work, which is at fever pitch in this country that grows with such prodigious speed, find themselves unable to dedicate sufficient time to the study of a chair, a work that would require a technician, which is what the architect is, and not a lady looking for some distraction with an upholsterer, as many believe". The Studio de Arte Palma, founded in 1948, within the same molds as the Studio D'Arte Palma, in Rome, was dedicated particularly to industrial design in an attempt to integrate all of the arts, and included a planning sector, with a production workshop, a joiners shop equipped with extremely modern machinery and a mechanics workshop. There they sought to create types of furniture (especially chairs and armchairs) adapted to the climate and land, eliminating the thin padding and wadding. One of the basic problems was in avoiding the production of mildew, which was common in the rainy season. The idea was to work in accordance with the material, proceeding to a study on Brazilian woods, and employing plywood, cut and shaped in parallel sheets, something that had never been used before in furniture, which was made of solid wood and sandwich board. The starting point was the simplicity of the

Poltrona Tripé, em conduite pintado e couro sola, desenhada para o Studio de Arte Palma. Lina Bo Bardi, 1948.

Tripé easy chair, in painted conduit pipe and leather, designed for the *Studio de Arte Palma*. Lina Bo Bardi, 1948.

Cadeira em tubos de conduit pintados, com bolas de latão e couro sola. Lina Bo Bardi, 1951.

Chair made from painted conduit pipe, with brass balls and leather. Lina Bo Bardi, 1951.

Cadeira desmontável em madeira compensada, travas e cunhas em cedro maciço, assento estofado e encosto em tecido. Studio de Arte Palma. Lina Bo Bardi, 1950.

Collapsible chair in plywood, crossbars and pins in solid cedar, upholstered seat and fabric backrest. Studio de Arte Palma. Lina Bo Bardi, 1950.

Preguiçosa em madeira compensada, cedro maciço e cisal natural. Produzida pelo Studio de Arte Palma. Lina Bo Bardi, 1951.

Preguiçosa in plywood, solid cedar and natural sisal. Produced by Studio de Arte Palma. Lina Bo Bardi, 1951.

No Studio de Arte Palma foi feita uma tentativa de produção manufatureira de móveis em madeira compensada, cortada em pé, não dobrada, seguindo os princípios de Alvar Aalto. Não utilizaram nenhum tipo de estofamento. Para o assento e encosto das cadeiras eram usados lona, couro e até chitas das Casas Pernambucanas, o que foi revolucionário diante dos costumes e do gosto da época. Em meio às reticências do mercado em relação à aceitação do móvel moderno, a obra de Lina definiu novos padrões de gosto e pode ser considerada ponto de referência em termos da introdução de novos materiais, principalmente a madeira compensada recortada em folhas paralelas, uma novidade em um país onde até então imperava o emprego da madeira maciça.

A experiência do Studio de Arte Palma foi registrada detalhadamente pela revista *Habitat*: "Enquanto a arquitetura brasileira assumia notável desenvolvimento, o mesmo não se poderia dizer do mobiliário; os arquitetos, ocupadíssimos no trabalho construtivo mais urgente, febril, neste país que cresce com uma prodigiosa rapidez, não puderam empregar-se com tempo suficiente no estudo de uma cadeira, estudo que requer um técnico, como de fato o é o arquiteto, e não uma senhora que busca distrair-se com um tapeceiro, como muitos acreditam. O Studio de Arte Palma, fundado em 1948, nos mesmos moldes do Studio D'Arte Palma, de Roma, particularmente se dedicando ao desenho industrial numa tentativa de integração de todas as artes, abrangia uma seção de planejamento, com oficina de produção, uma marcenaria equipada com modernníssimo maquinário e uma oficina mecânica. Buscou criar ali tipos de móveis (em especial cadeiras e poltronas) adaptados ao clima e à terra, eliminando o estofo baixo e delgado. Um dos problemas básicos foi o de se evitar a produção do mofo, amiúde ocorrente na estação da chuva. Tentou-se partir do material, procedendo-se a um estudo sobre madeiras brasileiras, e utilizou-se a madeira compensada, recortada em folhas paralelas, até então não empregada para móveis que eram constituídos de madeira maciça e compensada de 'miolo'. O ponto de partida foi a simplicidade da estrutura, aproveitando-se a extraordinária beleza das veias e das tintas das madeiras brasileiras, assim como o seu grau de resistência e capacidade.

O Studio de Arte Palma funcionou por dois anos, e os novos móveis criaram um 'caso de consciência' nos fabricantes, passivos repetidores de modelos postergados, acontecendo que, em poucos meses, a produção se renovou com celeridade, a qual cabe louvar, no dinamismo nacional. Mas naturalmente, devido à pressa exagerada, os construtores não se transformaram em técnicos; contentaram-se em se apropriar das coisas que viam nas revistas e se improvisaram como projetistas, do que derivou, em consequência, um típico formalismo 'moderno-superficial', que, em arquitetura feita por mestres de obras, leva a dizer aos não iniciados que 'o moderno é frio', que as fachadas das casas 'parecem hospitais', que, dentro em pouco, 'tudo ficará negro de sujeira', que os balcões da frente 'parecem banheiros', e que os móveis desenhados por aqueles que não são técnicos provocam observações, denunciando não terem 'os móveis modernos' senão 'aparência barata', que 'o compensado lasca', que 'se veem os pregos' e, sobretudo, que são bastante 'incômodos'. Por felicidade, os arquitetos brasileiros começaram a desenhar uma boa cadeira, uma poltrona razoável, uma bela mesa, contrabalançando assim o dilúvio dos amadores, que, sempre em arte, produzem o regresso, por via de sua contrapropaganda na aplicação da teoria mal

A consolidação da produção - 137

Lina em foto para divulgação da Poltrona Bowl. Versão em couro, década de 1950.

Lina in a publicity photo for the Bowl Chair. Version in leather, 1950s.

Poltrona Bowl. Versão em tecido, década de 1950.

Bowl Chair. Version in fabric, 1950s.

compreendida. No caso dos móveis, cadeiras de compensado com lascas, que rasgam as meias das senhoras, muito altas ou muito baixas, muito estreitas ou muito largas, com pregos enferrujados e, sobretudo, com o 'enfeite', o enfeite 'fingindo moderno', logo farão com que o bom pai de família tenha saudade daquela cômoda cadeira falsa *Chippendale*, manufaturada pelo marceneiro da esquina"[23].

Os mesmos sócios do Studio de Arte Palma fundaram a empresa Pau Brasil Ltda., para fabricar mobília moderna. Suas instalações eram bastante simples, mas a empresa trouxe para o Brasil marceneiros e oficiais de móveis que trabalhavam num dos mais importantes centros de móvel moderno italiano, a cidade de Lissoni, introduzindo uma nova mentalidade a respeito do fabrico de móveis.

Ocorre que, apesar de muitos arquitetos já terem incorporado a mobília moderna em seus projetos, as novidades eram aceitas por uma minoria esclarecida, e isso criou problemas de comercialização e vendas para a Pau Brasil. A empresa durou três ou quatro anos, de fins da década de 1940 ao início da de 1950, mas depois foi obrigada a alterar o rumo de suas atividades, diante dos obstáculos encontrados. Foi isso que registrou P. M. Bardi, ao afirmar: "As coisas não deram certo, a mentalidade era tão antimoderna! O que predominava eram os móveis de *Paschoal Bianco* e do pessoal do Brás. Começamos a perder dinheiro e então passamos a fábrica aos irmãos Hauner, que prosseguiram com o trabalho, mudando o nome da empresa para Móveis Artesanal"[24]. Lina reiterou as declarações de P. M. Bardi, relativas ao insucesso da Pau Brasil Ltda.: "[...] era um assalto brutal, o pessoal copiava nossos desenhos e jogava no mercado, não havia proteção nenhuma"[25].

Apesar da importância de sua experiência significativamente vinculada à realidade brasileira, Lina acreditava, no final de sua vida, que o desenho industrial estava falido; "[...] ele é a maior denúncia, a mais alta denúncia da perversidade de um sistema, que é o sistema ocidental"[26].

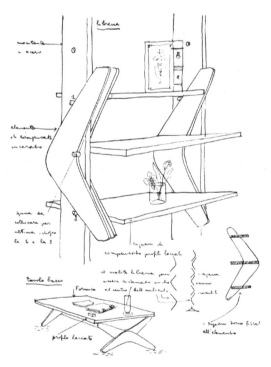

Croquis de série de móveis em madeira compensada, constituídos por um único elemento-base desenhado de acordo com observações feitas com caboclos do interior, 1958.

Sketches of a series of furniture in plywood, consisting of a single base element, deigned in accordance with observations made with the caboclos (old country folk) from the rural zones, 1958.

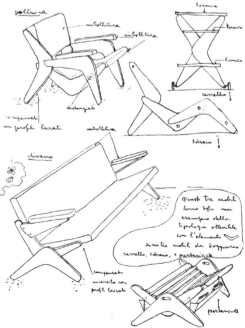

A consolidação da produção - 139

structure, making use of the extraordinary beauty of the grain and the dyes from the Brazilian woods, as well as their degree of resistance and capacity.

The Studio de Arte Palma operated for two years, and the new furniture created a 'crisis of conscience' among manufacturers, passive repeaters of outdated models, meaning that, in just a few months, production was quickly renewed in a praiseworthy demonstration of Brazilian national dynamism. But naturally, due to excessive haste, the builders were not trained to become technicians; they were happy with appropriating things they saw in magazines and then improvising as designers, as a consequence giving rise to a typical 'modern-superficial' formalism. An architecture carried out by unskilled foremen led the general public to believe that 'modern is cold', that the facades of the houses 'look like hospitals', that before long 'everything will be black with dirt', and that some frontal balconies 'look like lavatories'. And furniture designed by people with no technical skills led to comments that 'modern furniture just looks cheap', that 'plywood splinters', that 'you can see the nails' and, especially, that they are quite 'uncomfortable'. Happily, Brazilian architects began to design a good chair here, a decent armchair and a nice table over there, somehow counterbalancing the deluge of amateurs, who always, in art, produce backtracking through their negative propaganda in the application of poorly understood theory. In the case of furniture, plywood chairs with splinters that ladder the tights of the ladies, that are too high or too low, too narrow or too wide, with rusty nails and, above all, with 'decorative bits', decorative elements 'pretending to be modern', will soon make any good family man begin to miss that comfortable fake Chippendale chair made by the "joinery shop on the corner"[23].

It was the same partners from Studio de Arte Palma who founded company *Pau Brasil Ltda.* to manufacture modern furniture. Their facilities were very basic, but the company brought joiners and master furniture makers to Brazil from one of the leading centers for modern Italian furniture, the town of Lissoni, introducing a new mentality towards the manufacture of furniture.

It so happens that, despite the fact that many architects had already included modern furnishings in their projects, the novelties were only accepted by an enlightened minority and this created problems for commercialization and sales at Pau Brasil. The company lasted around three to four years, from the end of the 1940s to the start of the 1950s, but later they were forced to change the direction of their activities due to the obstacles met. This was registered by P. M. Bardi, when he stated: "Things didn't work out, the thinking was so anti-modern! What predominated was the furniture made by *Paschoal Bianco* and the people from Brás. We started to lose money and then moved to the Hauner brothers' factory, which went on with the work, changing the name of the company to Móveis Artesanal"[24]. Lina reiterated the declarations of P. M. Bardi relating to the lack of success of Pau Brasil Ltda.: "[...] it was a brutal robbery, people would copy our designs and put them on the market, there was absolutely no protection"[25].

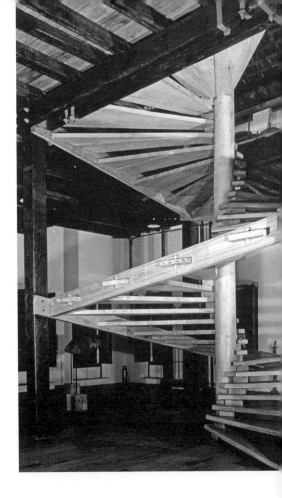

Escada principal do Solar do Unhão, Salvador. Na página ao lado, planta em corte da mesma escada. Lina Bo Bardi, 1963.

Main stairs at the *Solar do Unhão* building, Salvador. On the page alongside, blue print showing section of the same.
Lina Bo Bardi, 1963.

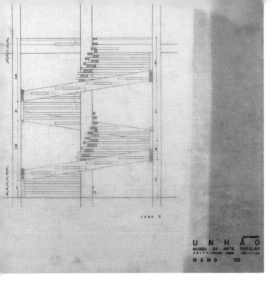

Para Lina, o verdadeiro desenho industrial do móvel brasileiro vem da produção de autores desconhecidos, aqueles móveis feitos no Rio Grande do Sul e em Santa Catarina, que são comercializados na Rua Teodoro Sampaio, em São Paulo. Esses móveis têm certa tradição popular, apresentam elementos retirados do colonial e são simplificados ao máximo; é uma produção coletiva consumida pela classe média baixa, classe "C" e lúmpen. Exemplo típico dessa linha de produtos é a cadeira de palha de Santa Catarina, feita por famílias italianas. Mas segundo ela, o povo compra esses móveis porque não pode comprar outros, pois, "[...] se pudessem, comprariam os móveis do Baú da Felicidade"[27].

Lina desistiu de procurar o móvel condizente com a estética de seu tempo e com as condições brasileiras, porém a sua atividade no setor cultural se intensificou, tanto como professora da FAU-USP (1955-1959), quanto com o projeto do Museu de Arte de São Paulo (1957) e com as pesquisas no Polígono das Secas, que resultaram na criação do Museu do Unhão, na Bahia (1963), com o trabalho do Sesc, Fábrica da Pompeia, com a recuperação do Centro Histórico do Pelourinho, em Salvador, na Bahia, com o projeto da nova sede da prefeitura de São Paulo, no Palácio das Indústrias, no Parque Dom Pedro – premiado pela Bienal de Arquitetura de Buenos Aires, em 1991[28] –, com a cenografia e trajes da peça UBU, do grupo Ornitorrinco, ou com a belíssima lição de design popular que nos deu através da exposição "A Mão do Povo Brasileiro"[29], organizada por ela em 1968, mostrando que é possível fugir à asfixia provocada pelo sistema, fazendo a precariedade de recursos funcionar como elemento deflagrador da imaginação, da fantasia e da criatividade.

Restaurante e auditório do Sesc Pompeia, São Paulo. Lina Bo Bardi, 1977.

Restaurant and auditorium at Sesc Pompeia, São Paulo. Lina Bo Bardi, 1977.

A consolidação da produção — 141

Despite the importance of her experience, significantly linked to Brazilian reality, Lina believed, at the end of her life, that industrial design was no longer a going concern; "[...] it is the greatest denouncement, the highest condemnation of the perversity of a system, of the western system"[26].

For Lina, the true industrial design of Brazilian furniture arises from the production of unknown craftsmen; the furniture made in the states of Rio Grande do Sul and Santa Catarina, and sold on Teodoro Sampaio Street in São Paulo. This furniture stems from certain common tradition, presenting elements taken from the colonial style and simplified as much as possible; it is a collective production consumed by the lower-middle class, class "C" and lumpen. A typical example of this line of products is the straw chair from Santa Catarina, made by Italian families. But according to her, ordinary people buy this furniture because they cannot afford to buy others, since, "[...] if they could, they would buy their furniture from Baú da Felicidade"[27].

Lina gave up her search for furniture in keeping with the esthetics of her time and with the prevailing conditions in Brazil, but her activity within the cultural sector became more intense, as a university teacher at FAU-USP (1955-1959), with her project for Masp (1957), and in her research into the polygon of droughts, which lead to the creation of the Unhão Museum, in Bahia (1963); in her work for the Sesc retailers association with Fábrica da Pompeia; with the restoration of the Historical Center of the Pelourinho in Salvador, Bahia; the project for the new offices of the town council in São Paulo, in the Palácio das Indústrias building, in Parque Dom Pedro – which received an award at the Biennial for Architecture in Buenos Aires, in 1991[28], with the scenography and costumes for the play UBU, by the *Ornitorrinco* group, or with the marvelous lesson in popular design that she gave us by way of the exhibition The Hand of the Brazilian People[29], organized by her in 1968, demonstrating that it is possible to break away from the asphyxiation caused by the system when the precariousness of resources serves as an element to release the imagination, fantasy and creativity.

Cadeira Girafa, Marcenaria Baraúna. Lina Bo Bardi, Marcelo Ferraz e Marcelo Suzuki, 1987.

Girafa chair, Marcenaria Baraúna. Lina Bo Bardi, Marcelo Ferraz and Marcelo Suzuki, 1987.

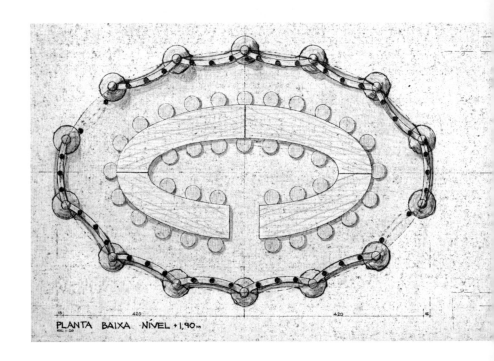

Planta, corte e foto do interior do Restaurante do Benin, em Salvador. Lina Bo Bardi, 1987.

Blue print, section and picture of the interior of the Benin Restaurant, in Salvador. Lina Bo Bardi, 1987.

NOTAS
NOTES

1. BARDI, Pietro Maria. *Mobiliário brasileiro, premissas e realidade*. São Paulo: Masp, nov./dez. 1971, s. p.

2. Esse Núcleo foi uma instituição privada, cujos principais objetivos eram: defender os jovens artistas, criar uma força contra o academicismo hegemônico nos salões e ministrar cursos de arte. Era integrado, entre outros, por: Edson Mota, João José Rascala, Eugênio Sigaud, Borges da Costa, Bustamante Sá, Pancetti, Milton da Costa, Tenreiro etc.

3. DEPOIMENTO de Joaquim Tenreiro à autora. Rio de Janeiro, 1979.

4. HOUAISS, Antônio. Cf. Frederico Morais. "Esculpinturas de Tenreiro: relevos de cor e madeira". *O Globo*, Rio de Janeiro, 1979.

5. DEPOIMENTO de Joaquim Tenreiro à autora. Rio de Janeiro, 1979.

6. *Idem.*

7. *Idem.*

8. *Idem.*

9. *Idem.*

10. *Idem.*

11. *Habitat*. São Paulo, (9), jan. 1953.

12. TENREIRO, Joaquim. "Decoração: sobriedade, distinção e acolhimento". *Módulo*. Rio de Janeiro, 1(2): 58-61, ago. 1955.

13. *Ibidem.*

14. QUEIRÓS, Eça de. *A correspondência de Fradique Mendes*. Porto: Lello & Irmãos, 1948.

15. Formou-se arquiteto e engenheiro em Viena. Estudou arqueologia e cenografia de teatro e cinema em Berlim e música no Conservatório de Viena. Na Itália, construiu, com L. Consenza, uma casa rústica, considerada a mais bela construção moderna italiana. Trabalhou com L. Ponti, em Milão.

16. DEPOIMENTO de Theodor Heuberger à autora. São Paulo, 1980.

1. BARDI, Pietro Maria. *Mobiliário brasileiro, premissas e realidade*. São Paulo, Masp, November/December 1971, n. p.

2. This nucleus was a private institution, the main aims of which were: to defend young artists, to create a force against the then hegemony of academicism in the great halls, and to minister courses in art. Its members included, among others: Edson Mota, João José Rascala, Eugênio Sigaud, Borges da Costa, Bustamante Sá, Pancetti, Milton da Costa, and Tenreiro, among others.

3. STATEMENT from Joaquim Tenreiro to the author. Rio de Janeiro, 1979.

4. HOUAISS, Antônio cf. Frederico Morais. "*Esculpinturas de Tenreiro: relevos de cor e madeira*". O Globo, Rio de Janeiro, 1979.

5. STATEMENT from Joaquim Tenreiro to the author. Rio de Janeiro, 1979.

6. *Idem.*

7. *Idem.*

8. *Idem.*

9. *Idem.*

10. *Idem.*

11. *Habitat*. São Paulo, (9), Jan. 1953.

12. TENREIRO, Joaquim. "*Decoração: sobriedade, distinção e acolhimento*". Módulo. Módulo. Rio de Janeiro, 1(2): 58-61, August 1955.

13. *Ibidem.*

14. QUEIRÓS, Eça de. *A correspondência de Fradique Mendes*. Porto, Lello & Irmãos, 1948.

15. He graduated as an architect and engineer in Vienna, and studied archeology, and theater and cinema scenography in Berlin, as well as music at the Vienna Conservatory. In Italy he built, along with L. Consenza, a rustic house, considered to be the most beautiful modern Italian construction. He worked with L. Ponti in Milan.

16. STATEMENT from Theodor Heuberger to the author. São Paulo, 1980.

17. Foram premiados também: Xavier Guerrerro, Michael von Beiren, Klaus Grobe, Morley Weebe, do México; Roman Fresnedo, de Montevidéu, Uruguai; Júlio Villalobos, de Buenos Aires, Argentina.

18. O material sobre esse concurso e exposição foi pesquisado por Aracy A. Amaral, no MoMA, EUA. A esse respeito, ver o artigo: "Política cultural: Por que os Estados Unidos se interessariam pela arte latino-americana?". In: AMARAL, Aracy A. *Op. cit.*, p. 267-74.

19. Catálogo da mostra Organic Design. Museu de Arte Moderna de Nova Iorque, set./nov. 1941.

20. Archilina Bo Bardi era o seu nome de batismo, mas por opção preferia ser chamada de Lina.

21. DEPOIMENTO de Pietro Maria Bardi à autora. São Paulo, 1980.

22. DEPOIMENTO de Lina Bo Bardi à autora. São Paulo, 1979.

23. *Habitat*. São Paulo, (1), out./dez. 1950.

24. DEPOIMENTO de Pietro Maria Bardi à autora. São Paulo, 1980.

25. DEPOIMENTO de Lina Bo Bardi à autora. São Paulo, 1979.

26. *Idem.*

27. *Idem.*

28. Realizado com a colaboração de Marcelo Suzuki, Marcelo Ferraz, André Vainer, que integra o plano de reurbanização do Parque Dom Pedro, de autoria do arquiteto José Paulo de Bem.

29. Com o espírito crítico que marcou todas as suas realizações, Lina fez questão de ressaltar que essa exposição foi montada para ser exibida em Roma, porém as autoridades brasileiras na Itália à época proibiram a realização da mostra sob a alegação de que distorceria nossa imagem no exterior.

---

17. Awards also went to: Xavier Guerrerro, Michael von Beiren, Klaus Grobe, Morley Weebe, from Mexico; Roman Fresnedo, from Montevideo, Uruguay; Júlio Villalobos, from Buenos Aires, Argentina.

18. The material on this call to tender and exposition was researched by Aracy A. Amaral, at the MoMA, USA. With regard to this, see the article: "*Política cultural: Por que os Estados Unidos se interessariam pela arte latino-americana?*". In: AMARAL, Aracy A. *Op. cit.*, p. 267-74.

19. Catalogue for the Organic Design exhibition. New York Museum of Modern Art, September/November 1941.

20. Archilina Bo Bardi was her given name, but she preferred to be called Lina.

21. STATEMENT from Pietro Maria Bardi to the author. São Paulo, 1980.

22. STATEMENT from Lina Bo Bardi to the author. São Paulo, 1979.

23. *Habitat*. São Paulo, (1), October/December 1950.

24. STATEMENT from Pietro Maria Bardi to the author. São Paulo, 1980.

25. STATEMENT from Lina Bo Bardi to the author. São Paulo, 1979.

26. *Idem.*

27. *Idem.*

28. Carried out in collaboration with Marcelo Suzuki, Marcelo Ferraz and André Vainer, who were involved in the plan to re-urbanize the Parque Dom Pedro region, based on the project by architect José Paulo de Bem.

29. With the critical spirit that marked everything she did, Lina insisted on emphasizing that this exhibition was set up to be shown in Rome, but the Brazilian authorities in Italy at the time prohibited the exhibition under the allegation that it distorted our image in other countries.

Difusão e diversificação

—

Diffusion and diversification

Foto publicitária dos Móveis Artísticos Z, década de 1950.

Advertising photo for Móveis Artísticos Z, 1950s.

O Brasil, no decênio de 1950, foi marcado por uma crescente euforia desenvolvimentista, cuja tônica principal foi a confiança no futuro. As cidades se transformaram: sofreram um vertiginoso processo de verticalização e um grande surto de crescimento urbano. Houve um esforço de expansão industrial, baseado, fundamentalmente, na substituição de importações, o que não gerou níveis de desenvolvimento relevantes para o país, mas aumentou nossa dependência em relação aos países centrais.

A rápida industrialização vivida pelo Brasil e a intensificação dos meios de comunicação de massa foram fatores que, conjugados, contribuíram para difundir o móvel moderno, o uso dos novos materiais, a aceitação de novas formas, padrões e tendências na decoração dos interiores.

Se, por um lado, os princípios da modernização do móvel já estavam presentes e assentados, as circunstâncias históricas brasileiras nos anos 1950 configuraram as condições necessárias ao desenvolvimento das principais experiências de industrialização da mobília. Chegava entre nós a produção em série. Além desses aspectos, devemos ainda reiterar o forte vínculo que se estabeleceu entre a arte concreta e o desenho industrial, que provocou repercussões sobre os rumos do desenho da mobília brasileira produzida no período.

—

The Brazil of the 1950s was marked by a growing development-oriented euphoria, the main tonic of which was faith in the future. Cities and towns changed: they underwent a vertiginous process of densification and a major spurt of urban growth. There was a drive for industrial expansion based, fundamentally, on the substitution of imports, which did not generate any relevant levels of development for Brazil, but increased its dependence on central countries.

The fast industrialization experienced by Brazil and the intensification of the means of mass communication were factors that, together, contributed to spreading the adoption of modern furniture, the use of new materials and the acceptance of new shapes, patterns and trends in interior decoration.

If, on one hand, the principles behind the modernization of furniture were already present and established, the historical circumstances of Brazil in the 1950s provided the necessary conditions for carrying out the main experiments in the industrialization of furniture. Serial production had arrived in its midst. Besides these aspects, we must also reiterate the strong bond that was formed between concrete art and industrial design, which caused repercussions on the directions of the designs for the Brazilian furniture produced in the 1950s.

This being so, that phase was marked by a number of initiatives, which while perhaps not especially expressive from an esthetic point of view, were certainly highly creative in the industrial solutions that they triggered. Among these the most distinguished were Fábrica de Móveis Z, Zanine, Pontes & Cia. Ltda., in São José dos Campos, whose main designer was José Zanine Caldas (1919-2001), Ambiente Indústria e Comércio de Móveis S.A., Móveis Branco & Preto, L'Atelier Móveis, and Unilabor Indústria de Artefatos de Ferro e Madeira Ltda., all established in São Paulo. Each of the companies, in their own way driven by different schools of design, was responsible for the start of the serial production of modern furniture in our country, leaving behind the stage of artisanal one-off furniture and exclusive models. Serial production and commercialization through more common sales channels – such as department stores – were important factors for the legitimating and diffusion of modern design.

Chronologically, the work of architect and designer Sergio Rodrigues also dates from that period, he who started producing modern furniture in this country in 1953. The esthetic proposal of the furniture he created served as exemplary forerunners to the main themes and trends of Brazilian furniture witnessed in the 1960s, and represents a fundamental point to understanding the production of that period. Because of this, the work of Sergio Rodrigues will be analyzed ahead.

Catálogo da L'Atelier, década de 1960.

L'Atelier catalogue, 1960s.

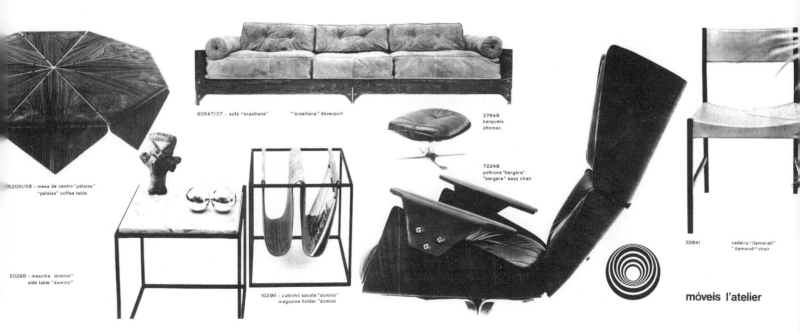

Unilabor, década de 1950.

Unilabor, 1950s.

Essa etapa foi, portanto, marcada por algumas iniciativas, talvez nem tão expressivas do ponto de vista estético, porém certamente muito criativas pelas soluções industriais que puseram a caminho. Entre elas, destacaram-se a Fábrica de Móveis Z, Zanine, Pontes & Cia. Ltda., de São José dos Campos, cujo principal designer foi José Zanine Caldas; a Ambiente Indústria e Comércio de Móveis S.A.; a Móveis Branco & Preto; a L'Atelier Móveis; e a Unilabor Indústria de Artefatos de Ferro e Madeira Ltda., todas em São Paulo. Cada uma dessas empresas, a sua maneira, animada por diferentes partidos de desenho, foi responsável pelo início da produção em série do móvel moderno em nosso país, deixando o estágio do artesanato do móvel único e modelos exclusivos. A produção em série e a comercialização através de canais de venda mais populares – como grandes magazines – foram fatores importantes para a legitimação e difusão do desenho moderno.

Cronologicamente, data desse período também a obra do arquiteto e designer Sergio Rodrigues, que desde 1953 produziu móvel moderno no país. A proposta estética da mobília por ele criada antecipou exemplarmente os principais temas e tendências do móvel brasileiro, ocorridos nos anos 1960, sendo um elemento fundamental para a compreensão da produção desse período. Em função disso, sua obra será analisada à frente.

Fábrica de Móveis Z

In 1950, the association between Sebastião Pontes and José Zanine Caldas gave birth to Fábrica de Móveis Z, Zanine, Pontes & Cia. Ltda., with Zanine as the central figure. Born in Bahia, he was a draftsman for advertising and architecture, among other things, for the offices of Severo & Villares, creator of placards, a model builder for Oscar Niemeyer and for Oswaldo Arthur Bratke, a partner to Luís Saia in the implantation of projects for gardening and re-foresting in the state of São Paulo, a collaborator of the School of Architecture and Urbanism (FAU) at the University of São Paulo, where he implemented the Maquette Laboratory. It was at the suggestion of architect Alcides da Rocha Miranda, then a professor of Plastics of Architecture and Urbanism at FAU, that in 1951 director Luiz Ignácio Romeiro de Anhaia Mello hired Zanine to create the Maquette Studio, in a pioneering experiment in the teaching and practicing of industrial design within the University, since the Industrial Design Sequence would only be created in 1962, eleven years later[1].

Zanine was permanently attuned to his time – from wood to computer. He strongly believed in the possibilities of industrialization in the 1950s and went on to explore the potentials of industry in the furniture sector. In reference to this aspect, he stated: "I believed in the start of Brazilian industrialization, certain that we would enjoy more of its conquests. For this, I embarked on the process of industrialization and promoted it in the field of furniture, making it more accessible. In those days, furniture production was an artisanal process, and by industrializing it I was able to reduce its cost"[2].

The possibility of industrializing furniture resulted from the long-standing research that Zanine had been conducting with plywood and chipboard (since his work as a model builder), for which he also had the support of the Institute of Technological Research (IPT), an institution that had deep understanding of the subject.

Initially, Zanine made furniture for his own use, using marine ply, a material that would later be the base for the industrial experiments in the city of São José dos Campos. Amid successive experiments with the artisanal production of furniture, his achievements stood apart because of his explicit interest in industrial processes. While Warchavchik and Graz were concerned with keeping up with the spirit of modernity and Lina was looking into Brazilian materials – woods, calicos and natural fibers –, Zanine's work had very particular characteristics that were suited to the process of Brazilian industrialization in that era.

The furniture made by Móveis Z was almost completely industrialized: production was mechanized, the factory had good equipment and only the tasks of assembly required the participation of workers, but it was not a specialized job. Production was also guided by the principles of modulation and by the plywood sheets' complete use, through a special approach to cutting out the wood, producing component parts that were stocked and assembled according to commercial demand. The concerns with modulation and this type of total utilization of the sheets arose within the criteria for maximized use of the materials. According to Zanine, "in a poor country like Brazil

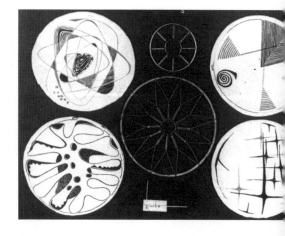

Poltrona em ferro dobrado a frio, com encosto em fibra plástica vazada, em geral colorida, transparente ou leitosa. Assento com almofada de espuma revestida em tecido com pinturas abstratas. Indústria de Móveis de Ferro Ltda. José Zanine Caldas, 1950.

Easy chair in cold-folded iron, with cut-out plastic fiber backrest, generally colored, transparent or opaque. Seat with fabric-covered foam cushion, in abstract designs. Indústria de Furniture by Ferro Ltda. José Zanine Caldas, 1950.

Fábrica de Móveis Z

Em 1950, da associação entre Sebastião Pontes e José Zanine Caldas nasceu a Fábrica de Móveis Z, Zanine, Pontes & Cia. Ltda., tendo como figura central o baiano Zanine. Ele foi desenhista de publicidade e de arquitetura, entre outros, do escritório Severo & Villares, criador de *placards*, maquetista de Oscar Niemeyer e de Oswaldo Arthur Bratke, parceiro de Luís Saia na implantação de projetos de jardinagem e reflorestamento no interior de São Paulo, colaborador da Faculdade de Arquitetura e Urbanismo da Universidade de São Paulo, onde implantou o Laboratório de Maquetes, entre outras coisas. Foi por sugestão do arquiteto Alcides da Rocha Miranda, durante sua permanência como professor de Plástica de Arquitetura e Urbanismo na FAU que, em 1951, o então diretor, Luiz Ignácio Romeiro de Anhaia Mello, contratou Zanine para a criação do Atelier de Maquetes, desenvolvendo-se assim uma experiência pioneira nas áreas do ensino e da prática do desenho industrial dentro da Universidade, uma vez que a Sequência do Desenho Industrial somente foi criada em 1962, onze anos depois[1].

Zanine está permanentemente ligado ao seu tempo – da madeira ao computador. Ele acreditou intensamente nas possibilidades de industrialização nos anos 1950 e passou a explorar as potencialidades da indústria no setor do mobiliário. Referindo-se a esse aspecto, ele afirmou: "Eu acreditei no começo da industrialização brasileira, certo de que iríamos desfrutar mais suas conquistas. Por isso, embarquei no processo de industrialização e a promovi no âmbito do móvel, tornando-o mais acessível. Nessa época, o móvel era produzido artesanalmente e, com a industrialização, eu consegui baratear o custo"[2].

Foto publicitária dos Móveis Artísticos Z, década de 1950.

Advertising photo for Móveis Artísticos Z, 1950s.

Difusão e diversificação - 151

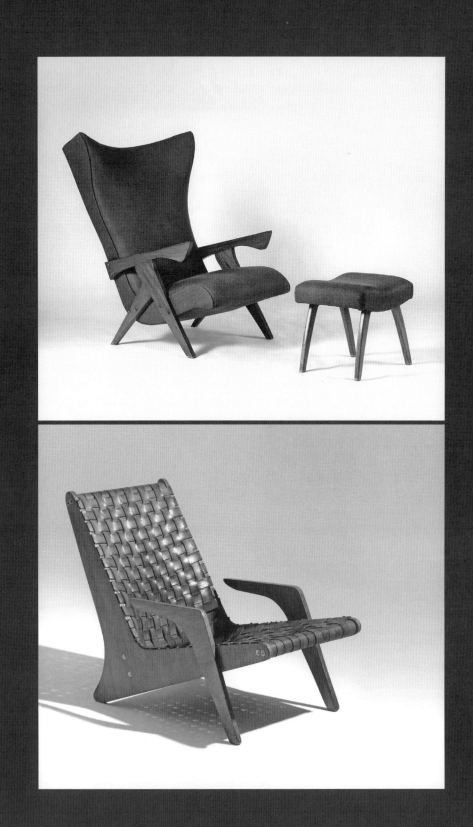

Poltrona em peroba-do-campo com estofamento em tecido. José Zanine Caldas, década de 1950.

Easy chair in peroba-do-campo wood with upholstery in fabric. José Zanine Caldas, 1950s.

Espreguiçadeira em madeira compensada e couro. José Zanine Caldas, 1949.

Plywood and leather sun lounger. José Zanine Caldas, 1949.

Bar e banquetas em compensado, em foto publicitária da Móveis Artísticos Z. José Zanine Caldas, 1950.

Plywood bar and stools in publicity photo for Móveis Artísticos Z. José Zanine Caldas, 1950.

A possibilidade de industrializar o móvel resultou de uma longa pesquisa que Zanine vinha desenvolvendo com madeiras compensadas (desde os seus trabalhos como maquetista), para a qual contou, inclusive, com o apoio do IPT (Instituto de Pesquisas Tecnológicas), que dispunha de amplo domínio sobre o assunto.

Inicialmente, Zanine fez móveis para uso próprio, com compensado à prova d'água, material que, posteriormente, foi a base da experiência industrial de São José dos Campos.

Em meio às sucessivas experiências de produção artesanal do móvel, as realizações de Zanine se destacaram pela preocupação explícita com os processos industriais. Enquanto Warchavchik e Graz estiveram preocupados em acompanhar o espírito da modernidade, e Lina especulou os materiais nacionais – as madeiras, as chitas e as fibras naturais –, o trabalho de Zanine possui características muito peculiares e adequadas ao processo brasileiro de industrialização que ocorria à época.

Os móveis Z eram quase que completamente industrializados: a produção era mecanizada, a fábrica dispunha de bom equipamento, e somente as tarefas de montagem requeriam a participação de operários, que não eram mão de obra especializada. A produção sempre foi orientada pelos princípios de modulação e pelo aproveitamento completo das chapas de compensado através de um planteamento especial da madeira, produzindo elementos componíveis que iam sendo estocados e montados de acordo com a solicitação comercial. As preocupações com a modulação e com esse tipo de aproveitamento integral da chapa surgiram dentro de critérios de maximização do aproveitamento dos materiais. Segundo Zanine, "num país pobre como o Brasil não se pode desperdiçar nada; é preciso ter essa consciência cultural da economia"[3]. Também os problemas de estofamento foram devidamente racionalizados, de modo a evitar a dependência de tapeceiros especializados: era um estofamento fino, forrado com um tecido sem costura, em geral lona ou lonita listrada, e materiais plásticos brilhantes pregados com tachinhas por baixo e com uma placa de compensado por cima, para dar certo acabamento.

A maioria dos modelos de assento utilizou o compensado como estrutura, recortado em formas diversificadas, ora em linhas curvas, ora em forma de Z, e até no formato das amebas e sinuosas, tão ao gosto da época, produzindo efeitos particulares que, somados aos detalhes de acabamento e a certos elementos estruturais aparentes, caracterizaram o estilo de móveis artísticos Z. Esse estilo é muito representativo do clima inquieto dos interiores modernos de 1950 que vivia momentos de intensa transformação de hábitos, marcada pelos novos processos industriais. Foi um tipo de produção que se articulou muito bem com a precariedade de nossas condições industriais. No início dos anos 1950 não se colocaram exigências estéticas que demandassem sofisticação tecnológica. A essa altura, Zanine estava empenhado, e, de certo modo, conseguiu, em resolver as questões de qualidade e barateamento dos custos, embora isso tivesse criado certas limitações do ponto de vista estético.

nothing can be wasted; you have to have this cultural awareness of economy"[3]. Also, the problems with upholstery were duly rationalized, so as to avoid dependence on specialist upholsterers: upholstery was thin, the furniture covered with seamless fabric, generally canvas or striped twill and shiny plastic materials that were pinned underneath with the useof tacks, and on top with pieces of plywood for finishing.

The majority of the seat models used a plywood structure cut into a variety of shapes, sometimes with straight lines, sometimes in the shape of a Z, and even in the shape of amoebas and S's that were so much the taste of the time, producing particular effects that, added to the finishing details and certain visible structural elements, characterized the style of artistic furniture made by Móveis Z. This style is very representative of the unsettled atmosphere of modern interiors in 1950, which was undergoing moments of intense transformation in the habits influenced by the new industrial processes. It was a type of production that articulated very well with the precarious nature of the Brazilian industrial conditions. At the start of the 1950s there were no esthetic demands that required technological sophistication. By that time, Zanine was working hard and, to a degree, he managed to resolve the issue of quality and to reduce costs, even though that created certain limitations from an esthetic point of view.

He found solutions to solid, practical and cheap furniture, without worrying too much about "beautiful form", and "good design", even if he was attentive to the need for a certain formal economy. According to him: "[...] Of course the furniture made by Tenreiro was more sophisticated, had better quality and was more artisanal, but it was expensive furniture, made to order. [...] But also, the problem of the beauty of the piece is also a matter of balance; for the piece of furniture to be beautiful it needs to have the correct balance within its space. This means subjecting oneself to the 'needs' of the furniture. It is not and does not have room for any superfluous element"[4].

Banco em três toras. José Zanine Caldas, sem data.

Bench made with three logs. José Zanine Caldas, no date.

The basic clientele for this type of production was constituted by the middle class, since it was furniture that could be easily obtained from major department stores, thus fulfilling his basic concern: to make furniture that was plain, had dignity and was well made and available to all. Zanine is one of the few designers who produced furniture in several schools of thought. His proposals followed new paths. He made a type of furniture that he himself called "denouncement furniture", containing his criticisms of the devastation that wood has been suffering in Brazil: "[...] There in Nova Viçosa I stand accusing, I bear witness: when I see those immense pieces of wood being burned and thrown away, I take the rough wood and transform it into a piece of furniture with natural dimensions. But in this I am also sinning, because a piece like that can only be bought by someone with money"[5].

Whether by setting fire to his own drawings, in the 1950s, to mark the end of his participation in Fábrica de Móveis Z, by denouncing the devastation of Brazilian wood, or by designing architecture that recycled scrap materials from other works, Zanine was always giving outlet to his capacity for expression, and with his talented and magical hands he was the architect of an important chapter in the history of furniture in Brazil.

Poltrona com furo, em maçaranduba.
José Zanine Caldas, década de 1970.

Easy chair with hole, in massaranduba wood.
José Zanine Caldas, 1970s.

Namoradeira, em juerana.
José Zanine Caldas, década de 1980.

Love seat in juerana wood.
José Zanine Caldas, 1980s.

Mesa em tora de angelim.
José Zanine Caldas, década de 1980.

Table made from angelim wood log.
José Zanine Caldas, 1980s.

Ele resolveu a questão do móvel sólido, prático e barato, sem maiores preocupações com a "bela forma", de "bom desenho", ainda que estivesse atento à necessidade de uma certa economia formal. Segundo ele: "[...] É lógico que o móvel do Tenreiro era mais sofisticado, tinha maior qualidade e era mais artesanal, porém era um móvel caro, feito sob encomenda. [...] Mas também, o problema da beleza do móvel é uma questão de equilíbrio; para o móvel ser bonito ele precisa ter equilíbrio correto no espaço. Isso significa sujeitar-se à 'necessidade' do móvel. Ele não é e nem comporta nenhum elemento supérfluo"[4].

A clientela básica desse tipo de produção foi constituída pela classe média, pois era um móvel facilmente acessível através dos grandes magazines, cumprindo, assim, sua preocupação básica: levar para todos o móvel despojado, com dignidade e bem executado.

Zanine é um dos poucos designers que produziu móveis em diferentes vertentes. Já nos anos 1970, suas propostas tomaram novos rumos. Executou um tipo de móvel que ele próprio chamou de "móvel denúncia", contendo as críticas à devastação que a madeira vem sofrendo no Brasil: "[...] Lá em Nova Viçosa eu faço uma denúncia, dou um testemunho: ao ver aquelas madeiras imensas serem queimadas e jogadas fora, eu pego a madeira bruta e transformo em móvel nas dimensões naturais. Aí eu também peco, porque uma peça dessas só pode adquirir quem tem dinheiro"[5].

Ateando fogo aos próprios desenhos, na década de 1950, para marcar o encerramento de sua participação na Fábrica de Móveis Z, denunciando a devastação de nossas madeiras, ou fazendo arquitetura com a reciclagem de sucatas de outras obras, Zanine sempre deu vazão a sua capacidade expressiva; com suas mãos talentosas e mágicas "arquitetou" um capítulo importante da história do móvel no Brasil.

Difusão e diversificação - 155

Móveis Branco & Preto

As we have seen, the 1950s represented a moment of development-oriented euphoria in Brazilian history, something that was clearly reflected in the interior of the Brazilian home. However, it must be remembered that, despite the effervescence of the new models, a significant part of the market remained within what we could call classical standards of a more sober moment, following the trends of Joaquim Tenreiro.

The image of furniture of tapering lines, sober and with well-defined shapes, in marked contrast to the furniture of Zanine, was the tonic for the work of Móveis Branco & Preto, an experiment that began in São Paulo in 1952, and that consisted basically of the association of some architects from Mackenzie University: Carlos Millan (1927-1964), Chen Hwa (1928-), Jacob M. Ruchti, Miguel Forte (1915-2002), Plinio Croce (1921-1985), and Roberto Aflalo (1926-1992)[6].

A strong spirit of community was found within the group, despite the difference of its members' age. All of them had strong ties with the modern bustle of Barão de Itapetininga Street, where most of the architectural offices were located at the time. Miguel Forte recorded some aspects of the origins of Branco & Preto in those days: "[...] The great friendship that came up between us led us to other fields of interest, away from architecture, and especially towards industrial design. This being so, we ended up fueling a desire to have a furniture shop to sell furniture we designed ourselves, certain that the market had room for something different. Although there were already stores of that type, the proposal was to develop a contemporary line, more connected to the intentions and needs of the architect"[7].

This being so, the lack of designs for furniture in good and contemporary taste, and that could also be used in the projects carried out by the members of the team, was the decisive factor in the creations of Branco & Preto, who soon established themselves in a store on Vieira de Carvalho Street, offering to the public of São Paulo not only furniture, but also ceramics, gifts, objects of art, light fittings and exclusive fabrics, with a composition of fibers that valued, above all, chromatic and geometric aspects of Scandinavian or Japanese origin, produced by Lanifício Fileppo.

The choice of the name Branco & Preto (i.e.: Black & White) was highly suggestive of the finery and originality of the pieces they produced and it also allowed them to take advantage of its graphic qualities. The store logo was conceived by Jacob Ruchti. The word Branco was in lower case *Bodoni* font, with a golden ampersand, and the word Preto written in upper case *Bodoni* font.

Following the success on Vieira de Carvalho Street, a branch was opened on Augusta Street. In those days, furniture was sold by Casa Lemck, Casa Alemã, Mappin Store - Casa Anglo-Brasileira, Cristais Prado, and by a few important joinery companies, besides, of course, the traditional Lyceum of Arts and Crafts, which had always been known for the production of the more classical styles. Branco & Preto thus marked a milestone in the history of furniture in São Paulo, selling modern designer furniture made in materials that were unusual for the time, such as lami-

Poltrona. Móveis Branco & Preto, década de 1950.

Easy chair. Móveis Branco & Preto, 1950s.

Móveis Branco & Preto

Como vimos, a década de 1950 marcou um momento de euforia desenvolvimentista na nossa história, o que se refletiu de forma acentuada no interior da casa brasileira. Entretanto, é preciso lembrar que, apesar da efervescência dos novos modelos, uma parcela significativa do mercado permaneceu dentro dos padrões, digamos, clássicos do momento sóbrio, seguindo as tendências de Joaquim Tenreiro.

A imagem do móvel de linhas delgadas, sóbrio e de formas muito bem definidas, contrastando marcadamente com a mobília de Zanine, foi a tônica da produção do Móvel Branco & Preto, uma experiência iniciada em São Paulo, em 1952, integrada, fundamentalmente, pela associação de arquitetos egressos da Universidade Mackenzie. Eram eles: Carlos Millan (1927-1964), Chen Hwa (1928-), Jacob M. Ruchti, Miguel Forte (1915-2002), Plínio Croce (1921-1985) e Roberto Aflalo (1926-1992)[6].

Entre o grupo houve um forte espírito de comunidade, apesar das diferenças de idade de seus integrantes. Todos eram muito ligados ao bulício moderno do ambiente da rua Barão de Itapetininga, onde ficava a maioria dos escritórios de arquitetura, à época. Miguel Forte registrou alguns aspectos das origens do Branco & Preto naquele período: "[...] A grande amizade que se criou entre nós levou-nos a outros campos de interesse, independente da arquitetura, principalmente o desenho industrial. Dessa forma, acabamos alimentando o desejo de ter uma loja de móveis desenhados por nós mesmos, certos de que o mercado comportava algo diferente. Embora já existissem lojas desse gênero, a proposta era o desenvolvimento de uma linha contemporânea, mais ligada às intenções e necessidades do arquiteto"[7].

Assim, a falta de um desenho de móvel de bom gosto, contemporâneo, e que pudesse ser utilizado nos projetos que os próprios integrantes da equipe executavam foi o motivo determinante para a criação do Branco & Preto, que logo se estabeleceu numa loja à rua Vieira de Carvalho, oferecendo ao público paulistano não só móveis, mas também cerâmicas, presentes, objetos de arte, luminárias e tecidos exclusivos, com uma composição de fibras que valorizou, acima de tudo, aspectos cromáticos e geométricos, com origem escandinava ou japonesa, produzidos pelo Lanifício Fileppo.

A escolha do nome Branco & Preto já foi bastante sugestiva do requinte e da originalidade das peças que produziu, inclusive favorecendo que se tirasse dele certo partido gráfico. O símbolo da loja foi concebido por Jacob Ruchti – "branco" escrito com Bodoni grifo minúscula, "e" comercial dourado e "preto" com Bodoni maiúscula.

Logotipo da Branco & Preto. Projeto gráfico de Jacob Ruchti, década de 1950.

Branco & Preto logo. Graphic design by Jacob Ruchti, 1950s.

Poltrona. Móveis Branco & Preto, década de 1950.

Easy chair. Móveis Branco & Preto, 1950s.

Poltrona MF5, estruturada em madeira com encosto em palhinha e assento estofado.
Carlos Millan, década de 1950.

MF5 easy chair, wooden frame with straw backrest and upholstered seat.
Carlos Millan, 1950s.

Ambientes com uso de móveis Branco & Preto. Da esquerda para a direita, residência de Luis Forte, projetada por Miguel Forte e Galiano Ciampaglia, 1952; residência de Oscar Americano, projetada por Oswaldo Artur Bratke, 1956; residência de J Carlos Oliva, projetada por Plínio Croce e Roberto Aflalo, 1955.

Rooms containing furniture by Branco & Preto. From left to right, home of Luis Forte, designed by Miguel Forte and Galiano Ciampaglia, 1952; home of Oscar Americano, designed by Oswaldo Artur Bratke, 1956; home of J Carlos Oliva, designed by Plínio Croce and Roberto Aflalo, 1955.

Depois do sucesso da rua Vieira de Carvalho abriu-se uma filial à rua Augusta. Naquela época, os móveis eram comercializados por: Casa Lemck, Casa Alemã, Mappin Store (Casa Anglo-Brasileira), Cristais Prado e por alguns marceneiros importantes, além, é claro, do tradicional Liceu de Artes e Ofícios, que sempre se notabilizou pela produção dos estilos. O Branco & Preto foi, portanto, um marco na história do mobiliário paulista, comercializando móveis de desenho moderno e usando materiais inusitados para a época, como a madeira laminada, o ferro soldado, o plástico. O que caracterizou as peças concebidas pelo Branco & Preto foi a interpretação do moderno pelo espírito da lógica despojada e pura, distinguindo-se, sobretudo, pela leveza do aspecto.

Cada um dos componentes do grupo trouxe uma contribuição para o desenvolvimento do móvel, promovendo-se, assim, um investimento em pesquisa de desenho antes da execução do modelo, que, muitas vezes, sofria correções anteriores à produção de uma pequena série. Segundo Miguel Forte, a pesquisa sempre esteve muito ligada a questões funcionais, à busca das proporções anatômicas corretas e confortáveis, aspecto que sempre se revestiu de caráter problemático no móvel de arquiteto, pois a integração móvel-arquitetura nem sempre se resolve isenta de complicações. Miguel Forte referiu-se ao problema que eles enfrentaram nos seguintes termos: "As dificuldades surgem porque arquitetura é uma coisa e mobiliário é outra. Muitas vezes, o mobiliário do arquiteto apresenta falhas, porque, quando se quer ligar uma coisa intimamente à arquitetura, a gente precisa tomar cuidado com os efeitos resultantes dessa integração, que são alheios a um certo conforto que o mobiliário deveria apresentar. Então, o móvel, por um exagero de princípios, pode tornar-se incômodo. Não que o desenho seja desagradável, principalmente porque ele está dentro do contexto arquitetônico para o qual foi criado, mas ele pode ser incômodo, por causa dessa preocupação grande com a linha arquitetônica"[8].

Apesar das condições de industrialização que se abriram à época e do sucesso comercial assegurado, o Branco & Preto nunca pensou em partir para a mecanização. O motivo era simples: para todos eles o móvel era uma atividade secundária; todos viviam da arquitetura que faziam e não pretendiam aplicar um investimento muito grande, em detrimento de suas atividades principais. De fato, o Branco & Preto representou bem o espírito de uma época, o *boom* imobiliário de 1950.

Mesa Duas Cores. Móveis Branco & Preto, década de 1950.

Duas Cores table. Branco & Preto, 1950s.

nated wood, welded iron, and plastic. What characterized the pieces conceived by Branco & Preto was the interpretation of the modern through a spirit of pure and streamlined logic, distinguishing themselves, above anything else, for the levity of their appearance.

Each member of the group brought a contribution to the development of their furniture, which promoted an investment in design research before the models were built that often led to corrections being made before they were released for a limited serial production. According to Miguel Forte, research has always been significantly related to functional issues, in search of the most comfortable and correct anatomical proportions, an aspect that has always had a problematic nature in furniture designed by architects, since the integration of furniture and architecture is not always resolved without complications. Miguel Forte referred to the problem they faced in the following terms: "Difficulties arise because architecture is one thing and furniture is another. Very often, furniture designed by an architect presents flaws, because when you want to connect something intimately to architecture you need to be careful about the resulting effects of this integration, which can often lack a certain comfort that furniture should present. Through an exaggeration of principles, the furniture may become uncomfortable. Not that the design is unpleasing, especially since it is within the architectural context for which it was created, but it may be uncomfortable because of this great concern with the architectural line"[8].

Despite the conditions for industrialization that appeared at the time and the guarantee of commercial success, Branco & Preto never considered using mechanization. This for one basic reason: for all of them it was a secondary activity, they all made their livings from their architecture and had no intention of making any considerable investment that might undermine their main activities. In fact, Branco & Preto were very representative of the spirit of an age, the real estate boom of 1950.

Branco & Preto never had problems with their workforce, since they worked with the best joiners in São Paulo: Luís Pássaro and the Mahlmeinster brothers, who were German immigrants. The organization of the production was a polemic issue, since the commercial success of their lines and a limited amount of each piece produced meant it was not always possible to build up sufficient stocks to meet the demand.

At the end of the 1950s, the last waves of the artisanal workforce available in São Paulo began to thin out, giving rise, once again, to an impasse: either industrialize and maybe reduce their architectural work, or close down. They decided on the second option, although they remained in the fabric trade until 1975.

In spite of its artisanal molds, the production of Branco & Preto was an important experience in the diffusion of the new formal vocabulary for Brazilian furniture.

Cadeira em pau-marfim ebanizado e palhinha. Móveis Branco & Preto, 1952.

Chair in ebonized pau-marfim wood and straw. Branco & Preto, 1952.

Mesa de jantar com base em madeira e cadeiras em pau-marfim ebanizado e palhinha. Jacob Ruchti, década de 1950. Projeto de interiores de Miguel Forte e Galiano Ciampaglia para residência de Enzo Segri, década de 1950.

Wooden based dinner table with chairs in ebonized pau-marfim wood and straw. Jacob Ruchti, 1950s. Interior design by Miguel Forte and Galiano Ciampaglia for the home of Enzo Segri, 1950s.

O Branco & Preto nunca enfrentou problemas de mão de obra, pois trabalhou com os melhores marceneiros existentes em São Paulo: Luís Pássaro e os irmãos Mahlmeinster, imigrantes alemães. A organização da produção foi um aspecto polêmico, pois, com o sucesso comercial de suas linhas e com uma tiragem de pequena série, nem sempre era possível adequar a demanda comercial aos estoques.

No final dos anos 1950, as últimas levas de mão de obra artesanal disponíveis em São Paulo começaram a escassear, surgindo, mais uma vez, o impasse: industrializar e, talvez, recusar a arquitetura, ou encerrar as atividades. Decidiram-se pela segunda opção, embora tenham permanecido na comercialização de tecidos até o ano de 1975.

A produção do Branco & Preto, apesar dos moldes artesanais, foi uma experiência importante para a difusão do novo vocabulário formal do mobiliário brasileiro.

Unilabor

In mid-1954, based on the experimentation in forms of industry, and with view to the serial production of furniture and objects, a work community was born: Unilabor, Indústria de Artefatos de Ferro, Metais e Madeira Ltda., which set up shop at number 3662 of Estrada do Vergueiro, in the neighborhood of Ipiranga, in São Paulo. Following the basic principles of a cooperative organization – sharing profits and decisions on a participative basis –, it brought together representatives from a range of professions – engineers, dentists, tool makers –, led by João Batista Pereira dos Santos, a friar of the Dominican order, who was the primary mentor for the undertaking.

This team was joined by painter, photographer and designer Geraldo de Barros (1923-1998), who was responsible for designing the entire range of production, for the name 'Unilabor' (union in labor), and for the company's brand and visual image. According to Friar João Batista, "[...] Geraldo discovered that, with no stress or desperation, he could set aside his brushes and canvas; he no longer needed them to express himself. Wood, iron and other metals replaced them, to take into people's homes objects that were, thanks to industrial design, useful and beautiful. Machines capable of reproducing them in series were there to multiply them by the tens, the hundreds and the thousands. Machines operated by men whose work would not be exploited, or, as good old Marx would have it, who would not be alienated for the benefit of other men, the exclusive owners of the machines and of the profits they produce"[9].

Initially, the team had thought of producing electric blenders and decorative objects; until they tried their hand at manufacturing modern furniture, based on a minor experiment already carried out by Geraldo in this sector. Thus, in July 1954 the team began to produce furniture in wood and iron, in conditions that were still very close to artisanal. The orders began to flow and they began to diversify their products. It was in that period that they made furniture in rosewood for Paulo Emilio Salles Gomes and carried out services of communication and decorative elements for the III Brazilian Rural Conference.

Little by little, Unilabor established its place, despite some unsuccessful experiences, such as the production of a set of glasses that was to be sold by Clipper, but that did not work out. It was no longer a small crafts workshop, with its customers recruited from among friends, challenging many non-believers, who said thing as: "[...] You are a bunch of poets; if you get it right in industry, it can only be by chance"[10]. Unilabor abandoned tailor-made furniture and exclusive designs to build up its own stock, giving customers the chance to choose from the models on display.

The concern with the storage of the pieces naturally led to modulation, allowing Geraldo de Barros to attain his goal of increasing production and reducing industrial costs. According to him, it was "[...] a type of "building block" kit: to develop a minimum number of components and the greatest possible number of combinations"[11]. At that moment, he began to draw up summary sketches for the process of rendering furniture into components, the evolution of which only came to maturity at a later

Unilabor

Em meados de 1954, orientada pela experimentação de formas industriais, visando uma produção em série de móveis e objetos, surgiu a comunidade de trabalho Unilabor, Indústria de Artefatos de Ferro, Metais e Madeira Ltda., que se instalou na estrada do Vergueiro, 3.662, no bairro do Ipiranga, em São Paulo. Seguindo os princípios fundamentais da organização cooperativa – dividindo de forma participativa lucros e decisões –, reuniu profissionais de várias áreas – engenheiros, dentistas, ferramenteiros –, liderados pelo frei dominicano João Batista Pereira dos Santos, o principal mentor do empreendimento.

A essa equipe se associou o pintor, fotógrafo e designer Geraldo de Barros, responsável pelo desenho de toda produção e pelo nome Unilabor (união no trabalho), marca e programação visual da empresa. Segundo frei João Batista, "[...] Geraldo descobriu que, sem crise nem desespero, ele podia abrir mão do pincel e da tela; não precisava mais deles para se exprimir. A madeira, o ferro e os metais os substituíram, levando para dentro das casas, graças ao design industrial, objetos úteis e belos. Máquinas capazes de reproduzi-los em série ali estavam para multiplicá-los por dez, por cem, por mil. E máquinas manejadas por homens cujo trabalho não seria explorado, ou, como diria o velho Marx, alienado em proveito de outros homens, donos exclusivos das máquinas e dos lucros que elas produzem"[9].

Inicialmente, a equipe pensou em produzir liquidificadores e objetos de adorno; depois se lançou na fabricação de móveis modernos, com base numa pequena experiência já desenvolvida por Geraldo nesse setor. Assim, em julho de 1954 essa equipe iniciou a produção de móveis de madeira e ferro, ainda muito próximo das condições artesanais. As encomendas foram se sucedendo e diversificando produtos. Datam desse período a execução de móveis em jacarandá para Paulo Emilio Salles Gomes e a execução de serviços de comunicação e elementos decorativos para a III Conferência Rural Brasileira.

Aos poucos, a Unilabor foi se firmando, apesar de experiências malogradas, como a produção de um jogo de copa que seria comercializado pela Clipper e não se viabilizou. Deixou de ser a pequena oficina artesanal, com freguesia recrutada entre amigos, desafiando muitos incrédulos, que afirmaram: "[...] Vocês são uns poetas; se acertarem na indústria, só pode ser por acaso"[10]. A Unilabor abandonou os móveis por encomenda e os desenhos exclusivos e constituiu estoque próprio, possibilitando aos clientes opções entre os modelos disponíveis em exposição.

Da preocupação com o armazenamento das peças seguiu-se, naturalmente, a modulação, permitindo que Geraldo de Barros atingisse seu objetivo de aumentar a produção e baixar o custo industrial. Segundo ele, era "[...] uma espécie de jogo de armar: desenvolver um mínimo de peças e o maior número possível de combinações"[11]. Nesse momento, começou a se esboçar, sumariamente, o processo de componentização do móvel, cuja evolução só foi amadurecida mais tarde, com outra experiência significativa de Geraldo na produção de móveis: a Hobjeto.

Cadeira em madeira maciça com encosto em palhinha, em versões com e sem estofamento. Geraldo de Barros, década de 1950.

Solid wood chair with straw backrest, in versions with or without upholstery. Geraldo de Barros, 1950s.

date, with another significant experiment by Geraldo in the production of furniture: company Hobjeto.

In this way, the furniture made by Unilabor sought to resolve, on a conjugated basis, questions of form, function and production, within mechanized conditions. New materials were used, in unconventional combinations, such as iron and straw, or iron and braided fibers, or even iron and felt, to create a light visual effect and solve issues of anatomical function with a design compatible with the reduction of internal spaces that was underway at the time.

The furniture made by Unilabor was mostly consumed by the middle class, more specifically the upper-middle class, not reaching the wealthier layers, or the working classes. The company's main marketing strategy was to remain within an intermediary section of the market, considering that class A had always presented preconceived ideas against serial-manufactured furniture, which was thought to be secondary, and was therefore only to be used in country or beach houses.

A rational view of commercialization was an important tool for the growth of Unilabor, and in a short time they had stores spread around key-points of the city: Augusta Street, Vila Mariana, Santo Amaro, República Square, and a branch in Belo Horizonte.

For roughly thirteen years the company followed a path of great importance to the history of the modernization of Brazilian furniture. Nevertheless, they faced problems with their internal organization; the cooperative model, in truth, had not been very well absorbed, leading to ideological controversies between the associates, which caused, in 1964, the premature exit of Geraldo de Barros from the company, even before it ceased its activities in 1967.

Even though he was worn out by the problems he was facing at the time, Geraldo recognized that Unilabor served for him as a type of laboratory, where he put into practice his conceptions of design, art and industry. In this matter he stated: "For me it was something fantastic. My training as a furniture designer began there; I am not an industrial designer, I design furniture and this is an area I know very well. If you ask me to design a refrigerator, I don't know how. Everything I know, I learned at Unilabor, where I was able to widely apply the ideas of Gropius"[12].

164 - Diffusion and diversification

Mesa e cadeira Unilabor.
Geraldo de Barros, década de 1950.

Unilabor table and chair.
Geraldo de Barros, 1950s.

Assim, os móveis da Unilabor procuraram resolver de forma conjugada problemas de forma, função e produção, com condições mecanizadas. Novos materiais foram utilizados em combinações não convencionais, como o ferro e a palhinha, ou o ferro e as fibras trançadas, ou ainda o ferro e a napa, obtendo-se, assim, um efeito visualmente leve e resolvendo problemas de funções anatômicas com um desenho compatível com a redução dos espaços internos que então se processou.

O móvel da Unilabor foi consumido principalmente pela classe média, a bem dizer média alta, não chegando a penetrar em camadas mais abastadas nem em camadas populares. A principal estratégia de marketing da empresa foi ficar numa faixa de mercado intermediária, considerando que a classe A sempre teve preconceito em relação ao móvel fabricado em série, considerado secundário e portanto destinado a casas de campo ou praia.

A lucidez sobre aspectos de comercialização foi uma importante ferramenta para o crescimento da Unilabor, que, em pouco tempo, possuía lojas espalhadas nos pontos-chave da cidade de São Paulo: rua Augusta, Vila Mariana, Santo Amaro, Praça da República, e uma filial na cidade de Belo Horizonte.

Durante cerca de treze anos a empresa percorreu um caminho importante para a história da modernização do móvel brasileiro. Entretanto, enfrentou problemas de organização interna; o modelo cooperativo, na verdade, não foi muito bem absorvido e originou polêmicas ideológicas entre os associados, o que provocou, em 1964, o prematuro desligamento de Geraldo de Barros da empresa, antes mesmo do encerramento de suas atividades, em 1967.

Ainda que desgastado pelos problemas que enfrentou à época, Geraldo reconheceu que, para ele, a Unilabor funcionou como uma espécie de laboratório, onde pôs em prática suas concepções sobre desenho, arte e indústria. A esse respeito, declarou: "Para mim foi uma coisa fantástica. A minha formação de desenhista de móveis começou lá, porque eu não sou desenhista industrial, eu sou desenhista de móveis, área que conheço profundamente. Se você me pede para desenhar uma geladeira, eu não sei. Tudo o que sei aprendi na Unilabor, onde pude aplicar amplamente as ideias de Gropius"[12].

Buffet Unilabor.
Geraldo de Barros, 1956.

Unilabor sideboard.
Geraldo de Barros, 1956.

Difusão e diversificação — 165

L'Atelier

In a time when the majority of experiments in the production of furniture began on an artisanal basis, with a small level of production, made-to-order, L'Atelier was no different. It started in 1955, by way of an association between three joiners and Jorge Zalszupin, a Polish architect who came to Brazil in 1950.

Zalszupin started his work in decoration and design at the insistence of clients, who asked him, when he had finished their blueprints, to also plan their internal layouts. He began producing furniture in wood, a few upholstered pieces, and traditional room suites for high-class clientele. At that point he did not yet have a store, but with the growth in activities and the diversification of his production he opened his first retail outlet in the Conjunto Nacional building, on Augusta Street, in São Paulo. According to Zalszupin: "After a year of work I felt that to introduce a small series of furniture and avoid having an oscillating level of production I should have contact with the public, but my partners did not want to do it, so I took on the store by myself. I chose a name that suggested the idea of a techno-form laboratory and invited Wesley Duke Lee to design the brand logo"[13].

Production was growing and L'Atelier remained always attuned to the new technologies that arose. That was how it remained undisturbed by the invasion of injection-molded objects in the 1960s; the company bought itself some polyurethane injectors, acquired the manufacturing rights for the Hille chair and was one of the first companies to commercialize plastic furniture. This chair was well accepted, despite the reservations of those who saw it as being disposable furniture. Later, the use of polyurethane evolved and Zalszupin designed a line of tables, other models for chairs and a range of complementary items for the furnishings, such as flowerpots, ashtrays, umbrella stands, putskits[14] etc.

Poltrona Brasiliana, estrutura em jacarandá e almofadões revestidos em couro com detalhes em latão e botões em jacarandá. Jorge Zalszupin, 1959-1965.

Brasiliana easy chair, frame in brazilian rosewood and cushions covered in leather with details in brass and buttons in brazilian rosewood. Jorge Zalszupin, 1959-1965.

Banqueta Drink. Jorge Zalszupin, 1959-1965.

Drink stool. Jorge Zalszupin, 1959-1965.

Poltrona Veranda. Estrutura maciça de jacarandá, encosto basculante, assento, encosto e braços em couro soleta. Jorge Zalszupin, 1959-1965.

Veranda easy chair. Solid brazilian rosewood frame, sliding backrest and seat. Backrest and arms in leather. Jorge Zalszupin, 1959-1965.

Aparador da linha de modulados componíveis da L'Atelier, em madeira com acabamento em folhas taqueadas de jacarandá. Jorge Zalszupin, década de 1960.

Sideboard from the line of composable modular furniture made by L'Atelier, in wood with finish in brazilian rosewood leaf.

L'Atelier

Em um tempo em que a maioria das experiências de produção de móveis se iniciou artesanalmente, com pequena produção sob encomenda, L'Atelier não fugiu à regra. Começou, em 1959, através da associação entre três marceneiros e Jorge Zalszupin, arquiteto polonês chegado ao Brasil em 1950.

Zalszupin dedicou-se à decoração e ao design por insistência de seus clientes, que lhe solicitavam, ao terminar suas plantas, que planejasse também o ambiente interno. Ele começou produzindo móveis em madeira, alguns estofados, os tradicionais conjuntos de sala para uma clientela da classe alta. Nesse momento ainda não tinha loja, mas, com o crescimento das atividades e a diversificação da produção, inaugurou a primeira loja no Conjunto Nacional, à rua Augusta, São Paulo. Segundo Zalszupin: "Depois de um ano de trabalho, senti que, para impor uma série pequena de móveis e não ter uma produção oscilante, deveria manter um contato com o público, mas meus sócios não queriam e eu assumi a loja sozinho. Escolhi um nome que sugerisse a ideia de um laboratório tecnoformal e convidei Wesley Duke Lee para desenhar a marca"[13].

A produção foi crescendo e L'Atelier sempre esteve atenta às novas tecnologias que surgiram. Foi assim que não titubeou diante da invasão dos injetados nos anos 1960; equipou-se com as injetoras de poliuretano, adquiriu os direitos de produção da cadeira Hille e foi uma das primeiras empresas a comercializar móvel de plástico. Essa cadeira foi bem aceita, apesar das restrições dos que a encaravam como móvel descartável. Posteriormente, o uso do poliuretano evoluiu e Zalszupin desenhou uma linha de mesas, outros modelos de cadeira e diversos complementos da mobília, como floreiras, cinzeiros, porta-guarda-chuva, os *putskit* etc[14].

Croqui da poltrona Sênior.
Jorge Zalszupin, 1959-1965.

Sketch of the Sênior easy chair.
Jorge Zalszupin, 1959-1965.

Putzkit, armário externo modulado, fabricado em plástico. Jorge Zalszupin e Laura Salgado, década de 1970.

Putzkit, modular outdoor cupboard, made in plastic. Jorge Zalszupin and Laura Salgado, 1970s.

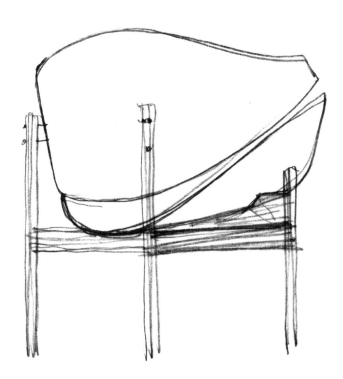

Foto publicitária de poltrona de escritório produzida pela L'Atelier, década de 1970.

Publicity photo of an office easy chair produced by L'Atelier. 1970s.

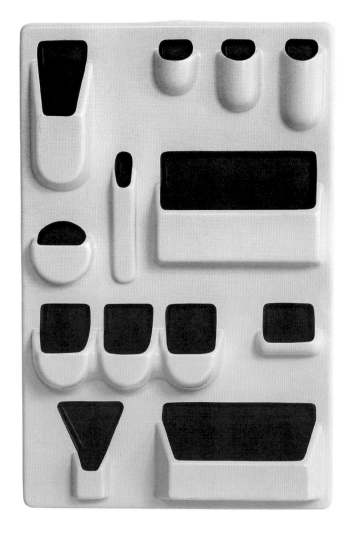

168 - Diffusion and diversification

Catálogo da linha Hille, representada no Brasil pela L'Atelier, década de 1970.

Catalogue for the Hille line, represented in Brazil by L'Atelier. 1970s.

Dentre os principais designers que colaboraram com a empresa destacam-se Júlio Katinsky, responsável pela concepção de uma linha de móveis jacarandá e ferro, Oswaldo Mellone (1945-) e Paulo Jorge Pedreira (1945-1995).

O ponto de partida da produção da L'Atelier foi um trabalho artesanal, mas esse não era o seu objetivo último, pois, segundo Zalszupin, "o artesanato desenvolveu um verdadeiro 'complexo de Stradivarius' e eu queria sair daquele meio de costureira de madame, do móvel residencial sob encomenda"[15].

Os problemas decorrentes da produção nesses moldes acabaram levando L'Atelier a estabelecer certas obrigações, passando a se dedicar ao móvel de escritório, onde, de fato, foi possível executar uma série industrializada, evitando as constantes oscilações da moda, às quais está submetido o móvel residencial. Segundo Zalszupin, "trabalhar nessas condições é permanecer escravo das neuroses de um mercado que ora quer acrílico, ora aço escovado, ora laqueados, em busca das diferenças de status e da realização de fantasias"[16].

Ainda que L'Atelier tenha se caracterizado pelo desenvolvimento de linhas que refletiram as principais tendências europeias, usando acentuadamente os cromados e os materiais sintéticos, correspondeu a um momento importante na diversificação de modelos modernos. E, segundo Zalszupin, nos anos 1950-1960 seria ligeiramente equivocado falar em móvel genuinamente brasileiro, pois as influências do desenho foram de várias ordens, em sentido restrito: "[...] talvez o único móvel brasileiro tivesse sido a Cadeira Mole, de Sergio Rodrigues, porque é macia, feita de madeira, de proporções maiores, dentro de uma estética personalizada"[17].

Among the primary designers who worked with the company, the foremost were Júlio Katinsky, responsible for the conception of a line of furniture in rosewood and iron, Oswaldo Mellone (1945-) and Paulo Jorge Pedreira (1945-1995).

The starting point for the production at L'Atelier was an artisanal job, but that was not its ultimate objective since, according to Zalszupin, "handcraft had developed a real 'Stradivarius complex' and I wanted to get away from that métier of "madam's dressmakers", from the world of custom-made residential furniture"[15].

The problems arising from production within these molds ended up leading L'Atelier to establish certain obligations, moving on to focus on office furniture, where it was indeed possible to make an industrialized series, avoiding the constant oscillations of fashion to which residential furniture is subject. According to Zalszupin, "to work in those conditions is to remain a slave to the neuroses of a market that one minute wants acrylic and the next minute wants brushed or enameled steel, in search of differences in status and the fulfillment of fantasies"[16].

Although L'Atelier was characterized by the development of lines that reflected the foremost trends in Europe, with an accentuated use of chromed metals and synthetic materials, it was inserted in an important moment in the diversification of modern models. And, according to Zalszupin, in the 1950s and 1960s one would have been somewhat mistaken to talk about furniture that was truly Brazilian, since the influences on the design were the various orders, in a limited sense: "[...] perhaps the only piece of Brazilian furniture was the Mole ("mole" in Portuguese means "soft") chair by Sergio Rodrigues, because it is soft, made of wood, with large proportions, following a personalized esthetic"[17].

Carteira escolar com tampo moldado em poliestireno. Marcelo Resende, década de 1970. (Com cadeiras Hille, em catálogo da L'Atelier.)

School desk with molded polystyrene lid. Marcelo Resende, 1970s. With Hille chairs, in the L'Atelier catalogue.

NOTAS
—
NOTES

1. DEPOIMENTO de Alcides da Rocha Miranda à autora. Rio de Janeiro, 1980.

2. DEPOIMENTO de José Zanine Caldas à autora. Rio de Janeiro, 1979.

3. *Idem.*

4. *Idem.*

5. *Idem.*

6. Sobre a trajetória do Móveis Branco & Preto, ver tese de doutorado apresentada após a redação desta pesquisa: ACAYABA, Marlene. *Branco & Preto. Uma história de design brasileiro nos anos 50*. FAU-USP, 1991.

7. DEPOIMENTO de Miguel Forte à autora. São Paulo, 1980.

8. *Idem.*

9. SANTOS, João Batista Pereira. *Unilabor. Uma revolução na estrutura da empresa*. São Paulo: Duas Cidades, 1962, p. 29.

10. SANTOS, João Batista Pereira. *Op cit.*, p. 67.

11. DEPOIMENTO de Gerado de Barros à autora. São Paulo, 1979.

12. *Idem.*

13. DEPOIMENTO de Jorge Zalszupin à autora. São Paulo, 1980.

14. Os *putskit* eram acessórios para uso em interiores domésticos ou escritórios.

15. DEPOIMENTO de Jorge Zalszupin à autora. São Paulo, 1980.

16. *Idem.*

17. *Idem.*

1. STATEMENT from Alcides da Rocha Miranda to the author. Rio de Janeiro, 1980.

2. STATEMENT from José Zanine Caldas to the author. Rio de Janeiro, 1979.

3. *Idem.*

4. *Idem.*

5. *Idem.*

6. With regard to the trajectory of Móveis Branco & Preto, see the doctorate thesis presented after this research was written: ACAYABA, Marlene, Branco & Preto. *Uma história de design brasileiro nos anos 50*. FAU-USP, 1991.

7. STATEMENT from Miguel Forte to the author. São Paulo, 1980.

8. *Idem.*

9. SANTOS, João Batista Pereira. *Unilabor. Uma revolução na estrutura da empresa*. São Paulo, Duas Cidades, 1962, p. 29.

10. SANTOS, João Batista Pereira. *Op cit.*, p. 67.

11. STATEMENT from Gerado de Barros to the author. São Paulo, 1979.

12. *Idem.*

13. STATEMENT from Jorge Zalszupin to the author. São Paulo, 1980.

14. *Putskits* were accessories for use in home or office interiors.

15. STATEMENT from Jorge Zalszupin to the author. São Paulo, 1980

16. *Idem.*

17. *Idem.*

O nacionalismo no móvel

—

Nationalism in furniture

Poltrona Tonico, criada para a Meia Pataca.
Sergio Rodrigues, 1963.

Tonico easy chair, created for Meia Pataca.
Sergio Rodrigues, 1963.

O meio artístico e cultural brasileiro nos anos 1960 era efervescente, vivendo um cruzamento de crises nos diversos setores de manifestações artísticas, que correspondeu à constituição de um novo projeto estético, cuja tônica principal era a luta por uma arte autenticamente nacional e de contestação. Assim, para entendermos a evolução da mobília nesse período e, principalmente, a produção de alguns designers centrais do decênio, é necessário reportarmo-nos a certos aspectos que marcaram a produção cultural à época e tornaram este período o mais expressivo na trajetória do móvel moderno.

Como sabemos, desde a renúncia do presidente Jânio Quadros até os acontecimentos de 1964, a vida do país foi marcada por uma série de mudanças de caráter político-social que deu à arte um encaminhamento eminentemente participativo e obrigou os artistas a se debruçar mais atentamente sobre os problemas econômicos e sociais que atingiram o país. É preciso destacar, ainda, que, "naquela ocasião, surgiu, vinculada a uma arte sempre mais politizada e/ou experimental, uma crítica viva e atuante; a atividade teórica acadêmica volta-se para a produção imediata; proliferaram as revistas especializadas; os suplementos literários crescem em importância, participando do debate sobre as transformações artísticas em curso"[1].

—

The Brazilian artistic and cultural métier in the 1960s was effervescent, experiencing a crossing of crises in the various sectors of artistic manifestations, which corresponded to the constitution of a new esthetic project whose main drive was the struggle to establish an art that was authentically Brazilian and contesting. This being so, for us to understand the evolution of furniture in this period and, especially, the production of some designers who were central to that decade, we need to look at certain aspects that marked the cultural production of that era.

As we know, from the stepping-down of president Jânio Quadros to the events of 1964, life in Brazil was marked by a series of political and social changes that gave art an eminently participative way forward and forced artists to look more closely at the economic and social problems that were affecting the country. It should also be pointed out that, "on that occasion, a living and active critique arose, tied to an increasingly politicized and/or experimental art; theoretical academic activity became focused on immediate production; there was a proliferation of specialist magazines; literary supplements grew in importance, taking part in the debate on the ongoing artistic transformations"[1].

Thus, at first there came an art that was directly linked to national issues, of a populist nature and language. Later on, the matter of nation and people took on another dimension and artistic production sought new esthetic solutions to the problem; on one hand, critically assimilating the international tendencies and, on the other, systematically striving to discover Brazilian roots – which lead to the tropicalist project.

We do not intend, within the narrow confines of this text, to analyze the complex issue of nation and people at the end of the 1950s and through the 1960s and its relationships with culture[2], nor even with industrial design. However, it should be said that, despite its particularities, the production of furniture in that period also manifested a concern, albeit highly tenuous, with the political dimension of the question of the nation and its people. It is certain that, in other sectors of artistic activity, especially cinema and theater, this issue was of an absolutely defining nature – look at the importance of theater groups Teatro de Arena and Teatro Oficina in those days, or at the Esthetics of Hunger upon which the *Cinema Novo* movement was based.

In terms of architectural production and of design itself, this esthetical-political program did not interfere on a particularly evident or immediate basis. However, this phase was marked by the implantation of the architecture that came to be called "brutalist", the main exponent of which was Vilanova Artigas. A work by this architect, especially in his mature phase, was defined by a brutalism very different from that tendency in England and in Le Corbusier. It manifested, before anything else, an ideological posture, resulting from a concern – which as of 1952 was central to the work of Artigas – with the social role of the architect and with the political dimension of architecture. This dimension ends up being generalized in making the issue of public housing gain relevance in the 1960s, which then stood alongside the critical discussions that were often tied to formalist issues. These discussions earned weight and were also put forward in newspapers and specialized publications. The publication of the Brazilian Architecture Enquiry[3] dates from that period.

In terms of industrial design, we see greater emphasis on the use of Brazilian materials, a greater concern for the forms of vernacular furniture in the country and, at the limit, serial production itself aimed to serve a more ordinary consumer; in summary, furniture was guided by a certain "national style".

Upon analyzing the esthetic thinking that governed Brazilian furniture during that period, we see that the tendency for the appropriation and absorption of international design standards underwent a gradual process of cultural adaptation, becoming enriched with native elements and, as a consequence, producing, in certain moments of creative plenitude, a piece of furniture with original forms, more in keeping with Brazilian conditions and expressive of its character.

Identidade gráfica de empresas moveleiras do período.

Graphic identity of furniture companies from that period.

Publicidade da Mobilínea, sem data.

Advertising for Mobilínea, no date.

Assim, num primeiro momento surgiu uma arte diretamente ligada aos problemas nacionais, de caráter e linguagem populista. Posteriormente, a questão nacional-popular adquiriu outra dimensão, e a produção artística tentou novas soluções estéticas para o problema; por um lado, assimilando criticamente as tendências internacionais e, por outro, dirigindo-se de forma sistemática em busca de nossas raízes – o que levou ao projeto tropicalista.

Não pretendemos, nos estreitos limites deste texto, analisar a complexa questão nacional-popular no final dos anos 1950, durante os anos 1960, e suas relações com a cultura[2], nem mesmo com o desenho industrial. Entretanto, é preciso assinalar que, apesar das peculiaridades, a produção do mobiliário nesse período manifestou também uma preocupação, ainda que muito tênue, com a dimensão política do tema do nacional-popular. É certo que, em outros setores da atividade artística, principalmente no cinema e no teatro, essa questão foi absolutamente determinante – veja-se a importância do Teatro de Arena e do Oficina, na época, ou da Estética da Fome pela qual se pautava o Cinema Novo.

Já em nível da produção arquitetônica e do próprio design, este programa estético-político não interferiu de forma tão evidente e imediata. Contudo, a fase foi marcada pela implantação da arquitetura que se convencionou chamar "brutalista", cujo principal representante foi Vilanova Artigas. A obra desse arquiteto, principalmente em sua fase de maturidade, definiu-se por um brutalismo muito diferenciado das manifestações dessa tendência na Inglaterra e em Le Corbusier. Ela apresentava, em primeiro lugar, uma postura ideológica, resultante de uma preocupação – que, a partir de 1952, foi central na obra de Artigas – com a função social do arquiteto e com a dimensão política da arquitetura, o que acaba por se generalizar e fazer com que, nos anos 1960, ganhe relevância o problema da habitação popular, que, até então, ficara à margem das discussões críticas, muitas vezes presa a questões formalistas. Essas discussões ganharam vulto e foram feitas, inclusive, pelos jornais e publicações especializadas. Data desse período a publicação do Inquérito Brasileiro de Arquitetura[3].

No nível do desenho industrial, notamos maior ênfase no uso dos materiais brasileiros, maior preocupação com as formas do móvel vernacular do país e, no limite, a própria produção em série visava atender a um consumidor mais popular; enfim, o móvel se orientou por um certo "estilo nacional".

Ao analisarmos o ideário estético que presidiu o móvel brasileiro desse período, verificamos que a tendência à apropriação e à absorção de padrões internacionais de desenho sofre um gradativo processo de aculturação, enriquecendo-se com os elementos nativos. Em consequência disso, produziu-se, em certos momentos de plenitude criadora, um móvel com formas originais, mais condizente com nossas condições e expressivo do caráter brasileiro.

From this angle, the most significant work of that time was that of Rio de Janeiro-born architect and designer Sergio Roberto dos Santos Rodrigues. He was a vanguardist, whose work, in the mid-1950s, was a forerunner to the most significant proposals for nationalism in furniture.

Other important productions also took place in this phase and, each in its own way, opened up new directions for furniture in Brazil. In this sense special distinction is warranted by the achievements of Michel Arnoult (1922-2005), Norman Westwater and Abel de Barros Lima, associates of Mobília Contemporânea; the work of the Hauner brothers at Móveis Artesanal and later at Mobilínea; the contribution of Karl Heinz Bergmiller (1928-), at Escriba Indústria, Comércio de Móveis Ltda.; the work of Geraldo de Barros, at Hobjeto Indústria de Móveis S.A., and the participation of one of the patrons of industrial design in São Paulo, Leo Seincman (1919-2016), founder of Probjeto S.A. Produtos e Objetos Projetados.

The achievements of this generation of designers and producers drove the primary qualitative and quantitative changes that have occurred in modern Brazilian furniture.

And so, as of the mid-1950s, with the new principles for furniture already duly ensured via an almost entirely artisanal production that had been carried out thus far, a series of experiments was begun with semi-industrial and industrial design and manufacture that brought modern Brazilian furniture a significant level of maturity, moving it into the spotlight on the international panorama.

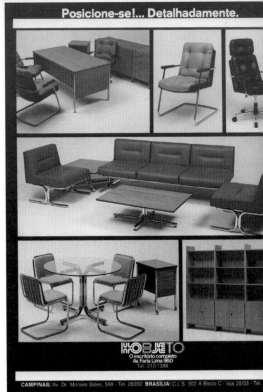

Sob esse ângulo, o trabalho mais significativo desse momento histórico foi o do arquiteto e designer carioca Sergio Roberto dos Santos Rodrigues. Sergio foi um homem de vanguarda cuja produção, em meados dos anos 1950, antecipou as principais propostas do nacionalismo no móvel.

Pertencem também a essa fase outras importantes produções, que abriram, cada qual a sua maneira, novos rumos para o móvel no Brasil. Nesse sentido, destacaram-se as realizações de Michel Arnoult (1922-2005), Norman Westwater e Abel de Barros Lima, associados a Mobília Contemporânea; a produção dos irmãos Hauner, na Móveis Artesanal, e, posteriormente, na Mobilínea; a contribuição de Karl Heinz Bergmiller, na Escriba Indústria, Comércio de Móveis Ltda.; o trabalho de Geraldo de Barros, na Hobjeto Indústria de Móveis S.A., e a participação de um dos grandes animadores do desenho industrial em São Paulo, Leo Seincman (1919-2016), fundador da Probjeto S.A. Produtos e Objetos Projetados.

As realizações dessa geração de designers e produtores foram responsáveis pelas principais mudanças qualitativas e quantitativas ocorridas no móvel moderno brasileiro.

Assim, a partir de meados dos anos 1950, estando já devidamente assegurados os novos princípios do móvel, através da produção quase totalmente artesanal até então desenvolvida, foi iniciada uma série de experiências de desenho e execuções semi-industrial e industrial que trouxeram ao móvel moderno brasileiro um nível de maturidade significativo, colocando-o em destaque no panorama internacional.

Extratos de catálogos de Oca, Mobília Contemporânea, Mobilínea e Hobjeto, sem data.

Extracts from the catalogues for Oca, Mobília Contemporânea, Mobilínea and Hobjeto, no date.

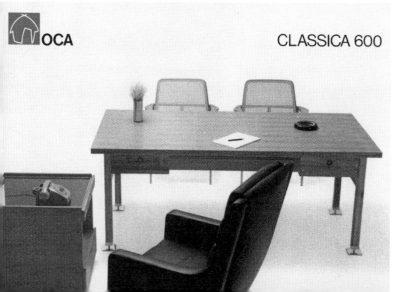

Sergio Rodrigues

Of all Brazilian designers, Sergio Rodrigues is perhaps the most deeply committed to the values and materials of this land, having put down definitive roots into the forms and patterns of our culture[4]. Since he was a boy, Sergio fell in love with the work in joinery, handcrafts and wood, spending hours and hours watching the "miracles" that Chico Bastos performed in a small home workshop. As a student at the National College of Architecture, he kept track of the great development of Brazilian architecture, always noting the clear discrepancy that existed between the architectural work and interior furnishings. In the aim of understanding the reasons behind this phenomenon, he began to carry out extensive studies on the evolution of contemporary furniture.

With the ever increasing interest in Brazilian furniture, in 1953 he proposed a business partnership to the Hauner brothers and began to work with Móveis Artesanal, in charge of the branch in the city of Curitiba, in the state of Paraná. The enthusiasm was great, but failure was guaranteed since, at the start of the 1950s, the idea of selling modern furniture in the largest center of production for eclectic-styled furniture was just too bold. Sergio referred to this fact with irony: "In six months, I only sold one piece of furniture, just one sofa in Curitiba. It was a total loss, and the two hundred bucks my grandmother loaned me while making fun of an architect selling furniture pretty much disappeared"[5].

Businessman Ernesto Wolf and architect Martin Eisler joined Móveis Artesanal and the company underwent a significant expansion in its industrial facilities, putting it in a privileged position for the production and sale of furniture and it then came to be named Forma S.A., Móveis e Objetos de Arte. On that occasion, Sergio Rodrigues was hired to head up the company's interior planning department.

From that time on, Sergio began his research into designs for vanguard furniture. However, he came up against obstacles from a production that was not fully open to innovations. Sergio stated: "Martin Eisler did spindle-legs and that led me to professional clashes with him, because he was very European and that production had nothing to do with Brazil"[6]. Despite the discouragement and lack of comprehension regarding his proposals, Sergio remained at Forma and, taking advantage of his stay in São Paulo, maintained some contact with Gregori Warchavchik and Lina Bo Bardi, who were greatly stimulating to him. Towards the end of 1954, he left the company, which soon after began to produce modern furniture[7].

In 1955, highly disheartened, he returned to Rio de Janeiro and contented himself with doing a few architectural projects, although his desire to research and design modern furniture was great, due to his awareness of the need to meet the market's still very incipient demands for new furniture.

Cadeira Cantú Alta, madeira maciça e estofamento em couro. Sergio Rodrigues, 1958.

Cantú Alta chair, solid wood with leather upholstery. Sergio Rodrigues, 1958.

Sergio Rodrigues

De todos os designers brasileiros, Sergio Rodrigues talvez seja o mais profundamente comprometido com os valores e materiais da terra, tendo se arraigado definitivamente a formas e padrões de nossa cultura[4]. Desde garoto Sergio se apaixonou pelos trabalhos de marcenaria, artesanato e madeira, atendo-se, durante várias horas, na observação dos "milagres" que Chico Bastos fazia numa pequena oficina de fundo de quintal. Como estudante da Faculdade Nacional de Arquitetura, acompanhou o grande desenvolvimento da arquitetura brasileira, sempre notando a nítida defasagem que existia entre a obra arquitetônica e os equipamentos de interiores. Visando compreender as razões desse fenômeno, aprofundou-se em estudos sobre a evolução do mobiliário contemporâneo.

Com o interesse sempre crescente pelo móvel brasileiro, em 1953 propôs aos irmãos Hauner uma sociedade comercial e passou a colaborar na Móveis Artesanal, como responsável pela filial de Curitiba, no Paraná. O entusiasmo foi grande, porém o fracasso era garantido, pois, no início dos anos 1950, vender móvel moderno no maior centro produtor de móvel de estilo eclético era uma ideia por demais arrojada. A este fato Sergio se referiu ironicamente: "Em seis meses eu só vendi um móvel, só um sofá em Curitiba. Foi um prejuízo total, e praticamente os duzentos contos que a minha avó me emprestou, caçoando de um arquiteto ir vender móveis, desapareceram"[5].

O empresário Ernesto Wolf e o arquiteto Martin Eisler associaram-se à Móveis Artesanal, e a empresa sofreu uma significativa ampliação de seu parque industrial, colocando-se em posição de destaque na produção e venda de móveis e passando a se chamar, então, Forma S.A., Móveis e Objetos de Arte. Nessa ocasião, Sergio Rodrigues foi contratado para chefiar o setor de planejamento de interiores da empresa.

Desde então, ele iniciou suas pesquisas com desenhos de móveis de vanguarda. Porém, enfrentou obstáculos diante de uma produção que não estava completamente aberta às inovações. Sergio afirmou: "Martin Eisler fazia os pés-palito, aí eu tinha grandes choques profissionais com ele, porque ele era muito europeu e aquela produção não tinha nada a ver com o Brasil"[6]. Apesar do desestímulo e da incompreensão com relação as suas propostas, Sergio permaneceu na Forma e, aproveitando sua permanência em São Paulo, manteve alguns contatos com Gregori Warchavchik e Lina Bo Bardi, que lhe foram muito estimulantes. Em fins de 1954, desligou-se da empresa, que, logo em seguida, passou a produzir mobília moderna[7].

Em 1955, muito desalentado, voltou ao Rio de Janeiro e contentou-se em desenvolver alguns projetos de arquitetura, embora a vontade de pesquisar e desenhar móvel moderno fosse muito grande, pois que estava consciente da necessidade de atender às solicitações, ainda muito incipientes, do mercado pelo novo móvel.

Cadeira Bule, estrutura em madeira com assento e encosto estofados e revestidos em tecido. Sergio Rodrigues, 1990.

Bule chair, wooden frame with padded seat and backrest upholstered in fabric. Sergio Rodrigues, 1990.

Banco Mocho, em madeira maciça torneada. Primeira peça industrializada e vendida pela Oca, é uma interpretação livre do "banquinho da leiteira". Sergio Rodrigues, 1958.

Mocho stool, in turned solid wood. This was the first piece industrialized and sold by Oca and it is a free interpretation of the "milkmaid's stool". Sergio Rodrigues, 1958.

Poltrona Mole. Estrutura em madeira de lei maciça torneada, com travessas que permitem a passagem de percintas em couro sola que sustentam os almofadões do assento, do encosto e dos braços, unidos numa só peça. Sergio Rodrigues, 1957.

Mole easy chair. Turned hardwood frame, with cross pieces made to hold leather straps that support the cushions for the seat, the backrest and the arms, united in a single piece. Sergio Rodrigues, 1957.

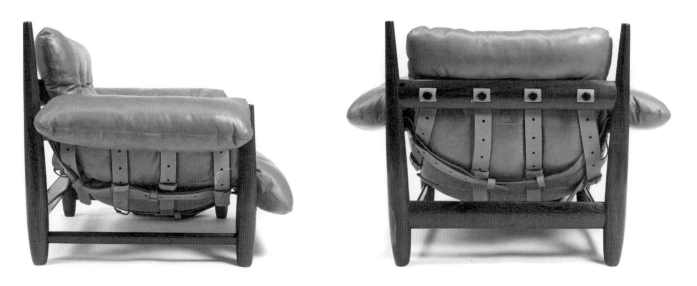

Detalhe do ajuste com botões de madeira torneados. Abaixo, as peças desmontadas da Mole.

Detail of the adjustment with turned wooden buttons. Below, the dismantled parts of the Mole chair.

Sergio estava, realmente, alimentando a ideia de criar um espaço onde pudesse desenvolver uma linha de móveis genuinamente brasileira, do desenho ao material utilizado, em contraposição ao que se fazia na época. Diante disso, decidiu fundar uma loja de móveis para comercializar sua produção, mergulhado intensamente na busca de nossas raízes culturais no nível do móvel[8]. Acompanhando a principal tônica da produção cultural brasileira do período, Sergio atribuiu ao novo empreendimento um nome que sintetizou suas motivações culturais e estéticas: Oca, cujo logotipo também desenhou. Ele nos relatou o processo da escolha desse nome: "Um dia fui para a prancheta e disse: 'Vou fazer uma loja e ela vai se chamar...'. Aí rabisquei alguns nomes, mas tinha que ser um nome brasileiro, relativo a arquitetura e interiores, tinha que ser pequeno. Aí rodei, rodei, e saiu Oca, com três letras, era um nome perfeito"[9]. A respeito desse nome, Lucio Costa fez as seguintes considerações: "Oca é casa indígena. A casa indígena é estruturada e pura. Nela os utensílios, o equipamento, os apetrechos e paramentos pessoais, tudo se articula e integra, com apuro formal em função da vida. A simples escolha do nome define o sentido da obra realizada por Sergio Rodrigues e seu grupo"[10].

Assim, em maio de 1955 foi inaugurada a primeira loja da Oca, à praça General Osório, no Rio de Janeiro. Na verdade, a preocupação não era de ser um depósito de móveis, como tantos outros existentes à época, mas possibilitar ao cliente uma noção de conjunto, o que levou Sergio Rodrigues a preparar verdadeiros cenários e ambientes no interior da loja. O espaço da loja ficou conhecido como Galeria Oca, pois foi aberto também para a realização de mostras e lançamentos. Lá expuseram, entre outros, Alexandre Rappaport, Otto Stupakoff, Juarez Machado, Manabu Mabe e Ione Saldanha. Além dos desenhos de Sergio Rodrigues, em sua fase inicial, a Oca também comercializou móveis selecionados nas principais fábricas de São Paulo. Com o apoio dos arquitetos, que encontravam na loja uma nova opção para a ambientação de seus interiores e boa aceitação comercial, a Oca se desenvolveu rapidamente no mercado.

O desejo imperioso de conhecer um móvel que expressasse a identidade nacional levou Sergio a desenhar uma de suas mais importantes obras: a poltrona Mole, cujo embrião surgiu em 1957, por ocasião de uma encomenda de sofá feita pelo fotógrafo Otto Stupakoff. Sergio contou como nasceu essa ideia: "Num papo de fim de tarde, Otto me expôs o seu propósito: 'Sergio, bola aí um sofá esparramado, como se fosse um sultão, para o canto do meu estúdio'. Matei a bola no peito, mas cadê cabeça para mandá-la às redes? O tempo foi passando e nada. Muito risco jogado na cesta (segundo o professor Lucio Costa, arquiteto não rabisca, risca). Ao computador da

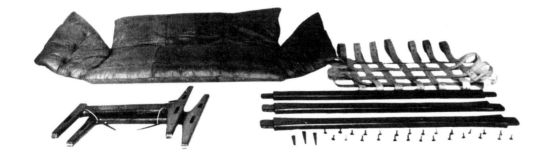

Sergio was, in fact, nurturing the idea of creating a space where he could develop a line of furniture that was genuinely Brazilian, from the design to the materials used, in contrast to what was being done at that time. In light of this situation, Sergio decided to open a furniture store to commercialize his production, diving deeply in the search for the cultural roots relating to furniture in Brazil[8]. In keeping with the main tonic of Brazilian cultural production from that time, Sergio gave his new enterprise a name that synthesized his cultural and esthetic motivations: Oca, for which he also designed the logo. He told us about how he came to choose the name: "One day I went to my drawing board and said: 'I am going to open a store and it's going to be called...' So I scribbled down a few names, but it had to be a Brazilian name, connected to architecture and interiors, and it had to be short. So I thought and I thought, and I came up with Oca. With just three letters, it was a perfect name"[9]. Lucio Costa made the following considerations with regard to this name: "An Oca is an indigenous dwelling. The indigenous house is structured and pure. In it, the appliances, equipment, household articles and personal garments are fully articulated and integrated, with a formal elegance dictated by lifestyle. The simple choice of the name defines the direction of the work done by Sergio Rodrigues and his group"[10].

This being so, in May of 1955, the first Oca store opened in General Osório Square, in Rio de Janeiro. In fact, its main concern was not to be a storehouse for furniture, as was the case of many others in those days, but to allow customers to get a notion of collective elements, which led Sergio Rodrigues to set up veritable scenarios and room settings in his store. The shop space came to be known as Galeria Oca, since it was also open to holding expositions and product launches. Some of the designers who put on exhibitions there included Alexandre Rappaport, Otto Stupakoff, Juarez Machado, Manabu Mabe, and Ione Saldanha. Besides the designs of Sergio Rodrigues, in his initial phase Oca also sold selected furniture from leading manufacturers in São Paulo. With the support of architects who had encountered in that store a new option for their interior settings and good commercial acceptance, Oca quickly developed within the market.

The imperative desire to find furniture that expressed the national identity led Sergio to design one of his most important works: the Mole chair, the embryo for which appeared in 1957, through an order for a sofa made by photographer Otto Stupakoff. Sergio recounts how the idea was born: "In a late afternoon chat, Otto told me what he wanted: 'Sergio, see if you can come up with a sprawling sofa, as if it were for a sultan, for the corner of my studio'. I captured the idea readily enough, but where were my ideas to carry it through? Time went by and nothing. Lots of line drawings thrown in the bin (according to maestro Lucio Costa, architects don't doodle, but draw lines). For the computer in my head there was no lack of ideas, but to find solutions that came to bud and then transform them into something palpable, usable, that had, apart from everything else, as Otto wanted, 'rest-appeal', and was cheap, was too much.

"One day, the idea materialized; I showed the sketches to Otto, who got really excited. We went from drawing to real-life, choice of wood, choice of fabric (which

Ambientes fotografados para catálogos da Oca, com diversos móveis de Sergio Rodrigues.

Rooms and spaces photographed for Oca catalogues with various pieces of furniture by Sergio Rodrigues.

cuca não faltavam ideias, mas encontrar soluções que brotavam e transformá-las em algo palpável, 'sentável', que tivesse, além do mais, como Otto queria, um apelo ao descanso, e fosse barato, era coisa demais. Certo dia, a ideia se materializou; esquematizei-a ao Otto, que vibrou. Seguiu-se a planta ao natural, escolha da madeira, tecido (por sinal, um maravilhoso feito à mão pela Lili Correia de Araújo), as correias, mestre Viana e, mesmo sem expor aos sócios a ideia, pus mãos à obra"[11].

Em 1958, a Oca organizou a exposição Móveis como Objeto de Arte, e Sergio resolveu mandar executar uma poltrona acompanhando o sofá, mas esta não foi nada bem recebida: "Os meus desenhos já eram considerados futuristas, aquilo não tinha sequer qualificação. Um pastelão de couro sobre aqueles paus, era demais"[12]. Um ano após o lançamento, a Oca recebeu várias encomendas da poltrona, que foi ganhando seu lugar no mercado. Não era a peça mais vendida da loja, mas apresentou certa evidência no showroom; afinal, ela burlava os padrões reinantes: aos delgados e elegantes pés-palito ela apresentou a grossura e robustez da madeira brasileira. Nesse sentido, Sergio antecipou a "estética da grossura" que, posteriormente, foi a base de alguns movimentos da vanguarda engajada dos anos 1960.

Foi justamente esse caráter grosso, que incorporou muito bem o espírito da brasilidade, que deu um destaque especial à poltrona na bienal Concorso Internazionale del Mobile, em 1961, na cidade de Cantu, Itália[13]. Concorrendo com quatrocentos projetos de sua categoria, apresentados por arquitetos e decoradores de 27 países, a Poltrona Mole – sob o nome de Sheriff – obteve o primeiro prêmio, sendo um dos critérios da premiação a expressão da regionalidade, como ficou claro no relatório de premiação: "[...] único modelo com características atuais, apesar da estrutura com tratamento convencional, não influenciado por modismos e absolutamente representativo da região de origem"[14].

A Poltrona Mole foi projetada para permitir o máximo de conforto e repouso. Toda a sua estrutura é de jacarandá maciço, torneado em forma de fuso, e os encaixes são manuais, percintas em couro natural reguláveis e almofadões executados em atanado fino. As percintas de couro que formam a estrutura da Poltrona Mole estabelecem certa filiação formal com as tradicionais redes, elemento representativo de nossa cultura. Os almofadões de atanado sob a estrutura possibilitam ao usuário moldar o corpo anatomicamente ao sentar-se, remetendo, de certa forma, à aderência perfeita entre corpo e rede.

was wonderful, hand-made by Lili Correia de Araújo), the straps, master Viana and, even without showing the idea to my partners, I set my hand to work"[11].

In 1958, *Oca* organized the exhibition Furniture as Objects of Art, and Sergio decided to get an armchair made to go with the sofa, which was not at all well received: "If my designs were already considered futuristic, that couldn't even be qualified. A giant leather "pancake" on those bits of wood was over-the-top"[12]. One year after the launch, Oca received a number of orders for the armchair, which began to conquer its space in the market. It was not the best-selling piece in the store, but it presented a certain visibility in the showroom; after all, it ignored the prevailing standards: in opposition to slim and elegant spindle legs, it offered the girth and robustness of Brazilian wood. In this sense, Sergio foresaw the "esthetics of girth" that later became the basis for some vanguard movements in the 1960s.

It was precisely this girth, that so well embodied the Brazilian spirit, that gave special distinction to the chair at the *Concorso Internazionale del Mobile* biennial contest in 1961, in the city of Cantu, Italy[13]. Competing with four hundred projects in the same category, presented by architects and decorators from 27 countries, the Mole Armchair – entered under the name of Sheriff – took first prize, with one of the criteria for the award being the expression of regionalism. This aspect was made clear in the report for the award giving: "[...] the only model with current character, despite the structure having conventional treatment, not influenced by fads and absolutely representative of its region of origin"[14]. The Mole armchair was designed to allow maximum comfort and rest. Its frame is made entirely in spindle-shaped solid rosewood, and the embedding is manual, adjustable straps in natural leather and cushions made in fine atanado leather. The leather straps that make up the structure of the Mole armchair establish a certain formal affiliation with traditional hammocks, which are a representative element of Brazilian culture. The cushions in atanado leather laid over the frame allow the user to enfold the body anatomically when sitting, bringing to mind the perfect molding of the hammock to the body. It should be remembered that the aim for bringing design closer to modern furniture and certain objects within the Brazilian culture, such as the hammock, was a theme that was also present in the work of Lina Bo Bardi, through her three-legged chair in cabreúva wood, with a loose canvas cover. Speaking of the purpose of this chair, Lina declared: "On steamers that navigate the rivers in the north of Brazil, the hammock is, as it is throughout the country, both bed and chair. The perfect adherence to the shape of the body and the undulating movement make it one of the most perfect instruments for rest"[15].

Starting in 1957, when he designed pieces at the request of Oscar Niemeyer to furnish the *Catetinho* presidential residence in Brasília, Sergio Rodrigues also became one of the main designers responsible for furnishing the buildings of the new capital city, having done all the work for the decoration of the Ministry of External Relations, at the behest of ambassador Wladimir Murtinho, as well as the old *Palazzo Doria Pamphilj*, the Brazilian embassy in Italy. In 1961, at the request of Darcy Ribeiro, Sergio designed models for the university campus in Brasília, for the faculty's

Cadeira Oscar, em jacarandá e palhinha. Homenagem de Sergio Rodrigues a Oscar Niemeyer, 1956.

Oscar chair, in brazilian rosewood and straw. Homage by Sergio Rodrigues to Oscar Niemeyer, 1956.

Croqui da Poltrona Leve Jockey. Sergio Rodrigues, 1957.

Sketch of the Leve Jockey easy chair. Sergio Rodrigues, 1957.

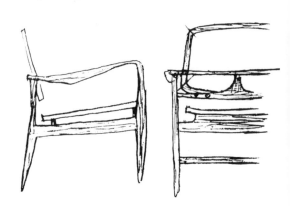

Cadeira Lucio (1956), cadeira Dadi (1978) e mesa Caixe (1988). Sergio Rodrigues.

Lucio chair (1956), Dadi chair (1978) and Caixe table (1988). Sergio Rodrigues.

Cadeira Lucio, jacarandá e palhinha. Homenagem de Sergio Rodrigues a Lucio Costa, 1956

Lucio chair, brazilian rosewood and straw. Homage by Sergio Rodrigues to Lucio Costa, 1956.

É preciso lembrar que a busca da aproximação entre o desenho da mobília moderna e certos objetos da cultura brasileira, como a rede, foi uma temática que esteve presente também na obra de Lina Bo Bardi, através da poltrona de três pernas em cabreúva, com forro solto de lona. A propósito dessa cadeira, Lina declarou: "Nos navios-gaiola que navegam os rios no norte do país a rede é, como em todo o resto do país, a um só tempo, leito e poltrona. A aderência perfeita à forma do corpo, o movimento ondulante fazem dela um dos mais perfeitos instrumentos de repouso"[15].

Desde 1957, quando desenhou móveis a pedido de Oscar Niemeyer para equipar o Catetinho, em Brasília, Sergio Rodrigues foi também um dos principais responsáveis pelo desenho de móveis para equipar os edifícios da nova capital, tendo realizado toda a decoração do ministério das Relações Exteriores, a pedido do embaixador Wladimir Murtinho, bem como a do antigo Palácio Doria Pamphilj, a embaixada brasileira na Itália. Em 1961, a pedido de Darcy Ribeiro, que carinhosamente apelidou a Poltrona Mole de "Muié Dama", Sergio desenhou modelos para o *campus* universitário de Brasília, para o alojamento dos professores, para a biblioteca, e cadeiras para o auditório dos Candangos, projeto arquitetônico de Alcides da Rocha Miranda.

Além da Oca, Sergio criou, nos anos 1960, outra loja, diferenciando-se por vender móveis produzidos em série e a um custo mais reduzido: a Meia-Pataca, uma experiência importante do ponto de vista de processos de produção. Até então, os móveis que ele desenhou eram produzidos quase artesanalmente, pois a exuberância criativa de seus desenhos criou problemas para a industrialização. Depois de treze anos de atividades, Sergio se desligou da Oca, passando a se dedicar mais à arquitetura; porém, isso não impediu que ele seguisse como designer independente, com seu estilo original e uma produção sempre crescente, tendo recebido um prêmio do Instituto dos Arquitetos do Brasil, em 1975, pela concepção da poltrona Kilin e reconhecimento nacional pelo conjunto de sua obra.

lodgings, for the library, and chairs for the Candangos Auditorium, an architectural project by Alcides da Rocha Miranda.

Besides *Oca*, in the 1960s Sergio created another store, different in that it sold serial-produced furniture at a lower price: it was called Meia-Pataca. This was an important experience from the point of view of production processes. Up until then, the furniture he designed was produced on an almost-artisanal basis, since the creative exuberance of his designs posed problems for industrialization. After thirteen years of activity, Sergio left Oca and began to dedicate more time to architecture; but this did nothing to stop him from continuing working as an independent designer, with his original style and ever-increasing level of production, having received an award from the Brazilian Institute of Architects in 1975 for the conception of the *Kilin* armchair, and national recognition for his work as a whole.

The Kilin armchair is currently produced in series and commercialized by Indústrias Reunidas Oca S.A. The original version received the name of Xikilin and is manufactured by hand under the supervision of Sergio Rodrigues Arquitetura Ltda.

In the 1980s and 1990s his activity grew and production reached around 1000 pieces, reiterating the decisive role that it represents in the history of furniture in Brazil.

The creation of the following models dates from that period: Julia (1980), a low armchair with a fully-collapsible wooden frame and straw seat and backrest; the AB Chair (1990)[16], which presents certain characteristics of the Julia armchair, but with greater sobriety. It is a wood-frame armchair, with seat and backrest covered in leather or fabric; and the Xibô light armchair (1991), a more refined variation of the Xikilin.

There's no contesting the national and international recognition Sergio Rodrigues gained for the importance of his work, in which the systematic discipline and determination of a "furniture designer" and architect coexist with the "bold" talent inherited from his family[17].

After the historic times of Cantu, in Italy, in 1988 he received the Silver Pencil Award in Buenos Aires, Argentina. In 1991, the Museum of Modern Art of Rio de Janeiro held the first major retrospective look at this furniture production: Talking of Chairs.

In his trajectory as an architect, artist and creator, Sergio Rodrigues arrived at the threshold of the new century with a mature and quantitatively vast work, truly continuing the tradition of the great Brazilian wood-working artisans and, at the same time, marking the transformation of furniture and the standards of usage and taste in the sector. In the words of the master Lucio Costa: "Generous, instead of resting his laurels on his fabulous armchair, he continues to produce, he doesn't stop"[18]. Unfortunately, the world of design lost Sergio Rodrigues in 2014.

Poltrona Vronka, madeira de lei maciça e almofadas. Sergio Rodrigues, 1962.

Vronka easy chair, solid hardwood and cushions. Sergio Rodrigues, 1962.

Poltrona Diz, estrutura em madeira maciça, com assento e encosto em compensado moldado folheado em madeira de lei. Sergio Rodrigues, 2001.

Diz easy chair, solid wood frame, with seat and backrest in shaped hardwood laminated ply. Sergio Rodrigues, 2001.

Poltrona Paraty, madeira de lei maciça, encosto em compensado, estofados em espuma de poliuretano revestida em tecido e almofada solta no assento. Sergio Rodrigues, 1963.

Paraty easy chair, solid hardwood, backrest in plywood, upholstery in fabric-covered polyurethane foam and loose cushion on seat. Sergio Rodrigues, 1963.

Nos anos 1980 e 1990 a atividade de Sergio cresceu e sua produção atingiu cerca de mil peças, reiterando-se o papel decisivo na história da mobília no Brasil. Data desse período a criação dos seguintes modelos: Julia (1980), poltroninha de braços, cuja estrutura de madeira maciça é totalmente desmontável, com assento e encosto em palhinha; Cadeira AB (1990)[16], que apresenta certas características da Julia, porém com mais sobriedade. É uma cadeira de braços, estruturada em madeira, com assento e encosto revestido em couro ou tecido; e Poltrona leve Xibô (1991), uma variação requintada da Xikilin.

O reconhecimento nacional e internacional pela importância da obra de Sergio Rodrigues, na qual coexistem a disciplina e a determinação sistemática de um "desenhador de móveis" e arquiteto com o talento "atrevido" herdado da família[17], é incontestável. Passados os históricos tempos de Cantu, na Itália, em 1988 recebeu o Prêmio Lápis de Prata, em Buenos Aires, Argentina. Em 1991, o Museu de Arte Moderna do Rio de Janeiro realizou a primeira grande retrospectiva de sua produção moveleira: Falando de Cadeira.

Em sua trajetória de arquiteto, artista e criador, Sergio Rodrigues chegou nesse limiar de século com uma obra madura e quantitativamente vasta, continuando genuinamente a tradição dos grandes artesãos brasileiros da madeira e ao mesmo tempo marcando a transformação do móvel e dos padrões de uso e do gosto no setor. Como dizia mestre Lucio Costa: "Generoso, em vez de se refestelar na sua fabulosa poltrona, continua ativo, não para"[18]. Infelizmente, no ano de 2014 o mundo do design perdeu Sergio Rodrigues.

Michel Arnoult

A significant example of rationalization and modulation in the process of producing furniture in Brazil was the work of Michel Arnoult, a Frenchman who came to the country in 1951, where he worked with one of the pioneers in serially manufactured furniture, Marcel Gascoin. He attended the *Union Centrele des Arts Decoratifs – UCDA*, the same school where Charlotte Perriand had studied. In Brazil, he worked as an intern at the offices of Oscar Niemeyer.

He graduated in architecture through the National College of Architecture. While he was still a student, he associated with Irish architect Norman Westwater, who worked as a scenographer, and began to design furniture.

Aware of the demands placed by modern architecture for a more flexible conception of the use of interior space, Michel designed a line of furniture suited to the new conditions. His intention was to hand over the manufacture and sales to other companies; he attempted to sell his products to Cássio Muniz and to Móveis Drago, but these large department stores refused to market such a type of furniture.

In 1954, to solve part of the production problems, Norman, Michel and their other partner, Abel de Barros Lima, hired the services of a small joinery shop in Curitiba, set up by former workers from company Móveis Cimo, and charged them with producing their first line of furniture.

In a moment when the country was changing, undergoing an intense process of urbanization and growth in the tertiary sector, as well as a process of densification of spaces and a subsequent reduction in habitable internal space, there was need to articulate new solutions for the furnishing of interiors, since it was no longer possible to use the traditional made-to-order furniture, the living room and bedroom suites in apartment buildings. This being so, they perceived the size of the latent market and set up Forma, but due to the existence of a company by the same name and in the same business, they ended up changing the name to Mobília Contemporânea, based in Paraná. In 1955 they moved to São Paulo and opened a store at number 191 of Vieira de Carvalho Street, and the growing public led them to open two more shops in São Paulo, and a branch in Rio de Janeiro in 1956.

Mobília Contemporânea introduced a new spirit to the production of furniture and launched a line of models at mid-range prices, in keeping with the reality of the moment, consisting of elements presenting considerable flexibility that allowed anyone to create their own settings. The flexibility of these furnishings was due to the application, throughout its elements, of a standard measurement of 45 cm, which made it possible to combine and fit together a variety of pieces. This modulation spanned a very broad range of furniture: for the living room, bedroom, office, library, etc.

Michel Arnoult

Exemplo significativo da racionalização e modulação no processo de produção de móveis no Brasil foi o trabalho de Michel Arnoult, francês que chegou ao Brasil em 1951, onde trabalhou com um dos pioneiros da fabricação de móveis em série, Marcel Gascoin. Frequentou a *Union Centrele des Arts Decoratifs* – UCDA, a mesma escola onde estudou Charlotte Perriand. No Brasil, foi também estagiário no escritório de Oscar Niemeyer.

Formou-se arquiteto pela Faculdade Nacional de Arquitetura do Rio de Janeiro. Ainda quando estudante, associou-se ao arquiteto irlandês Norman Westwater, que trabalhava como cenógrafo, e começou a desenhar móveis.

Ciente das exigências impostas pela arquitetura moderna, para uma concepção mais flexível do uso do espaço interior, Michel desenhou uma linha de móveis adequada às novas condições. Sua intenção era entregar a execução e as vendas a outras empresas, como a Cássio Muniz e a Móveis Drago, porém esses grandes magazines se recusaram a comercializar tal tipo de móvel.

Em 1954, para resolver parte dos problemas de produção, Norman, Michel e o outro sócio, Abel de Barros Lima, contrataram uma pequena marcenaria de Curitiba, formada por ex-operários da Móveis Cimo, encarregada de produzir a primeira linha de móveis.

Assim, num momento em que o país se transformava, enfrentando um intenso processo de urbanização, crescimento do setor terciário, processando-se a verticalização dos espaços e a consequente redução do espaço interno habitável, era preciso que se articulassem novas soluções para os equipamentos de interiores, pois, nos edifícios de apartamentos, não era mais possível usar os tradicionais móveis sob encomenda, os jogos de sala e quarto. Percebendo a dimensão do mercado latente, constituíram a Forma, Móveis e Interiores Ltda., que acabou passando a Mobília Contemporânea, com sede no Paraná, uma vez que já existia uma empresa homônima no mesmo ramo. Em 1955, mudaram-se para São Paulo e inauguraram loja à rua Vieira de Carvalho, 191. A ampliação do público levou-os à instalação de outras duas lojas em São Paulo e uma filial no Rio de Janeiro, inaugurada em 1956.

A Mobília Contemporânea introduziu um novo espírito na produção de móveis e lançou uma linha de móveis a preços médios, adequados à realidade do momento, composta por elementos de grande flexibilidade, que permitiam a qualquer um criar seu próprio ambiente. Isso graças à aplicação, em todos os elementos, de uma medida comum de 45 cm, que permitiu a combinação e o encaixe entre si de vários elementos. Essa modulação abrangia uma família de móveis de grande amplitude: móveis para estar, dormitório, escritório, biblioteca etc.

Perspectiva com móveis da Forma Móveis e Interiores Ltda., que depois se tornou a Mobília Contemporânea. Michel Arnoult e Norman Westwater, 1954.

View with furniture by Forma Móveis e Interiores Ltda., which later became Mobília Contemporânea. Michel Arnoult and Norman Westwater, 1954.

Besides modulation, there were other important variables in the production of Mobília Contemporânea: the multi-functional use for each model also applied for each component part; fully collapsible; immediate replacement of parts in the case of breakages; homogeneity in the cuts and general finish; and furniture that was resistant to fads.

From the time when it was founded, Mobília Contemporânea was marked by an explicit concern for modulation and serial manufacture of furniture, which in itself defines all of their production as being forcibly industrial, breaking away from the traditional forms of manufacturing that existed in Brazil.

The key characteristic of furniture produced in series is that work is done in large batches, on a mass basis, using machinery; but, apart from this aspect, serial-produced furniture is also a product that presents the possibility of remaining on the market, overcoming the risk of obsolescence.

The production policy at Mobília Contemporânea applied precisely these two aspects of serial-produced furniture, as stated by Michel Arnoult: "Our conception of serial-produced furniture is that of an individual item, with permanent stock. Two

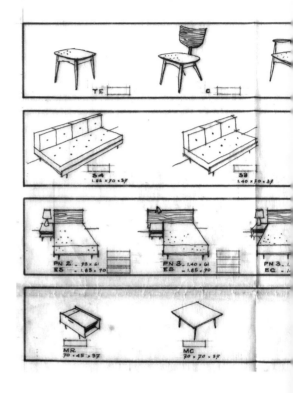

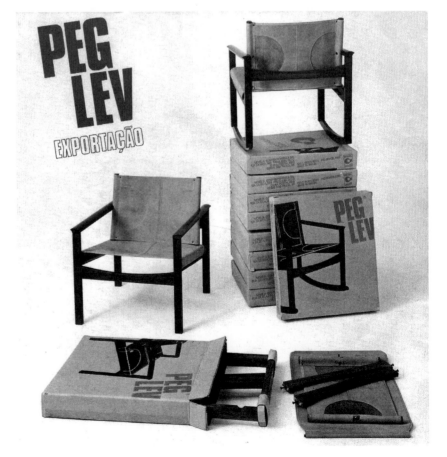

Catálogo da linha Peg-Lev ressalta a praticidade da poltrona desmontável, sem data.

Catalogue for the Peg-Lev line emphasis the practicality of the collapsible easy chair, no date.

190 - Nationalism in furniture

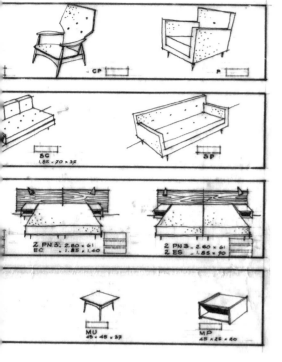

Modelos da Mobília Contemporânea, sem data.

Models for Mobília Contemporânea, no date.

Poltrona Peg-Lev, em pau-ferro e couro natural. Michel Arnoult, 1972.

Peg-Lev easy chair, in iron-wood and natural leather. Michel Arnoult, 1972.

Além da modulação, houve outras variáveis importantes na produção da Mobília Contemporânea: múltipla função de uso de cada modelo; múltipla função de uso de cada peça, havendo um aproveitamento multifuncional de cada peça; desmontabilidade total; reposição imediata de peças, em caso de peças quebradas; homogeneidade na usinagem e no acabamento total e um móvel resistente aos modismos.

Desde que foi fundada, a Mobília Contemporânea se caracterizou pela preocupação explícita com a modulação e o móvel em série, o que já define toda a sua produção como forçosamente industrial, quebrando com os esquemas tradicionais de fabricação que existiam no Brasil.

A principal característica do móvel produzido em série é que o trabalho é feito em grandes lotes, em massa, através da utilização da máquina; porém, além desse aspecto, o móvel em série é aquele que apresenta possibilidade de permanência no mercado, rejeitando a obsolescência do produto.

A política de produção da Mobília Contemporânea desenvolveu exatamente os dois aspectos do móvel em série, como afirma Michel Arnoult: "Nossa concepção de móvel em série é a de um móvel individual, de estoque permanente. Duas razões levaram-nos a adotar a política de produzir móveis, e não a de fabricá-los segundo a maneira tradicional de produção. Primeira, pela grande importância que o equipamento industrial terá em futuro próximo. A época das facilidades está terminando, a fase em que tudo se vendia sozinho acabou. Estamos entrando em um período de forte concorrência, de luta de preços, de qualidade. Para a pequena e média indústria, particularmente, conseguir produzir eficientemente é de vital importância. E, para conseguir essa eficiência, a permanência do produto no mercado é condição primordial. A segunda razão é de ordem subjetiva. Rejeitamos a obsolescência planejada por acreditar inadequada ao Brasil, país potencialmente rico, mas onde, na realidade, os padrões de vida ainda são muito baixos. Não queremos polemizar, mas acreditamos ser negativa a tentativa de criar hábitos de compra de nação rica em país pobre"[19].

Foram adotados métodos de trabalho específicos para conseguir a eficiência esperada da produção em série: a extrema diversidade de peças que constituíram os modelos da linha sofreu um processo de redução, normalização de dimensões externas – larguras, grossuras e comprimentos dos processos de usinagem. "De eliminação em eliminação conseguimos reduzir o total de peças em aproximadamente cem. O resultado não é ruim se considerarmos que com esses cem pedaços de madeira podemos compor 53 móveis diferentes – o que dá uma média de dois pedaços por móvel – e que um móvel geralmente é formado de cinco a sete peças"[20]. O esquema de produção obedecia ao sistema tradicional de postos de trabalho, que posteriormente foi substituído por uma linha contínua de operações sincronizadas, ligadas por uma alimentação permanente, concentrando operações sincrônicas independentes numa sucessão de operações sincronizadas; enfim, a produção foi automatizada.

reasons led us to adopt a policy of producing furniture rather than one of manufacturing them according to the traditional methods of production. Firstly, we considered the major importance that industrial equipment will have in the near future. The age of facility is coming to an end, the phase in which everything sold itself is over. We are entering a period of strong competition, of price and quality wars. For small- and medium-sized industries especially, being able to produce efficiently is of vital importance. Additionally, one of the primordial conditions to achieve this efficiency is for the product to remain on the market. The second reason is of a subjective nature. We reject planned obsolescence because we believe it is unsuitable for Brazil, a country that is potentially rich, but where, in reality, the standards of living are still very low. We do not wish to create controversy, but we believe it would be negative to create the purchasing habits of a wealthy nation in a poor country"[19].

Specific work methods were adopted to achieve the efficiency expected of serial production: the extreme diversity of parts that constituted the models from the line underwent a process of downsizing, with the standardization of external dimensions – widths, thicknesses and lengths – for the machining processes. "Elimination by elimination, we managed to reduce the total number of pieces by approximately one hundred. That result is not bad if we consider that with these pieces of wood we can compose 53 different items of furniture – which gives us an average of two pieces per item – and that a piece of furniture normally consists of five to seven pieces"[20]. The production scheme complied with the traditional system of workstations, which were later replaced by a continuous line of synchronized operations, linked to a permanent feed, bringing together independent synchronic tasks in a succession of synchronized operations. Production had finally become automated.

The contribution made by Mobília Contemporânea to the reformulation of modern industrial processes was highly significant, since they introduced new constructive techniques and conceptions that made it possible to keep up with the development and growth that the market was undergoing in and around the 1950s.

The success of the experiment in serial production became clear in 1964, by way of two events: the invitation that Mobília Contemporânea received to form part of the committee to decide on Cuban popular furniture and the *Prêmio de Desenho Industrial Roberto Simonsen* (Roberto Simonsen Award for Industrial Design), which it was given at the *VI Feira de Utilidades Domésticas* – UD (Household Appliances Fair), in São Paulo.

Catálogo da Mobília Contemporânea, sem data.

Mobília Contemporânea catalogue, no date.

Ambiente com móveis de Michel Arnoult em catálogo da Mobília Contemporânea, sem data.

Room with furniture by Michel Arnoult in a Mobília Contemporânea catalogue, no date.

A contribuição da Mobília Contemporânea para a reformulação dos processos industriais modernos foi bastante significativa, pois ela introduziu novas técnicas e concepções construtivas que permitiram acompanhar o desenvolvimento e a expansão que o mercado interno estava sofrendo por volta dos anos 1950.

O sucesso da experiência de produção em série se evidenciou no ano de 1964, através de dois fatos: o convite que a Mobília Contemporânea recebeu para participar de um comitê de decisão sobre o móvel popular cubano e o Prêmio de Desenho Industrial Roberto Simonsen, a ela conferido por ocasião da VI Feira de Utilidades Domesticas (UD), em São Paulo.

Infelizmente, o golpe militar de 1964 impediu sua participação no comitê cubano, mas a comissão julgadora do Prêmio Roberto Simonsen reconheceu a importância das inovações que a Mobília Contemporânea estava introduzindo, especialmente com relação ao sistema construtivo.

O prêmio foi dado a uma poltrona, desenhada por Michel Arnoult e Norman Westwater, e o laudo crítico da comissão que julgou o desenho foi o seguinte: "Concebida em termos de produção em série, trata-se de uma poltrona desmontável, com um número reduzido de elementos padronizados e compondo sua estrutura, que é perfeitamente visível e devassável. O sistema de fixação das peças componentes é simples e seguro. Destaca-se, também, a propriedade da utilização do fio de náilon como sustentação e molejo do assento e do encosto, cujas almofadas iguais, de espuma de borracha revestida de plástico (e fixadas por dois cintos de couro), podem, por essa razão, ser bastante reduzidas em sua espessura. Isso, quanto ao aspecto construtivo. Quanto aos aspectos funcionais, caracterizam-na o conforto, a leveza e a facilidade de limpeza e conservação. Seu valor estético advém principalmente da estrutura aberta, clara, da unidade entre o externo e o interno, da fidelidade à natureza dos materiais e de sua adequada coordenação"[21].

Coincidindo com o *boom* da arquitetura nos anos 1950 houve uma proliferação de fábricas de móveis, e outras iniciativas semelhantes à Mobília Contemporânea foram desenvolvidas: Unilabor, Móveis Artesanal, Oca etc.

Unfortunately, the military coup of 1964 prevented them from taking part in the Cuban committee, but the judging commission for the Roberto Simonsen awards recognized the importance of the innovations Mobília Contemporânea was introducing, especially with regard to the constructive system.

The award went to a chair designed by Michel Arnoult and Norman Westwater, and the written critique drawn up by the commission that judged the design went as follows: "Conceived in terms of serial production, this is a collapsible chair with a reduced number of standardized elements comprising its frame, which is fully visible and accessible. The fastening system for the component parts is simple and secure. Another distinctive point is the propriety of use of nylon line to provide support and flexibility for the seat and backrest, and the identical backrest cushions made in plastic-covered rubber foam (and held in place by two leather straps) can, for this reason be considerably less thick. This is in terms of its constructive aspect. In terms of functionality, its main characteristics are comfort, lightness and ease of cleaning and conservation. Its esthetic value comes mostly from the open and light structure, from the unity between external and internal elements, from the fidelity to the nature of the materials and from its fitting coordination"[21].

Along with the architectural boom of the 1950s, there was a proliferation of furniture factories and other initiatives similar to Mobília Contemporânea were set up: Unilabor, Móveis Artesanal, Oca, etc.

With the passage of time, this phenomenon ended up creating fierce competition on the furniture markets, forcing Mobília Contemporânea to find a new form of differential. In relation to this Michel Arnoult declared: "First, we felt the competition from Hobjeto, from Mobilínea and from everyone else; the market was no longer ours, it was divided. With this in mind, we distinguished ourselves from the others, and in 1970 we came up with the idea of launching flat-pack furniture. Our Peg-Lev, which was theoretically an excellent idea, ended up being a commercial mistake, because the market was too restricted for this type of product"[22]. Unfortunately, the Peg-Lev line of ready-to-assemble furniture that was to be sold in supermarkets was the last contribution from Mobília Contemporânea to the development of modern furniture, and in 1973 the company's activities came to an end. Despite this, Michel Arnoult continued to exercise his activities as a designer with Fábrica de Móveis Senta where, with the maturity gained through his previous work, he carried out an experiment in the production of chairs and furniture in general.

At the end of the 1980s, Michel left Fábrica de Móveis Senta and began to work as a freelance designer, designing various types of furniture, including furniture for hotels. Starting in 1988, he began to develop a line of cheap, folding seats in re-forested eucalyptus, with the assistance of the Brazilian Institute for Technological Research (IPT).

Cadeira com braços em compensado moldado folheado em mogno. Michel Arnoult, 1990.

Armchair in molded mahogany-laminated plywood. Michel Arnoult, 1990.

Com o passar do tempo, esse fenômeno acabou criando uma forte concorrência no mercado de móveis, obrigando a Mobília Contemporânea a buscar uma forma de diferenciação. A esse respeito, Michel Arnoult declarou: "Primeiro, nós sentimos a concorrência da Hobjeto, da Mobilínea e de todo mundo; o mercado não era mais nosso, estava dividido. Diante disso, nós nos diferenciamos dos outros e, em 1970, pensamos em lançar móveis desmontáveis: o Peg-Lev, que, teoricamente, é uma ideia excelente, mas foi um erro comercial, porque o mercado era muito restrito para esse tipo de produto"[22]. Infelizmente, o Peg-Lev, móvel *knock-down*, que seria comercializado em supermercados, foi a última contribuição da Mobília Contemporânea para o desenvolvimento do móvel moderno; em 1973 as atividades da empresa foram encerradas. Apesar disso, Michel Arnoult continuou a exercer suas atividades como designer na Fábrica de Móveis Senta, onde, com o amadurecimento do trabalho anterior, desenvolveu uma experiência de produção de assentos e móveis em geral.

Em fins dos anos 1980, Michel se desligou da Fábrica de Móveis Senta e passou a trabalhar como designer autônomo, desenhando vários tipos de móveis, inclusive mobília para hotéis. A partir de 1988, desenvolveu uma linha de assentos desmontáveis, baratos, em eucalipto replantado, com assessoria do IPT.

Poltrona de balanço em compensado moldado curvo, com folheado em mogno. Michel Arnoult, 1990.

Swing chair in curved, molded mahogany-laminated plywood. Michel Arnoult, 1990.

Cadeira de balanço Pelicano, madeira maciça e tecido. Michel Arnoult, 2002.

Pelicano swing seat, in solid wood and fabric. Michel Arnoult, 2002.

Móveis Hobjeto

As we have seen, the name of Geraldo de Barros is inextricably tied to the process behind the modernization of furniture in Brazil, be it through the subject of concretism, or through Unilabor (UL), or through his his participation as founder of Hobjeto Indústria e Comércio de Móveis S.A., created by him in 1964, in association with a former colleague from UL, Aluísio Bione, and also involving some workers from Unilabor[23].

Despite being weary of carrying out this type of activity, after all, he had recently left Unilabor, Geraldo, always highly enthused by the idea of the industrialization of Brazilian furniture, accepted the challenges of the new undertaking. Coinciding with a very difficult moment in the history of Brazil, Hobjeto initially faced a series of problems, some relating to industrial policy, but which were worked out over the course of time. The foremost of these was that the workshop carried out projects to order and, when there were no orders to fill, they suffered considerable lulls in business. To keep the workforce occupied during these periods, Geraldo designed stacking tables and a tea trolley; after all, these were products that served as complements to the living room suites and were easy to sell, as well as being, to a degree, standardized, since they did not present major possibilities for variation. They were not like the beds or tables that the ladies required to match the design of the headboard for the bed and the doors of the wardrobe, or the doors of the sideboard with the top of the table.

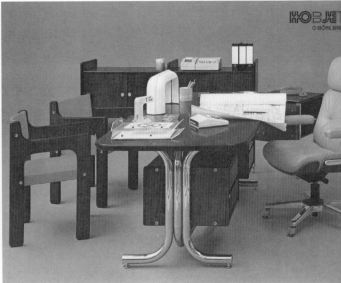

Móveis Hobjeto

Como vimos, o nome de Geraldo de Barros está indissoluvelmente ligado ao processo de modernização do móvel no Brasil, seja através da temática do concretismo, seja através da Unilabor (UL) ou de sua participação como fundador da Hobjeto Indústria e Comércio de Móveis S.A., criada em 1964, por ele, associado a um antigo companheiro da UL, Aluísio Bione, contando também com alguns funcionários da Unilabor[23].

Apesar do desgaste pelo desenvolvimento desse tipo de atividade, afinal ele estava recém-desligado da Unilabor, Geraldo, sempre muito entusiasmado com a ideia de industrialização do móvel brasileiro, aceitou os desafios do novo empreendimento. Coincidindo com um momento muito difícil da história brasileira, a Hobjeto enfrentou, inicialmente, uma série de problemas, alguns de política industrial, que, ao longo do tempo, foram se resolvendo. O principal deles é que a oficina executava trabalhos sob encomenda e, quando não havia solicitação, formavam-se verdadeiros hiatos comerciais. Para ocupar a mão de obra que ficava ociosa nesses interstícios, Geraldo desenhou mesinhas encaixáveis e carrinho de chá; afinal, eram produtos complementares para sala e de fácil vendagem e, de certa maneira, padronizados, pois não apresentavam grandes possibilidades de variação. Não eram como as peças que as senhoras exigiam combinar o desenho da folha da madeira da cabeceira da cama com as portas do guarda-roupa, ou as portas do bufê com o tampo da mesa.

Em 1965 associaram-se à Hobjeto outro marceneiro, Pascoal Onélio Moranti, e uma equipe de marceneiros e artesãos. Nessa época, a qualidade de sua produção é consagrada com o Prêmio Roberto Simonsen na Feira de Utilidades Domésticas (UD), pelo desenho de uma beliche. De nada valeu o incentivo. As dificuldades de comercialização eram grandes, especialmente porque a Hojbeto tentou vender seu produto através dos magazines, o que era uma política condenável, pois, além de não ser um canal de venda adequado ao móvel moderno, eles incentivavam uma forte concorrência entre os pequenos produtores, tirando proveito do barateamento do móvel na revenda. "Em 1966, eu e o Bione estávamos na véspera da falência, porque a política de comercialização da Hobjeto fracassou completamente, problemas com magazines. Estávamos há cinco meses da falência e há três da concordata. Desesperados, partimos para procurar uma loja. Eu soube que uma pesquisa localizara a rua Iguatemi como futuro corredor comercial e, com muita sorte, achamos uma loja ali"[24]. Assim foi inaugurada a primeira loja, próxima ao futuro Shopping Center Iguatemi. Como o espaço era grande para fazer o showroom da Hobjeto, resolveram instalar ali a Rex Gallery and Sons, onde se desenvolveu o movimento de arte pop.

Catálogo da Hobjeto, sem data.

Hobjeto catalogue, no date.

In 1965 another joiner, Pascoal Onélio Moranti, and a team of woodworkers and craftsmen came to Hobjeto. At that time, the quality of their production was marked out with the Roberto Simonsen Award at the Household Appliances Fair, for the design of a bunk bed. This incentive was not enough to change things. Difficulties in commercialization were considerable, especially since Hobjeto endeavored to sell its products via department stores – a terrible policy because, as well as not being a suitable sales channel for modern furniture, they promoted strong competition among the small producers to obtain cheaper prices for furniture in retail. "In 1966, Bione and I were on the brink of bankruptcy, because the policy for commercialization at Hobjeto had failed completely and we had problems with the department stores. We were five months away from bankruptcy and three from receivership. In our desperation, we went out to look for a store. I had heard that Iguatemi Street was meant to be a future commercial corridor and, with considerable luck, we found a store there"[24]. That was how the first store was opened, close to the future Shopping Center Iguatemi mall. Since the space was too big to set up a showroom for *Hobjeto*, they decided to install Rex Gallery and Sons there and that was where the pop art movement was formed.

Catálogo da Hobjeto, sem data.

Hobjeto catalogue, no date.

As of the mid-1960s, Hobjeto grew significantly. They purchased a new factory in Diadema and started manufacturing a fully industrialized range of furniture. With just 150 modules they were able to offer around five hundred different models, enabling considerable reduction in costs. With this came a sharp increase in demand by the consumer market, production grew, and a subsequent need appeared for greater specialization. Hobjeto became one of the first industries to seriously tackle the problem of standardizing their production components.

Another aspect to be underlined is that the company was always strongly in tune with major international trends and products launched at the Cologne Trade Fair in Germany, which ensured it distinction when it introduced lacquered furniture in Brazil, along with other European fads that Brazilian middle classes were so ready to adopt. In fact, lacquer is a finishing solution for chipboard; a typically German solution to solve problems with the scarcity of wood, but in Brazil it became a passing trend.

Hobjeto stayed on the market for a long time. Their commercial success was due to the diversification of lines and, especially, the production of office furniture.

198 - Nationalism in furniture

A partir de meados dos anos 1960, a Hobjeto apresentou um crescimento significativo. Comprou uma nova fábrica em Diadema e passou a produzir o móvel completamente industrializado; com apenas 150 módulos fabricava cerca de quinhentos modelos diferentes, permitindo um expressivo barateamento de custo. Com isso, o mercado consumidor apresentou um acentuado aumento da demanda, houve crescimento da produção e consequente necessidade de maior especialização. Assim, a Hobjeto foi uma das primeiras indústrias a encarar seriamente o problema da normalização dos componentes de sua produção.

Outro aspecto a ser ressaltado é que a empresa sempre esteve muito ligada às principais tendências internacionais e aos lançamentos da Feira de Colônia, na Alemanha, o que lhe assegurou destaque na introdução do móvel laqueado no Brasil e outros modismos europeus que a nossa classe média soube tão bem acatar. Na verdade, o laqueado é uma solução de acabamento para aglomerado de madeira tipicamente alemã, para resolver problemas de escassez de madeira, mas, no Brasil, transformou-se numa moda transitória.

A Hobjeto permaneceu longo tempo no mercado. Seu êxito comercial deve-se à diversificação de linhas e, principalmente, à produção de mobília para escritório.

Cadeira com braços em compensado recortado laqueado. Geraldo de Barros, 1970.

Armchair in shaped and lacquered plywood. Geraldo de Barros, 1970.

O nacionalismo no móvel - 199

Other experiences

On the production of modern furniture in the 1960s, it is also fitting to highlight the contribution of designers Carlo (1927-1996) and Ernesto Hauner (1931-2002), Karl Heinz Bergmiller, Ricardo Arrastia, Ricardo Fasanello (1930-1993), and from industrialists Leo Seincman (1919-2016) and José Serber (1933-1988).

The Hauner brothers took part in several decisive moments in the history of modern Brazilian furniture. In 1949, they founded Móveis Artesanal, a medium-sized company that produced furniture that was designed by Carlo Hauner and still very close to European tendencies, and that was sold directly from the factory. In 1952, Móveis Artesanal formed an association with Knoll International and changed its name to Forma, opening its first store on Barão de Itapetininga Street. Forma represented a moment of renewal in the Brazilian market, with the introduction of the consecrated referential designs of Bauhaus.

In 1958, a partnership was established between John de Souza and Ernesto Hauner, giving rise to Ernesto Hauner Cia. Ltda., which later came to be called Mobilínea. With the great demand for furniture during the construction of Brasília, Mobilínea formed an association with Oca and together they began to produce furnishings for the new capital city, expanding little by little.

Arrastia was the chief collaborator of Arredamento Móveis Ltda., a company founded in 1960 by Cesar Wasserfirer (1937-), known for his concern with producing modulated furniture with a long reach in the market.

During this decade, self-taught designer Ricardo Fasanello began his work creating and producing furniture, in a studio he set up in the neighborhood of Santa Teresa, in Rio de Janeiro. His work demonstrates a broad technical mastery of the use of materials, which allowed him a wealth of combinations using, among others, steel, leather and fiberglass.

Another important name in furniture design that emerged in the 1960s was that of Karl Heinz Bergmiller (1928-), a German designer graduated in Ulm, and a former associate of Max Bill, who brought the country a great contribution in terms of project and production methodology. It is important to mention his significant work teaching industrial design at the College of Industrial Design in Rio de Janeiro, of which he was one of the founders in 1963. He participated, along with Geraldo de Barros, Alexandre Wollner and Ruben de Freitas Martins (1929-1968), in the creation, in 1958, of the first design company in Brazil – Forminform –, where he was responsible for both design and visual communication.

Sofá-cama estruturado em madeira, com assento em espuma de borracha. Joaquim Guedes e Karl Heinz Bergmiller, 1961.

Wood-framed sofa bed, with seat in foam rubber. Joaquim Guedes and Karl Heinz Bergmiller, 1961.

Outras experiências

Na produção de móveis modernos nos anos 1960, convém destacar também a contribuição dos designers Carlo (1927-1996) e Ernesto Hauner (1931-2002), Karl Heinz Bergmiller, Ricardo Arrastia, Ricardo Fasanello (1930-1993) e dos industriais Leo Seincman (1919-2016) e José Serber (1933-1988).

Os irmãos Hauner participaram de momentos decisivos da história do móvel moderno brasileiro. Em 1949, fundaram a Móveis Artesanal, uma empresa de porte médio, que produziu móveis desenhados por Carlo Hauner, ainda muito próximos das tendências europeias e comercializados diretamente da fábrica. Em 1952, a Móveis Artesanal associou-se à Knoll International e passou a chamar-se Forma, abrindo sua primeira loja à Barão de Itapetininga. A Forma representou um momento de renovação no mercado brasileiro, com a introdução do referencial consagrado do design da Bauhaus. Em 1958, foi estabelecida uma sociedade entre John de Souza e Ernesto Hauner, surgindo então a Ernesto Hauner Cia Ltda. que, mais tarde, passou a se chamar Mobilínea. Com a grande demanda de móveis durante a construção de Brasília, a Mobilínea associou-se à Oca e juntas começaram a produção dos equipamentos para a nova capital, expandindo-se pouco a pouco.

Arrastia foi o principal colaborador da Arredamento Móveis Ltda., empresa fundada por Cesar Wasserfirer (1937-) em 1960, destacando-se pela preocupação em produzir móveis modulados, de grande alcance no mercado.

Neste decênio, o designer autodidata Ricardo Fasanello iniciou suas atividades de criação e produção de móveis, no atelier montado no bairro de Santa Teresa, Rio de Janeiro. Sua produção demonstra amplo domínio técnico sobre o emprego dos materiais, o que lhe propiciou rica combinatória, utilizando entre outros: aço, couro, fibra de vidro.

Outro nome importante que emergiu nos anos 1960 no desenho de móveis foi Karl Heinz Bergmiller, designer alemão, formado em Ulm, ex-colaborador de Max Bill, que trouxe para o país uma grande contribuição em termos de metodologia de projeto e produção. É importante ressaltar a sua grande atuação no setor do ensino de desenho industrial na Escola Superior de Desenho Industrial, no Rio de Janeiro, da qual foi um dos fundadores em 1963. Participou, junto com Geraldo de Barros, Alexandre Wollner e Ruben de Freitas Martins (1929-1968), da criação, em 1958, do primeiro escritório de design no Brasil – Forminform –, que se ocupou tanto de design quanto de comunicação visual.

Em 1961, Bergmiller foi um dos vencedores do Concurso Nacional para Desenho de Móveis Contemporâneos, promovido pela Ambiente Indústria e Comércio de Móveis S.A. com um sofá-cama de casal realizado em conjunto com o arquiteto Joaquim Guedes (1932-2008)[25]. Na área do desenho de mobília, a sua contribuição maior se deu no desenvolvimento de móvel para escritório, sendo de extremo vigor e correção o seu trabalho e a sua política de design na empresa Escriba Indústria e Comércio de Móveis Ltda., à qual esteve vinculado desde 1967.

Poltrona Fardos, em espuma, ferro e couro. Ricardo Fasanello, 1968.

Fardos easy chair, in foam, iron and leather. Ricardo Fasanello, 1968.

Cadeira Anel, em resina de poliéster, fibra de vidro, ferro e estofamento em couro. Ricardo Fasanello, 1970.

Anel chair, in polyester resin, fiberglass and iron, with leather upholstery. Ricardo Fasanello, 1970.

In 1961, Bergmiller was one of the winners in the National Contest for the Design of Contemporary Furniture promoted by Ambiente Indústria e Comércio de Móveis S.A., with a double sofa-bed designed and made in conjunction with architect Joaquim Guedes (1932-2008)[25]. In the field of furniture design, his greatest contribution was to the development of office furniture, and at company Escriba Indústria e Comércio de Móveis Ltda., to which he was connected since 1967. His work and design policy were extremely vigorous and precise.

Still in this sector, we should also highlight Bergmiller's significant and systematic work for the rationalization of aspects in the use and production of school furniture, seeking to standardize this type of furniture, carried out at the Brazilian Institute of Industrial Design (IDI)[26], with the support of the Brazilian Ministry of Education and Culture (MEC), the Brazilian Center for School Constructions and Equipment (Cebrace) and São Paulo State School Construction Company (Conesp).

Catálogo da Escriba, sem data.

Escriba catalogue, no date.

Ambiente projetado com móveis da Escriba. Karl Heinz Bergmiller e J. R. Calejo. 1989.

Office with furniture by Escriba. Karl Heinz Bergmiller and J. R. Calejo. 1989.

Ainda nesse setor, deve-se destacar o trabalho sério e sistemático de Bergmiller para a racionalização de aspectos de uso e da produção de mobiliário escolar visando normalizar esse tipo de móvel, desenvolvido no IDI (Instituto de Desenho Industrial)[26] com apoio do MEC (Ministério da Educação e Cultura), do Cebrace (Centro Brasileiro de Construções e Equipamentos Escolares) e da Conesp (Companhia de Construções Escolares do Estado de São Paulo).

Leo Seincman foi uma presença constante no processo de modernização do móvel desde os anos 1950, quando, em 6 de novembro de 1951, criou a empresa Ambiente Indústria e Comércio de Móveis S.A., promovendo o trabalho de vários designers que então iniciavam sua produção, na escala industrial que nosso parque industrial então possibilitava – vale ressaltar que a Ambiente foi a primeira empresa no setor a pagar *royalties* aos designers. A Ambiente criou e manteve uma galeria de arte contemporânea dirigida por Vanda Svevo, onde foram expostos: Calderon, Portinari, Di Cavalcanti, entre outros. Em 1964, Leo fundou a Probjeto Indústria e Comércio de Móveis Ltda., com marca e programação visual de Alexandre Wollner e Décio Pignatari, visando ser um canal de comercialização dos móveis representantes das principais tendências internacionais, principalmente italianas e escandinavas.

A Probjeto foi responsável pela introdução, em 1964, no mercado brasileiro, da cadeira Dinamarquesa, desenhada por Arne Jacobsen (1902-1971) em 1951[27]. A partir de 1972, a Probjeto transformou-se em sociedade anônima, ampliou suas instalações e trouxe para o mercado nacional as principais linhas de móveis residenciais italianas, projetadas por Bellini, Vico Magistretti, Afra e Tobia Scarpa, G. F. Frattini, além da coleção dos clássicos do modernismo – "Cassina I Maestri".

Por fim, dentre as experiências desse decênio destaca-se também a atividade do empresário José Serber (1933-1988), que em 1960 abriu em sociedade uma pequena empresa de marcenaria, a Play Arte Decorações, transformada, em 1963, em Escriba Indústria e Comércio de Móveis Ltda. Serber formou-se em Economia na Universidade Mackenzie, em 1959. Antes disso, vivendo intensamente o clima revolucionário da época, engajou-se com entusiasmo no teatro e na então emergente TV brasileira, tendo atuado ao lado de nomes importantes, como Gianfrancesco Guarnieri, Augusto Boal, Milton Gonçalves, Antunes Filho, Tatiana Belinky, Júlio Gouveia, Heitor de Andrade, entre outros.

Com a criação da Escriba, o artista cedeu lugar ao empresário. As inquietudes culturais e artísticas direcionaram-se para um campo mais prático: o desenho industrial, a produção de mobília. Foi mais um desafio que Serber soube vencer com sua mentalidade progressiva. A Escriba, desde as suas origens, optou pela produção de móvel para escritório, tendo recebido no mesmo ano da mudança de sua razão social o Prêmio Boa Forma, da Alcântara Machado, pela primeira linha de escrivaninhas, projeto do arquiteto Abrahão Sanovicz. Em fins dos anos 1960, a empresa se expandiu expressivamente, instalou nova fábrica e, a partir do decênio de 1970, em intercâmbio com a empresa alemã Wikhann, passou a implantar novas tecnologias no setor. Nos anos subsequentes, manteve posição de destaque no mercado, pela excelência de seu produto.

Leo Seincman was always a constant presence in the process for the modernization of furniture, since the 1950s when, on November 6, 1951 he created company Ambiente Indústria e Comércio de Móveis S.A., promoting the work of a number of designers who were just starting their production, on the industrial scale that Brazilian industrial installations allowed at that time. It should be pointed out that Ambiente was the first company in the sector to pay royalties to designers. Ambiente created and maintained a gallery of contemporary art, directed by Vanda Svevo, and in which the artists exhibited included: Calderon, Portinari, and Di Cavalcanti, among others. In 1964, Leo founded Probjeto Indústria e Comércio de Móveis Ltda., with a brand and visual image created by Alexandre Wollner and Décio Pignatari, and with the intention of being a channel for the commercialization of furniture that represented major international trends, especially those from Italy and Scandinavia.

Probjeto was responsible for the introduction to the Brazilian market, in 1964, of the Danish chair designed by Arne Jacobsen (1902-1971) in 1951[27]. From 1972, the project changed into a joint-stock company, expanded its facilities, and brought to the domestic market the foremost lines of residential furniture from Italy, designed by Bellini, Vico Magistretti, Afra and Tobia Scarpa, and G. F. Frattini, as well as the collection of modern classics – *"Cassina I Maestri"*.

Among the experiments of that decade, another highlight was the activity of businessman José Serber (1933-1988) who, in 1960 entered as a partner in a small joinery company called Play Arte Decorações, which in 1963 changed its name to Escriba Indústria e Comércio de Móveis Ltda.

Serber graduated in economics from Mackenzie University, in 1959. Before that, intensely living the revolutionary climate of those times, he engaged enthusiastically in theater and the emerging Brazilian TV, having worked alongside important names such as Gianfrancesco Guarnieri, Augusto Boal, Milton Gonçalves, Antunes Filho, Tatiana Belinky, Júlio Gouveia, and Heitor de Andrade, among others.

With the creation of Escriba, the artist gave way to the businessman. Cultural and artistic unrest were directed at a more practical field: industrial design and the production of furniture. This was another challenge that Serber was able to overcome with his progressive mentality.

From its outset, Escriba chose to produce office furniture, having received, in the first year of changing its trading name, the Boa Forma Award, promoted by Alcântara Machado, for its first line of desks, designed by architect Abrahão Sanovicz (1933-1999).

Towards the end of the 1960s, the company expanded significantly, installed a new factory and, as of the 1970s, in an exchange with German company Wikhann, began to implant new technologies in the sector. In the years that followed, they maintained their privileged market position, thanks to the excellence of their products.

NOTAS
NOTES

1. *Arte em Revista*. São Paulo, *CEAC/Kairós*, 1(2), mai./ago. 1979.

2. A temática do nacional-popular na cultura brasileira foi objeto de uma pesquisa realizada sob o patrocínio da Funarte no ano de 1980. Essa questão foi analisada nas áreas de Filosofia, Cinema, Teatro, Artes Plásticas, Música, Literatura, Televisão e Rádio. Infelizmente, não se constituíram em objeto de análise as produções arquitetônicas de desenho industrial, embora, nesses setores, tal questão seja de fundamental importância. Uma reflexão minuciosa sobre o tema, encaminhando algumas análises relativas ao surgimento das ideias e imagens do nacional e do popular no pensamento político moderno e contemporâneo, bem como a análise dos discursos de intelectuais brasileiros dos anos 1960, foi desenvolvida por Marilena Chauí em *O nacional e o popular na cultura brasileira*. São Paulo: Brasiliense, 1983, 106 p. O CEAC (Centro de Estudos de Arte Contemporânea), vinculado ao Departamento de Filosofia da USP, dedicou o número 3 da *Arte em Revista*, publicado em 1980, ao exame das principais discussões, no Brasil, da questão do popular.

3. Este inquérito, organizado pelo crítico Ferreira Gullar e pelo arquiteto Alfredo Britto, foi publicado no Suplemento Dominical de *O Jornal do Brasil*, em 1961.

4. A respeito das relações da obra de Sergio Rodrigues com aspectos culturais brasileiros, ver: SANTOS, Maria Cecilia Loschiavo dos. *Sergio Rodrigues: Redescobrindo o Brasil pelo móvel*. Catálogo da Exposição "Falando de Cadeira". Rio de Janeiro, 1991.

5. DEPOIMENTO de Sergio Rodrigues à autora. Rio de Janeiro, 1979.

6. *Idem*.

7. Ainda nos anos 1950, os desenhos de Carlo Hauner e Martin Eisler foram premiados na Trienal de Milão, com o Prêmio Compasso de Ouro. O êxito obtido na Itália levou à abertura de uma filial da empresa em Bréscia. A partir de 1960, em função de uma grande identificação com os designers da Bauhaus, a Forma passou a fabricar, com exclusividade no Brasil, a coleção da Knoll Internacional, incluindo desenhos de Mies van der Rohe, Marcel Breuer, Eero Saarinen, Florence Knoll, Harry Bertoia e outros. Desse modo, foi significativa a atuação da empresa na divulgação dos principais desenhos pioneiros da modernização do móvel internacional, como a cadeira Wassily, de Marcel Breuer, a Barcelona, de Mies van der Rohe, ou a chaise-longue de Le Corbusier. Apesar da preocupação em difundir os conceituados mestres, a Forma também fez pesquisas de móvel, principalmente

1. *Arte em Revista*. São Paulo, *CEAC/Kairós*, 1(2), May/August 1979.

2. The topic of national-popular expression in Brazilian culture was the subject of research done under the sponsorship of Funarte in 1980. This question was analyzed in the fields of Philosophy, Cinema, Theater, Plastic Arts, Music, Literature, Television and Radio. Unfortunately, architectural productions in industrial design did not constitute an object of analysis, although in these sectors such a question is of fundamental importance. A painstaking reflection on the subject, referring some analyses on the emergence of ideas and images regarding nation and people in modern and contemporary political thinking, as well as analyses of discourses made by Brazilian intellectuals from the 1960s, was carried out by Marilena Chauí in *O nacional e o popular na cultura brasileira*. São Paulo, Brasiliense, 1983, 106 p. The Center for the Study of Contemporary Art (CEAC), linked to the Department of Philosophy at USP, dedicated issue number 3 of Arte em Revista, published in 1980, to the examination of the foremost discussions, in Brazil, regarding the question of the popular.

3. This enquiry, set up by critic Ferreira Gullar and architect Alfredo Britto, was published in the Sunday supplement of newspaper *O Jornal do Brasil* in 1961.

4. With regard to the relationships between the work of Sergio Rodrigues and aspects of Brazilian culture, see: SANTOS, Maria Cecilia Loschiavo dos. *Sergio Rodrigues: Redescobrindo o Brasil pelo móvel*. Catalogue for the Talking of Chairs Exhibition. Rio de Janeiro, 1991.

5. STATEMENT from Sergio Rodrigues to the author. Rio de Janeiro, 1979.

6. *Idem*.

7. In the 1950s, the designs of Carlo Hauner and Martin Eisler received the Golden Compass Award at the Triennial in Milan. The success in Italy led to the opening of a branch of the company in Brescia. As of 1960, based on a major identification with the designers from Bauhaus, *Forma* began to manufacture, with exclusivity in Brazil, the Knoll International collection, including designs by Mies van der Rohe, Marcel Breuer, Eero Saarinen, Florence Knoll, Harry Bertoia, and others. The work of the company was significant in divulging major pioneering designs for the international modernization of furniture, such as Marcel Breuer's Wassily chair, Mies van der Rohe's *Barcelona*, or Le Corbusier's chaise longue. Despite the preoccupation in spreading

NOTAS
NOTES

assentos para trabalho, cuja principal responsável é a designer Adriana Adam, que auferiu vários prêmios em concursos brasileiros, entre eles o primeiro lugar da Bienal Internacional de Desenho Industrial, realizada no Rio de Janeiro em 1970, com uma linha modulada de móveis infantis. Ainda devemos destacar um importante projeto que ela desenvolveu em fins de 1977, juntamente com as designers Ana Beatriz Gomes e Consuelo Cornelsen: o equipamento de segurança para o trabalhador boia-fria de cana-de-açúcar. Sobre esse tema, ver: SANTOS, Maria Cecilia Loschiavo dos. "Por um desenho necessário". *Módulo*, Rio de Janeiro, (63):68-71, abr./maio 1981.

8. A respeito desse tema, ver: SANTOS, Maria Cecilia Loschiavo dos. *Op. cit.*, 1991.

9. DEPOIMENTO de Sergio Rodrigues à autora. Rio de Janeiro, 1979.

10. COSTA, Lucio. Folheto sem título. Rio de Janeiro, 10 fev. 1962.

11. RODRIGUES, Sergio. S.t., texto inédito. Rio de Janeiro, p. 6.

12. *Ibidem*, p. 3.

13. A ideia de participar da Bienal de Cantu partiu do então governador do Rio de Janeiro, Carlos Lacerda, que, tendo comprado um dos modelos da Poltrona, era um entusiasta da obra de Sergio.

14. RODRIGUES, Sergio. S.t., texto inédito. Rio de Janeiro, p. 6.

15. BARDI, Lina Bo. S.t., *Habitat*, São Paulo, (1):54, out./dez. 1950.

16. Esta cadeira, realizada para equipar os escritórios da Rede Manchete de Televisão, no Rio de Janeiro, recebeu esse nome em homenagem a Adolpho Bloch.

17. Imprensa, periódicos, arte e cultura sempre marcaram a vida de Sergio Rodrigues. Do lado materno, a família Mendes de Almeida; do lado paterno, os Rodrigues. O avô Mário Rodrigues (1885-1930), jornalista, fundou *A Manhã e Crítica*. Dentre seus catorze filhos destacam-se: Nelson Rodrigues, dramaturgo, romancista; Mário Rodrigues Filho, cronista desportivo, que deu nome ao Maracanã; Dulce, atriz, poetisa; Roberto Rodrigues (1904-1929) – pai de Sergio – desenhista, chargista, "que se tornaria o maior artista plástico do Brasil", no dizer de Cândido Portinari. As vivências de infância, as inquietações artísticas, o traço firme e sensível, um patrimônio da família, ganharam tridimensão nos móveis e na arquitetura de Sergio.

the guiding concepts, Forma also did research into furniture, especially work seats, for which the person in charge was designer Adriana Adam, who won several awards in Brazilian competitions, including first place in the International Biennial of Industrial Design held in Rio de Janeiro in 1970, with a modulated line of furniture for children. We must also highlight an important project she carried out towards the end of 1977, together with designers Ana Beatriz Gomes and Consuelo Cornelsen: that of safety equipment for the sugar plantation workers. With regard to this subject, see: SANTOS, Maria Cecilia Loschiavo dos. "Por um desenho necessário". Módulo, Rio de Janeiro, (63):68-71, April/May 1981.

8. With regard to this subject, see: SANTOS, Maria Cecilia Loschiavo dos. *Op. cit.*, 1991.

9. STATEMENT from Sergio Rodrigues to the author. Rio de Janeiro, 1979.

10. COSTA, Lucio. Untitled leaflet. Rio de Janeiro, February 10, 1962.

11. RODRIGUES, Sergio. S.t., unpublished text. Rio de Janeiro, p. 6.

12. *Ibidem*, p. 3.

13. The idea of participating in the Biennial in Cantu came from the governor of Rio de Janeiro, Carlos Lacerda who, having bought one of the models of the armchair, became an enthusiast for the work of Sergio.

14. RODRIGUES, Sergio. S.t., unpublished text. Rio de Janeiro, p. 6.

15. BARDI, Lina Bo. S.t., *Habitat*, São Paulo, (1):54, October/December 1950.

16. This chair, made to furnish the offices of the *Rede Manchete* television company, in Rio de Janeiro, received this name in honor of Adolpho Bloch.

17. The press, periodicals, art and culture always featured heavily in the life of Sergio Rodrigues, on his mother's side through the Mendes de Almeida family, and on his father's side, through the Rodrigues family. His grandfather Mário Rodrigues (1885-1930), journalist, founded *A Manhã e Crítica*. Among his fourteen children, the best known are: Nelson Rodrigues, play writer and novelist; Mário Rodrigues Filho, sports writer, who gave the name to the Maracanã stadium; Dulce, actress, poetess; Roberto Rodrigues (1904-1929) – Sergio's father – illustrator and caricaturist, "who was to become the greatest artist in Brazil",

18. COSTA, Lucio. Sem título. Rio de Janeiro, 27 de novembro de 1991, Catálogo da Exposição "Falando de Cadeira". MAM, Rio de Janeiro.

19. ARNOULT, Michel. *Arquitetura*, (31):29, jan. 1965.

20. *Ibidem.*

21. Prêmio Roberto Simonsen à Mobília Contemporânea. *Habitat*, (76):51, maio/abr. 1964.

22. DEPOIMENTO de Michel Arnoult à autora. São Paulo, 1978.

23. Dentre os funcionários que acompanharam a trajetória de Geraldo da Unilabor para a Hobjeto até hoje estão Elias Moressa Asfom e José Soares de Oliveira.

24. DEPOIMENTO de Geraldo de Barros à autora. São Paulo, 1979.

25. O edital desse concurso esclarecia que se pretendia promover maior contato entre arquitetos e industriais do setor moveleiro, e nesse sentido visava: "[...] ter significação profunda na formação de um critério cada vez mais brasileiro no que diz respeito à arquitetura de interiores". Segundo o documento, podiam concorrer: "arquitetos brasileiros, legalmente habilitados, sócios do Instituto de Arquitetos do Brasil" (cláusula 1.2), e enquanto autor do projeto considerava: "[...] o arquiteto individualmente ou em equipe, devendo, neste caso, ser indicados os demais participantes, com as suas respectivas especialidades" (cláusula 1.3). O objetivo do evento era o projeto de um sofá-cama de casal ou uma poltrona de braços de espaldar alto (*berger*) ou ambos (cláusula 2.1). Um dos aspectos importantes desse concurso é que os projetos vencedores, além de premiados, foram efetivamente fabricados, o que nem sempre era praxe.

26. Esse instituto foi criado em 1968, como um departamento do Museu de Arte Moderna do Rio de Janeiro, visando realizar trabalhos de divulgação, informações e pesquisa no campo do desenho industrial.

27. Originalmente esta cadeira foi desenhada com três pés e, em 1953, foi introduzido o quarto pé.

in the words of Cândido Portinari. His childhood life and experiences, artistic restlessness, firm and sensitive lines, and family heritage became three-dimensional in the furniture and architecture of Sergio.

18. COSTA, Lucio. Untitled. Rio de Janeiro, November 27, 1991, Catalogue for the Talking of Chairs Exhibition. MAM, Rio de Janeiro.

19. ARNOULT, Michel. Arquitetura, (31):29, January 1965.

20. *Ibidem.*

21. Roberto Simonsen Award for Contemporary Furniture. *Habitat*, (76):51, May/April 1964.

22. STATEMENT from Michel Arnoult to the author. São Paulo, 1978.

23. Among the workers who accompanied Geraldo's trajectory from Unilabor to Hobjeto, Elias Moressa Asfom and José Soares de Oliveira are still there today.

24. STATEMENT from Geraldo de Barros to the author. São Paulo, 1979.

25. The edict for this competition made it clear that the intention was to promote greater contact between architects and industrialists within the furniture sector, and in this sense it aimed to: "[...] have profound significance in the forming of an increasingly Brazilian criteria regarding the architecture of interiors". According to the document, entrants could include: "Brazilian architects, legally qualified, members of the Brazilian Institute of Architects" (clause 1.2), and for authorship of the design it considered: "[...] the individual architect or architectural team, with the other participants, in this case, being indicated in accordance with their respective fields of expertise" (clause 1.3). The purpose of the event was to design a double sofa-bed, or a high-backed armchair (*berger*), or both (clause 2.1). One of the important aspects of this competition is that the winning projects, besides receiving awards, were actually manufactured, which did not always correspond to the common practice.

26. This institute was created in 1968, as a department of the Museum of Modern Art of Rio de Janeiro, intended to provide publicity, information and research in the field of industrial design.

27. Originally, this chair was designed with three legs and the fourth was added in 1953.

Entre função e transformação

—

Between function and transformation

Cadeira de balanço desmontável Gaivota. Reno Bonzon, 1988.

Gaivota collapsible swing seat. Reno Bonzon, 1988.

Cadeira Cerca, em varas de madeiras diversas e cabo de aço tensionado. Fábio Magalhães, 1987.

Cerca chair, in strips of a variety of woods and tensioned steel cable. Fábio Magalhães, 1987.

O móvel moderno atingiu uma escala de produção massiva[1] a partir dos anos 1970-1980 até o final do século XX. O mercado apresentou grande variedade de opções, diferentes em qualidade e quantidade. A produção é eclética e possui várias vertentes: o móvel de autor, assinado, com canais de venda e faixa de clientela próprios; o móvel de massa, que inundou o mercado para o consumo popular, sem preocupações com o design[2]; o móvel reciclado, um certo *revival* da mobília do passado, em que cópias e obras verdadeiras coexistem em antiquários e lojas de móveis usados em geral[3]. Além disso, devemos salientar uma categoria de móveis que cresceu significativamente no mercado a partir dos anos 1970: os móveis institucionais, destinados principalmente a escritórios[4], lugares públicos, bibliotecas, auditórios, museus e hospitais.

Com todas essas opções, a indústria brasileira de mobiliário atendeu às necessidades do mercado. Foi uma produção questionável sob alguns ângulos, mas com o mérito de trazer para o público, cada vez mais numeroso, o consumo de um móvel executado dentro de nossas condições econômicas, sociais e industriais, com arte e expressão.

A geração dos designers emergentes nas décadas de 1980 e 1990 trabalha a partir do expressivo desenvolvimento tecnológico que vem afetando o design de mobília nos últimos anos, em termos de matéria-prima, das técnicas para a produção e das novas metodologias no âmbito do projeto, incluindo-se aqui as potencialidades trazidas pela

---

Modern furniture reached a massive scale of production[1] in the period from the 1970s and 1980s up until the end of the 20th century. The market offered a wide range of options with qualitative and quantitative features. Production was eclectic and represented several schools of thought and design: designer furniture, signed, and with its own sales channels and customer base; mass-produced furniture, which flooded the market for popular consumption, without much concern for design[2]; recycled furniture – a certain revival of furniture from the past, wherein copies and original works coexist in antique shops and second-hand furniture stores in general[3]. Besides these, we should also showcase a category of furniture that grew significantly on the market in the 1970s, although interest for it cooled down somewhat in the 1980s: institutional furniture mostly destined for offices[4], public spaces, libraries, auditoriums, museums and hospitals. In this sense, it is interesting to observe that, historically, the process of modernization for furniture, which began in the household domain, later expanded to the work environment.

With all of these options, the Brazilian furniture industry fulfilled the needs of the market, with production that was questionable, from some points of view, but that had the merit of bringing the ever-growing public the possibility of consuming furniture made with art and expression and within its economic, social and industrial conditions.

The generation of designers that emerged in the decades from 1980 to 1990 works based on the major technological development that has been affecting the design of furniture in the last few years, in terms of raw material, production techniques and new methodologies within the ambit of design, including the potentials offered by information technology. This is a production that seeks to adapt itself to the complexity of the current market. Very often, the work of these professionals questions itself regarding the limits of rationality and rehearses a redefinition of the project for a world in transition, where the concept of design has spread out in interdisciplinary directions. These designers work to different scales: from serial and standardized production to small limited series and one-off pieces, practically in an ironic criticism of the uniformity and homogenization of the current standards. Alongside names that have been consolidating themselves in the panorama of furniture design in recent years, there are also new groups of designers, artists, architects and joiners seeking, by way of furniture, to articulate responses to the demands arising from the ways of being, sitting and living in the interior spaces of our times.

The esthetic proposal of furniture in this period is characterized by a new pluralism of positions that stands between the controllable and measurable functionality of an object, and the contestation of the same: a certain transformism, where it is the symbolic functions of the object that prevail. Intuitive design methodologies exist alongside rationalist positionings, thereby echoing the fundaments of design adopted by the pioneers of modern Brazilian furniture. These are the new paths of furniture design, which have brought alterations and new enchantments to the home interior, increasing interest in Brazilian design.

Work environments have also adopted a new approach to furniture and the presence of information technology in the Brazilian workplace and home has led to changes in layout, altered routines and introduced versatility and other dynamics, resulting in ever-changing, transitory esthetics.

Within the intricate current panorama and amid the successive transformations of tastes and tendencies, of the *labels* and creations that vary from time to time, there is a group of professionals – a some of whom are architects and others that come from the schools of industrial design – that stands apart with its systematic and well thought out production of modern furniture. Among others, we can mention: Carlos Lichtenfels Motta (1952-), Claudia Moreira Salles (1955-), Etel Carmona (1947-), Fernando (1961-) and Humberto Campana (1953-), Gerson de Oliveira (1970-) and Luciana Martins (1967-), Fernando Jaeger (1961), Freddy van Camp (1946-), Fulvio Nanni Jr. (1952-1995), Fabio Falanghe (1966-), Giorgio Giorgi (1956-), Maurício dos Santos Azeredo (1948-), Marcenaria Baraúna – with the participation of Marcelo Ferraz (1955-), Francisco Fanuchi (1952-), Marcelo Suzuki (1956-) –, Oswaldo Mellone (1945-) and Nido Campolongo (1954-). it is also important to highlight the collaboration of André Leirner, Alfio Lisi, Antonio de Oliveira Santos, Arthur de Mattos Casas, Caio de Medeiros Filho, Cassia Klawa, Daniela Thomas, Fábio Magalhães, Flávio Miranda, Floriano Godoi, Francisco de Almeida, Guinther Parschalk, Guto Lacaz, Jacqueline Terpins, José Roberto Calejo, Júlio Pechman, Laila Andrade Guimarães, Marcio Colaferro, Mauro Calabi, Pedro Useche and Reno Bonzon. Important to mention Adriana Adam (1946-2014), Delia Beru (1938-2014) and Luciano Devià (1943-2014) who, after years of engagement in the production and promotion of design, passed away in 2014.

Banco Flexus, em acrílico, cumaru e aço inox. Pedro Useche, 1999.

Flexus stool, in acrylic, cumaru wood and stainless steel. Pedro Useche, 1999.

Mesa de centro Voadora, em chapa de alumínio curvado a frio, pintada em epóxi. Jaqueline Terpins, 1990.

Voadora coffee table, in cold-folded aluminum sheet and with epoxy paintwork finish. Jaqueline Terpins, 1990.

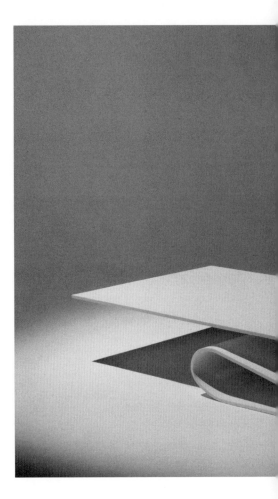

informatização. Trata-se de uma produção que procura adaptar-se à complexidade do mercado em nossos dias. Muitas vezes o trabalho desses profissionais se interroga sobre os limites da racionalidade e ensaia uma redefinição do projeto para um mundo em transição, em que o conceito de design alargou-se em direções interdisciplinares.

Esses designers trabalham em diferentes escalas: da produção seriada e estandardizada às pequenas séries ou peças únicas, praticamente numa crítica irônica à uniformidade e homogeneização dos padrões vigentes. Ao lado de nomes que vêm se consolidando no panorama do design de mobília nos últimos anos estão novos grupos de designers, alguns oriundos das escolas de desenho industrial, além de artistas, arquitetos e marceneiros que buscam, através do mobiliário, articular respostas para as demandas decorrentes das maneiras de estar, de sentar, de vivenciar os espaços interiores nos nossos dias.

A proposta estética do móvel nesse período é caracterizada por um novo pluralismo de posições, que se coloca entre o funcionalismo do objeto controlável, mensurável, e sua contestação: um certo transformismo no qual prevalecem as funções simbólicas do objeto. Lado a lado, convivem metodologias de projeto intuitivas e posicionamentos racionalistas, onde ecoam os fundamentos do design dos pioneiros do móvel moderno brasileiro. São os novos caminhos do design da mobília, que trouxeram alterações e novos encantos aos interiores domésticos, ampliando o interesse pelo design brasileiro.

Os ambientes de trabalho também adotaram uma nova abordagem do móvel, e a presença da tecnologia da informação nos espaços de trabalho e na casa brasileira provocou modificações de *layout*, alterou rotinas e introduziu versatilidade e outras dinâmicas, resultando numa estética cambiante, transitória.

No intrincado panorama vigente, em meio às sucessivas transformações dos gostos e tendências, das grifes e criações que variam de tempos em tempos, há um grupo de profissionais que se destaca pela produção sistemática e bem cuidada. Entre outros, podemos citar: Carlos Lichtenfels Motta (1952-), Claudia Moreira Salles (1955-), Etel Carmona (1947-), os irmãos Fernando (1961-) e Humberto Campana (1953-), Gerson de Oliveira (1970-), Luciana Martins (1967-), Fernando Jaeger (1961), Freddy van Camp (1946-), Fulvio Nanni Jr. (1952-1995), Fabio Falanghe (1966-), Giorgio Giorgi (1956-), Maurício dos Santos Azeredo (1948-), a Marcenaria Baraúna, com a participação de Marcelo Ferraz (1955-), Francisco Fanuchi (1952-), Marcelo Suzuki (1956-), Oswaldo Mellone (1945-) e Nido Campolongo (1954-). Destaca-se também a colaboração de André Leirner, Alfio Lisi, Antonio de Oliveira Santos, Arthur de Mattos Casas, Caio de Medeiros Filho, Cassia Klawa, Daniela Thomas, Fábio Magalhães, Flávio Miranda, Floriano Godoi, Francisco de Almeida, Guinther Parschalk, Guto Lacaz, Jacqueline Terpins, José Roberto Calejo, Júlio Pechman, Laila Andrade Guimarães, Marcio Colaferro, Mauro Calabi, Pedro Useche e Reno Bonzon. Importante citar Adriana Adam (1946-2014), Delia Beru (1938-2014) e Luciano Devià (1943-2014) que, após longos anos de engajamento na produção e promoção do design, faleceram no ano de 2014.

Fernando e Humberto Campana

A produção do período logrou grande prestígio e atraiu extraordinária atenção do público internacional através da obra dos irmãos Fernando e Humberto Campana. Este último é advogado pela Universidade de São Paulo e designer autodidata; seu irmão é formado em Arquitetura pela Faculdade de Belas Artes de São Paulo. Em 1983, criaram o Estúdio Campana, em São Paulo, e passaram a projetar móveis utilizando ampla gama de materiais de alta a baixa tecnologia.

Os materiais possuem destacada precedência no processo criativo desses designers e são parte decisiva da crítica contundente por eles empreendida ao funcionalismo no móvel. A dimensão simbólica da obra dos Campana vem do uso de recursos e conceitos com grande apelo midiático, quase como fetiches exóticos, a citação direta ou o mimetismo de elementos presentes na cultura brasileira. Esteticamente, essas obras apresentam um duplo estatuto: no design e na arte.

Há peças emblemáticas desse processo, como a Cadeira Favela (1990), que faz uma citação direta a um tipo de habitação social característico do Brasil, que proliferou nos morros do Rio de Janeiro, São Paulo e em demais regiões do país. A produção desse tipo de habitação se impõe num quadro de urgência e manifesta práticas engenhosas e espontâneas

—

The production for that period enjoyed great prestige and attracted an extraordinary level of attention from the international public through the work of brothers Fernando and Humberto Campana. The latter is a lawyer graduated through the University of São Paulo and a self-taught designer, while his brother graduated in Architecture through the São Paulo School of Fine Arts. In 1983, they created Estúdio Campana in São Paulo, and started designing furniture using a broad range of high- and low-tech materials.

The choice of materials plays an especially important role in the creative process of these designers, and represents a decisive part of their emphatic criticism of functionalism in the furniture they make. The symbolic dimension of the work of the Campana brothers comes from their use of resources and concepts with great media appeal, almost as exotic charms, the direct reference to, or mimetism of, elements that are present in Brazilian culture. Esthetically, these pieces present a dual statute: in design and in art.

Cadeiras da série Desconfortáveis, em ferro, 1989.

Chairs from the *Desconfortáveis* series, in iron, 1989.

Poltrona Favela, produzida com pedaços de madeira, 1991.

Favela easy chair, made with pieces of wood, 1991.

Poltrona Vermelha, em corda e aço inox, 1993.

Vermelha easy chair, in rope and stainless steel, 1993.

Poltrona Banquete, feita com mix de pelúcias e ferro, 2002.

Banquete easy chair, made with a mix of soft toys and iron, 2002.

Sofá Detonado, em aço inox e palhinha, 2013.

Detonado sofa, in stainless steel and straw, 2013.

de improvisação, reúso e recuperação de materiais descartados, que já foram utilizados ou manufaturados anteriormente. São as várias vidas dos materiais e dos produtos que integram o repertório de sobrevivência da cultura material dos despossuídos. Os pedaços de madeira colada na constituição de assento e encosto fazem citação direta dessas práticas de *bricolagem*, distantes do interior dos ambientes institucionais, bancos, hotéis ou das residências da alta burguesia, onde esses móveis são utilizados.

Ainda na matriz de contestação do funcionalismo destacam-se outras coleções de poltronas, sofás e mesas que empregam elementos inusitados, nunca pensados para estofamento, tais como bichos de pelúcia ou plástico bolha para revestimento de assento e encosto. Seriam estes novos tecidos?

Exposição realizada no MoMA (Museu de Arte Moderna de Nova Iorque), em 1998, sob curadoria de Paola Antonelli, ampliou a repercussão e o fascínio pela obra dos Campana, que modificaram o universo dos materiais no design do móvel.

—

Cadeira Bubble Wrap, em ferro cromado e folhas de plástico bolha, 1995.

Bubble Wrap chair, in chrome plated iron and sheets of bubble wrap, 1995.

There are pieces that are emblematic of this process, such as the Favela chair (1990), which makes direct reference to a type of social habitation that is characteristic of Brazil and that has proliferated in the hills of Rio de Janeiro, in São Paulo and in other parts of the country. The production of this type of housing is imposed within a situation of urgency, generating ingenious and spontaneous improvisation, with the reuse and recycling of discarded materials, which have already been made and used for other things. It is the various lives of the materials and products that comprise the repertoire of survival for the material culture of the dispossessed. The pieces of wood glued together to form the seat and backrest serve as a direct reference to the practices of *bricolage*, far removed from the interiors of the institutions, banks, hotels or upper-middle class residences where this furniture is used.

Also within this idea of contesting functionalism, there are other amazing collections of chairs, sofas and tables made from unusual elements that had never before been thought of for upholstery, such as cuddly toys or bubble wrap to make the covers for seats and backrests. Could these be new fabrics?

An exhibition held at the MoMA in New York, in 1998, under the curatorship of Paola Antonelli, broadened the repercussion and fascination for the work of the Campana brothers, who have changed the universe of materials for furniture design.

Entre função e transformação - 215

Ovo

A obra de Luciana Martins e Gerson de Oliveira, na Ovo, é concebida em bases intuitivas, no âmbito de virtualidades criativas que potencializam a familiaridade e a aptidão artística dos designers autodidatas, ex-estudantes de cinema na Escola de Comunicação e Artes da Universidade de São Paulo.

Estabelecida desde 1991, a Ovo também marca uma cisão com a abordagem funcionalista do móvel e leva o design para temas nada ortodoxos, explorando novos usos para os materiais. Exemplos emblemáticos dessa postura são a Cadeira Cadê (1995) e a mesa de jantar Mientras Tanto (1997), revestidos com tecido elástico, em uma referência à pele, membrana, filtro sedutor que ao mesmo tempo mostra e esconde.

—

The work of Luciana Martins and Gerson de Oliveira at Ovo is conceived on an intuitive basis, within the ambit of creative virtualities that favor the familiarity and aptitude of these two self-taught designers, both former film students from the School of Communication and Arts at the University of São Paulo.

Together since 1991, Ovo also breaks away from the functionalist approach to furniture and takes design into topics that are far from orthodox, exploring new uses for the materials. Some emblematic examples of this posture are the Cadê chair (1995) and the Mientras Tanto dinner table (1997), covered in elastic fabric as a reference to skin, membrane, a seductive filter that, at the same time, serves to show and to hide.

Poltrona Cadê, em tecido elástico e metal, 1995.

Cadê easy chair, in elastic fabric and metal, 1995.

Espreguiçadeira Tiras de leitura, em estofado e metal, 2012.

Tiras de leitura sun lounger, in upholstery and metal, 2012.

Mesa Mientras Tanto, em tecido elástico e metal, 1997.

Mientras Tanto table, in elastic fabric and metal, 1997.

Módulos Boiling, em metal, com estofamento em tecido, 2013.

Boiling modules, in metal with upholstery in fabric, 2013.

Entre função e transformação - 217

Fabio Falanghe e Giorgio Giorgi

Em 1985, a partir da colaboração entre Giorgio e seu ex-aluno, foi montado o escritório de design Objetonãoidentificado. A intensa dedicação ao design de luminárias levou-os a uma produção em série, cujo ponto alto foi o design da luminária Floppy, produzida pela Artemide, da Itália, com premiação nacional e internacional. Além das atividades de projeto, Giorgio possui decisivo engajamento com atividades docentes.

—

The Objetonãoidentificado design company was set up in 1985 in a collaboration between Giorgio and his former pupil. An intense dedication to the design of light fittings lead them to work with serial production, the highpoint of which was the design of the Floppy lamp, produced by Artemide, Italy, and having won several national and international awards. Besides his design activities, Giorgio has a decisive involvement in the field of teaching.

Mesa Zero, com estrutura tubular empilhável e pintura epóxi, 1987.

Zero table, with stackable tubular frame and epoxy paint finish, 1987.

Conjunto de porta-objetos Laurel & Hardy, em compensado laminado, 1992.

Laurel & Hardy, set of object holders in laminated plywood, 1992.

218 - Between function and transformation

Mesa Cone, produzida com cones plásticos de reúso, madeira, papel resinado e tampo de vidro, 2012.

Cone table, produced using recycled plastic cones, wood, resonated paper and glass top, 2012.

Nido Campolongo

Designer e artista plástico, Nido Campolongo é conhecido por sua produção e pesquisa de materiais, que já dura mais de 30 anos. Com o tempo, seu trabalho passou a integrar aspectos ambientais, com reúso de material descartado, que lhe renderam atuações na área de cenografia.

—

Designer and artist, Nido Campolongo is known for his production and research into materials that has now been going on for more than 30 years. Over time, his work has come to include environmental aspects, such as the reutilization of waste materials, which have brought him work in the field of scenography.

Banco Vergalhão, com materiais extraídos de canteiros de obra, 2013.

Vergalhão bench, made from materials taken from building sites, 2013.

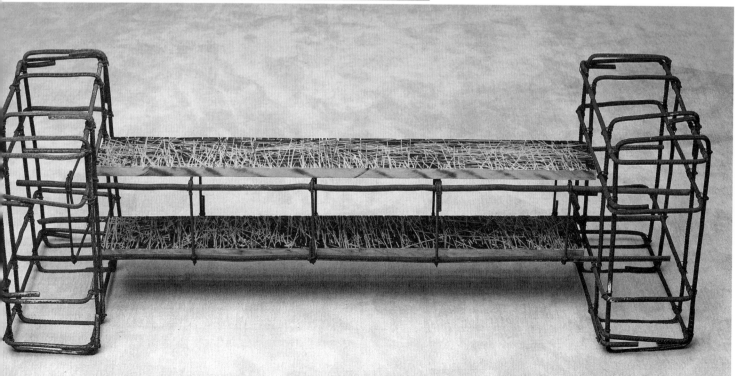

Carlos Motta

Formou-se em Arquitetura e, ainda na universidade, criou sua primeira cadeira, que foi vendida para uma indústria holandesa. Foi para a Califórnia, nos Estados Unidos, completar sua formação e, de volta ao Brasil, começou um trabalho sistemático de marcenaria. Aliás, a madeira é sua paixão, e ele está no rastro dos antigos profissionais das escolas de ofícios, sintetizando e adaptando formas de nosso repertório de mobília de casa de fazenda – as velhas cristaleiras, bufês, penteadeiras etc. Em alguns casos, elementos lúdicos e geométricos – estrelas, meias-luas, círculos, triângulos – criam interessante e personalizado efeito de marchetaria.

A grande força expressiva do trabalho de Carlos Motta é a maneira simples e honesta de tratar a madeira. Ele afirma: "Por exemplo, a Cadeira São Paulo é um simples banquinho, com um rasgo e o encosto espetado. Meu objetivo é produzir peças utilitárias com facilidade, conforto e estética. Meu método de trabalho para projetar assentos é: procuro a postura que acredito ser a mais correta – o conforto; uma vez resolvido, vou pensar em estrutura e construir essa forma. Usando a técnica construtiva mais adequada, da combinação desses elementos chego a um resultado estético"[5].

—

Graduated in architecture, while still at university he created his first chair, which was sold to a Dutch industrial company. He went to Santa Cruz, California, in the United States, to complement his studies and, back in Brazil, he began to work systematically with joinery. In fact, wood is his passion, and he is on the track of the old professionals from the schools of crafts, synthesizing and adapting forms of Brazilian repertoire of farmhouse furniture – the old china cabinets, sideboards, dressing tables, etc. In general, he fits in certain playful and geometric elements – producing stars, half-moons, circles and triangles – that create an interesting and personalized effect of marquetry.

The great expressive force of the work of Motta is in the simple and honest way he treats wood. He states: "For example, the São Paulo chair is a simple stool, with a slot and a backrest stuck in. My goal is to produce utilitarian pieces, with ease, comfort and esthetics. My work method for designing seats is: I look for the posture that I believe to be most correct – comfort – once that is done, I think about structure and how to construct that form. Using the most suitable construction technique, with the combination of these elements I arrive at an esthetic result"[5].

Cadeira São Paulo, estrutura em mogno maciço, assento em madeira revestido com laminado plástico e encosto em laminado de madeira, 1982. Na outra imagem, a cadeira desmontada para entrega.

São Paulo solid mahogany frame, seat in plastic-laminated wood and back rest in wood laminate, 1982. The other image shows the chair dismantled for delivery.

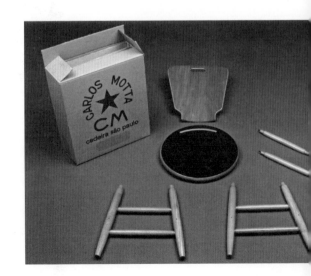

Cadeira Estrela, em amendoim; e **cadeira Flexa**, em *lyptus prime* e couro, ambas de 1979.

Estrela chair, in peanut wood, and **Flexa chair**, in lyptus prime and leather, both from 1979.

Sua obra revela um pouco do espírito brasileiro de morar, da própria casa brasileira e, inclusive, reinterpreta não só as lições dos mestres artesãos e oficiais marceneiros como também de alguns autores clássicos do moderno em nosso país, principalmente Joaquim Tenreiro e Sergio Rodrigues.

—

His work reveals something of the Brazilian spirit of living, of the Brazilian home itself, and it also reinterprets not only the lessons of the master craftsmen and master joiners, but also those of certain classic exponents of modern design in the country, especially Joaquim Tenreiro and Sergio Rodrigues.

Poltrona Astúrias de balanço, em peroba-rosa de reúso, 2002.

Astúrias swing seat, in reclaimed peroba rosa wood, 2002.

Escrivaninha Horizonte, tiragem limitada de cinco unidades em peroba-rosa de reúso, ferro oxidado, cabriúva e couro natural, 2009.

Horizonte writing desk, limited edition of five pieces in reclaimed peroba rosa wood, oxidized iron, cabriuva wood and natural leather, 2009.

Poltrona Radar, em peroba-rosa de reúso e ferro oxidado, 2008.

Radar easy chair, in reclaimed peroba rosa wood and oxidized iron, 2008.

222 - Between function and transformation

PortManteau Mandacaru 2, peça única em peroba-rosa de reúso, aroeira e cedro, 2009.

Mandacaru 2 Portmanteau, one-off piece in reclaimed peroba rosa wood, aroeira wood and cedar, 2009.

A partir de 1978, quando instalou sua oficina de marcenaria, Motta desenvolveu uma linha variada de produtos, destacando-se, particularmente, uma série de cadeiras – produtos de cuidadosa pesquisa de proporções, resistência e solidez – que lhe trouxe o reconhecimento incondicional do mercado. Mais famosa entre as cadeiras, tendo-lhe valido uma série de prêmios, a São Paulo, de 1982, conquistou o mercado nacional e ganhou uma versão desmontável para exportação. Pode ser encontrada em canais de vendas variados e, por suas características, é uma cadeira de múltiplo uso.

Seus trabalhos não têm fronteiras: podem ser encontrados em residências, bares, discotecas ou em espaços públicos, como nas instalações dos Sescs Santos e Taubaté. A importância vem sendo reconhecida pelas diversas premiações recebidas: Concurso Uniforma, 1985; Prêmio Museu da Casa Brasileira, 1987; Concurso Nacional de Desenho Industrial CNPq/Fiesp/DETEC; e Prêmio Aloísio Magalhães, 1987.

A presença persistente da marcenaria, somada à integração de aspectos ambientais no desenvolvimento de produtos com grande liberdade formal trouxe destaque à produção do designer nos últimos anos, agregando novo valor ao móvel.

—

As of 1978, when he set up his joinery workshop, Motta developed a varied line of products from which particular distinction was attached to a series of chairs, the fruit of careful studies on proportions, durability and solidity that earned him the unconditional recognition of the market. Of these chairs, the most famous, which earned him a number of awards, the São Paulo Chair, from 1982, conquered the domestic market and is already available in a collapsible version for export. It can be found in a variety of sales channels and, given its characteristics, it is a chair for multiple uses.

His work knows no frontiers: it can be found in residences, bars, clubs, or in public spaces, such as the Sesc facilities in Santos and Taubaté. The importance of his work has gained recognition thanks to the various awards received: Uniforma Competition in 1985, Museum of the Brazilian Home Award in 1987, CNPq/Fiesp/Detec National Competition for Industrial Design, Aloísio Magalhães Award in 1987.

The persistent use of joinery and the integration of environmental aspects in the product development process, have brought great distinction to the work of this designer in recent years, aggregating new value to the furniture.

Fernando Jaeger

A perspectiva de industrialização, a continuidade dos preceitos racionalistas e o diálogo com os mestres do móvel moderno constituem a marca da obra do gaúcho Fernando Jaeger. Esses elementos atribuem grande vitalidade e a permanência de sua obra na consolidação do mercado moveleiro. Logo que se formou em Desenho Industrial, pela Universidade Federal do Rio de Janeiro, em 1980, iniciou colaboração com a empresa carioca Phenix, que fabricava móveis tubulares. Essa foi uma convivência essencial com as condições de produção do móvel no Brasil, que não apenas complementou a formação recebida na faculdade, mas trouxe ao designer a real dimensão dos desafios do chão de fábrica.

A prática profissional do design e o empenho em industrializar o móvel com base em produção seriada de qualidade e amplamente acessível ao público levaram-no ao desenvolvimento de pesquisas tecnológicas com diversos materiais – madeira, metal, vidro, plástico –, fomentando inclusive um belo trabalho de desenvolvimento de padrões têxteis junto a jovens designers e artistas, para utilização no revestimento de seus móveis. Ao longo dos 35 anos de carreira, Jaeger criou dentro das condições brasileiras, pesquisou materiais e incorporou os requisitos ambientais, sempre respeitando a ergonomia e as funções do móvel adequadamente conceituado.

—

The perspective of industrialization, the continuity of rationalist precepts, and the dialogue with the masters of modern furniture constitute the mark of the work done by Fernando Jaeger. These elements bring great vitality and longevity to his work in the consolidation of the furniture market. Soon after graduating in industrial design through the Federal University of Rio de Janeiro, in 1980, he began a collaborative work with the Phenix company, a firm based in Rio that manufactured tubular furniture. This direct experience with the conditions for producing furniture in Brazil proved to be essential, and not only complemented the training received at university, but also gave the designer a real idea of the challenges faced on the factory floor.

The professional practice of design and his drive to industrialize furniture based on high-quality serial production at prices that are accessible to the general public have led him to carry out technological research with a variety of materials – wood, metal, glass and plastic –, also doing a fabulous job of developing textile patterns in conjunction with young designers and artists to use in his furniture's covering. Over the course of his 35-year career, Jaeger has created, within the conditions provided in Brazil, researched materials, and incorporated the environmental requisites, always respecting the ergonomics and functions of suitably conceptualized furniture.

Cadeira Louisiane, em açoita-cavalo maciça e mogno tingido, 1986.

Louisiane chair, in solid açoita-cavalo wood and stained mahogany, 1986.

Sofá Electra, em madeira maciça de reflorestamento, com estofado em tecido, 2000.

Electra sofa, in solid sustainable forestry wood, with fabric upholstery, 2000.

Cadeira Sphagetti, estrutura em aço com pintura eletrostática a pó, assento e encosto em espaguete de PVC, 1989.

Sphagetti chair, steel powder-coated frame, seat and backrest in PVC "spaghetti", 1989.

Cabideiro Galho, em madeira teca maciça, 2012.

Galho clothes rack, in solid teak, 2012,

Entre função e transformação - 225

Claudia Moreira Salles

Designer formada pela Esdi (Escola Superior de Desenho Industrial), no Rio de Janeiro, foi aluna dos mestres pioneiros no ensino de design em nosso país, entre eles Karl Heinz Bergmiller, com quem participou do design e desenvolvimento de mobiliário escolar no IDI (Instituto de Desenho Industrial), do Museu de Arte Moderna do Rio de Janeiro. Trabalhou também com o designer Pedro Luiz Pereira de Souza, seu ex-professor, a quem atribui destacado papel em sua formação. Com ele desenvolveu projetos para vários escritórios de São Paulo, até abrir sua própria empresa, em 1986. Em 1988, a Nanni Movelaria, em São Paulo, iniciou a comercialização dos móveis de Cláudia; cinco anos depois, ela passou a desenhar móveis para Etel Interiores.

A sólida formação, somada à experiência profissional, tanto na indústria como no design independente, e a paixão pela madeira levaram-na a trilhar um caminho de design autoral de altíssima qualidade. Tanto é assim que sua obra vem recebendo calorosa acolhida nacional e internacional. Nela reverberam as concepções estéticas dos mestres do design brasileiro, como, por exemplo, referências e reverências a Joaquim Tenreiro, não apenas pelo uso dos materiais, mas também pela leveza e sobriedade dos móveis.

—

A designer graduated through the College of Industrial Design in Rio de Janeiro, she was a student of the pioneering masters of design in Brazil, including Karl Heinz Bergmiller, with whom she worked on the design and development of school furniture at the IDI – Institute of Industrial Design at the Museum of Modern Art of Rio de Janeiro. She also worked with designer Pedro Luiz Pereira de Souza, her former teacher, to whom she attributes an important role in her formation. With him, she developed projects for a variety of offices in São Paulo until, in 1986, she opened her own company. In 1988, Nanni Movelaria, in São Paulo, started selling Claudia's furniture, and five years later she began to design pieces for Etel Interiores.

This solid background, added to her professional experience in the industry and as an independent designer, and her passion for wood, have led her to cut a path in high-quality personalized design, and her work has been warmly received in Brazil and abroad. In this work there is a reverberating presence of the esthetic conceptions established by the masters of Brazilian design, for example, reference and reverence to Joaquim Tenreiro, not only through the use of materials but also due to the lightness and sobriety of the furniture.

Poltrona Suzi, em sucupira, com soleta de couro, 1992.

Suzi easy chair, in sucupira wood and leather, 1992.

Poltrona Siri, em sucupira em tons mesclados, com assento estofado em linho, 2007.

Siri easy chair, in mixed-tone sucupira wood, with padded seat upholstered in linen, 2007.

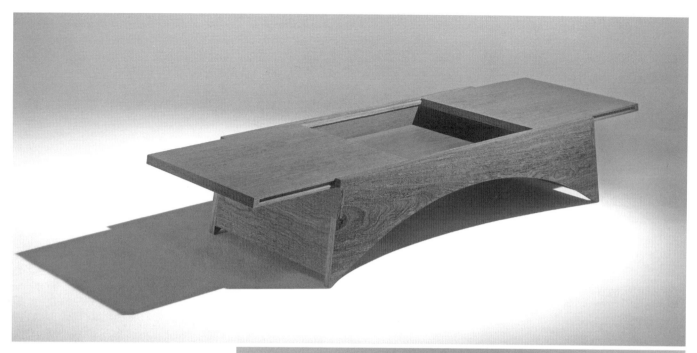

Mesa Urucum, em sucupira, 2000.

Urucum table, in sucupira wood, 2000.

Mesa Cubo Libre central, em freijó, com bandejas em latão oxidado, 2005.

Cubo Libre coffee table, in jennywood, with trays in oxidized brass, 2005.

Sofá São Conrado, em freijó lavado, com almofadas revestidas em couro tipo camurça, 2003.

São Conrado sofa, in washed jennywood, with cushions covered in suede, 2003.

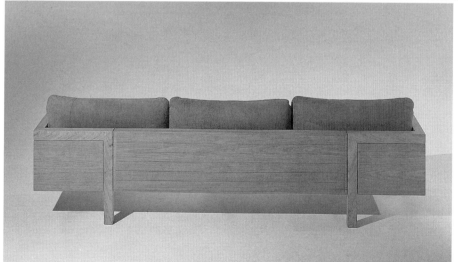

Etel Carmona

Durante os primeiros anos de atividade, a designer autodidata dedicou-se ao restauro de móveis de época, iniciando uma longa paixão e construindo forte motivação para trabalhar com a madeira e com o design. Em 1988, criou empresa destinada à produção de móveis de alta qualidade: Etel Interiores. Em 1993, inaugurou showroom em São Paulo e desde 1999 incorporou os requisitos ambientais na pesquisa e no desenvolvimento de seus produtos, apoiando a criação e a certificação da primeira floresta comunitária do país, às margens do rio Xapuri, no Acre. Em 2001, a Etel tornou-se a primeira movelaria brasileira a alcançar a certificação do Forest Stewardship Council (FSC). Desde então, tem incrementado, com uma série de ações, esse processo de convergência entre o legado do design brasileiro e a exploração sustentável de nossas florestas.

—

During her first years of activity, this self-taught designer dedicated herself to the restoring of period furniture, beginning a long-standing passion and building a strong motivation for working with wood and design. In 1988, she created a company to produce high quality furniture: Etel Interiores. In 1993, she opened a showroom in São Paulo, and since 1999 she has also added environmental concerns to the research and development of her products, supporting the movement for the creation and certification of the first community forest in Brazil, on the banks of the Xapuri River, in Acre. In 2001, Etel became the first Brazilian furniture maker to attain the Forest Stewardship Council (FSC) certification. From this time, she has increased, with several actions, this convergence between the brazilian design legacy and the sustainable explortion of our florests.

Cadeira 22, em freijó lavado, 2008.

22 chair, in washed jennywood, 2008.

Aparador Cacos, em freijó natural com portas camarão em mosaico de freijó maciço em tons mesclados, com cavaletes em freijó ebanizado, 2008.

Cacos sideboard, in natural jennywood with folding doors in a mosaic of mixed-tone solid jennywood, with leg stands in ebonized jennywood, 2008.

Mesas laterais Maria Preciosa, base modular em freijó natural em tons mesclados, com tampo em granito e mármore, 2008.

Maria Preciosa side tables, modular base in mixed tones of natural jennywood, with top in granite and marble, 2008.

Aparador Vila Rica, em freijó, com compartimentos em louro preto natural, 2006.

Vila Rica sideboard, in jennywood, with compartments in natural black baywood, 2006.

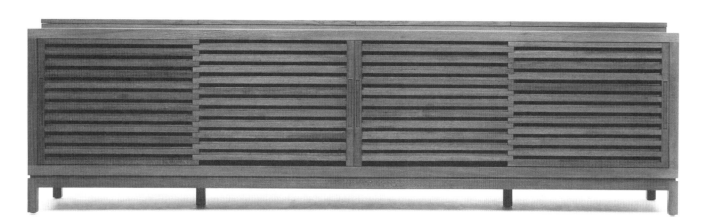

Cadeira Astania, em freijó lavado, 2006.

Astania chair, in jennywood wood, 2006.

Sua empresa abriu novas perspectivas no mercado e destaca-se pela reedição dos mais inspiradores designers modernos brasileiros, a quem presta um tributo pela genialidade de suas criações, dignificando o espírito moderno. As reedições nos religam a esse passado, à luz de novos conhecimentos e condições. O diálogo com o móvel do passado está presente também no móvel autoral de Carmona, na beleza decorrente da interação entre o esmerado trabalho artesanal em madeira e o traço da designer em busca da qualidade do produto, o que lhe assegurou reconhecimento nacional e internacional.

—

Her company has opened up new horizons and achieved distinction for its re-issuing of works by the most inspired modern Brazilian designers, to whom she pays tribute for the geniality of their creations, dignifying the modern spirit. The re-editions put us back in touch with that past, under the light of new knowledge and conditions. Dialogue with the furniture of the past is also present in the furniture that Carmona herself designs, in the beauty that results from the interaction between the highly skilled work with wood and the touches of the designer seeking quality in her product, which has earned her both national and international recognition.

Fúlvio Nanni

Formou-se em Desenho Industrial pela Universidade Mackenzie, em 1973. Depois mergulhou numa temporada de especialização de quatro anos na Scuola Politecnica Di Design, em Milão, na Itália. O contato com os italianos, especialmente o designer Franco Frattini, despertou-lhe a paixão pelos móveis. Em 1981 abriu, em São Paulo, a loja Nanni Movelaria, onde comercializou sua produção e expôs peças de outros designers. Sua linha é variada e guarda um estilo pessoal. Projetou móveis utilitários e algumas peças com rodinhas, para facilitar a locomoção no ambiente. É o caso do gaveteiro Tuca e do criado-mudo Trizio, de 1984, que ganhou o Prêmio Destaque do Museu da Casa Brasileira, em 1986.

—

Graduated in industrial design through Mackenzie University in 1973, he went on to emerge himself in a four-year specialization program at the *Scuola Politecnica Di Design* in Milan, Italy. This contact with the Italians, especially with designer Franco Frattini, aroused a passion for furniture in him. In 1981, he opened his store, Nanni Movelaria, in São Paulo, where he sold his production and displayed the work of other designers. His line is varied and carries a personal style. He designed several pieces of utilitarian furniture and some pieces on casters, to help movement within the setting. Such is the case of the Tuca chest of drawers and the Trizio bedside cabinet, from 1984, which won the Distinction Award from the Museum of the Brazilian Home, in 1986.

Bar Spencer, em mogno e laminado plástico, 1983.

Spencer bar, mahogany and laminated plastic, 1983.

Poltrona Stand, em mogno e lona, 1981.

Stand easy chair, mahogany and canvas, 1981.

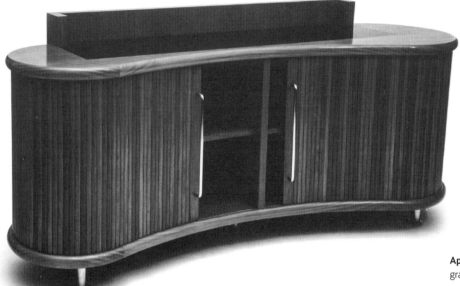

Aparador Bean, em madeira, granito e ferro, 1981.

Bean sideboard, wood, granite and iron, 1981.

Mesinha com rodízio, sem data.

Side table with revolving center, no date.

A produção de Nanni é praticamente artesanal, executada por pequenos fornecedores, sob a cuidadosa supervisão do designer. Nessa escala, os problemas são complexos desde as ferragens até a coordenação do processo, o que favorece o controle de qualidade, mas também encarece o produto, que fica voltado a uma faixa de mercado específica. Usando novos materiais – além de madeira, borracha, fibra de cimento amianto, lona, tela – e sempre investindo em pesquisa, Nanni teve uma linha muito bem-aceita no mercado, principalmente por saber auscultar as novas necessidades e tendências de sua época. Fúlvio passou como um cometa e lamentavelmente o mundo do design o perdeu no ano de 1995.

—

Nanni's production was practically handcrafted, carried out by small-scale suppliers under the careful supervision of the designer. Of course, working on this scale, problems are complex: from the metal fittings to the coordination of the entire process, which favors quality control, but ends up making the product more expensive and limiting it to a specific section of the market. Using new materials – besides wood, rubber, asbestos fiber, canvas, netting – and always investing in research, Nanni created a line that was very well accepted on the market, especially since he knew how to really listen to the new needs and tendencies of his time. Fúlvio came with the power and speed of a comet but, unfortunately, the world of design lost him in 1995.

Maurício Azeredo

Fluminense do município de Macaé, formou-se arquiteto pela Universidade Mackenzie em 1973. Exerceu atividade docente no Instituto de Arquitetura e Urbanismo da UnB (Universidade de Brasília) e atualmente leciona na Pontifícia Universidade Católica de Goiás. O engajamento no ensino está associado à pesquisa sistemática de madeiras brasileiras, tecnologias e sistemas construtivos adequados ao seu aproveitamento. O crescente interesse pelo tema, aliado a uma forte ligação com a matéria-prima, levaram-no à produção de uma obra sólida, principalmente no campo do design do mobiliário e outros acessórios domésticos. Em geral são peças únicas, executadas em seu ateliê localizado em Pirenópolis, Goiás, com a colaboração de um grupo de marceneiros da região. Embora o designer possua uma produção com tiragem limitada, seus móveis têm obtido grande êxito de mercado.

—

Born in the state of Rio de Janeiro, in the municipal district of Macaé, he graduated in architecture through the Mackenzie University in 1973. He teached for the Institute of Architecture and Urbanism at the University of Brasília (UnB) and, afterwards, at the PUC University in Goiás. As of then, he began to systematically research Brazilian woods, technologies and constructive systems that he could use in his work. The growing interest in the subject, allied with a strong connection with the raw material and considerable restlessness regarding the diversity of the national woods led him to the production of a solid body of work, especially in the field of designs for furniture and other household accessories. In general he makes one-off pieces in his workshop located in Pirenópolis, in the state of Goiás, with the collaboration of a group of local joiners and woodworkers. Although this designer produces in limited quantities, his furniture has obtained great success on the market.

Banco de bar Arlequim, em mogno, pau-ouro e muirapiranga, 1998.

Arlequim bar stool, in mahogany, pau-ouro and muirapiranga woods, 1998.

Banco Ressaquinha, em madeiras variadas, 1988.

Ressaquinha bench, in a variety of woods, 1988.

Marcenaria Baraúna

A Marcenaria Baraúna nasceu como uma extensão do escritório Brasil Arquitetura, em 1986, visando à execução de projetos de mobiliário em oficina própria. Produziram várias séries levando em conta aspectos históricos do móvel moderno brasileiro e a experiência vernacular, contando com a benção e a parceria da arquiteta Lina Bo Bardi nas cadeiras Girafa e Frei Egídio, ambas de 1987.

—

The Marcenaria Baraúna joinery company was born as an extension of Brasil Arquitetura in 1986, with a view to fabricating furniture designs in their own workshop. They produced a number of series that took into account historical aspects of modern Brazilian furniture and vernacular experience, with the blessing and partnership of the architect Lina Bo Bardi on the Girafa and Frei Egidio chairs, both in 1987.

Cadeira dobrável Frei Egídio, em tauarí. Lina Bo Bardi, Marcelo Ferraz e Marcelo Suzuki, 1987.

Frei Egídio folding chair, in tauari wood. Lina Bo Bardi, Marcelo Ferraz and Marcelo Suzuki, 1987.

Mesa Triângulos, em madeira e vidro. Francisco Fanucci, 1991.

Triângulos table, wood and glass. Francisco Fanucci, 1991.

Cadeira Cambuí, em ipê e tauarí. Francisco Fanucci, 1997.

Cambuí chair, in ipe and tauari woods. Francisco Fanucci, 1997.

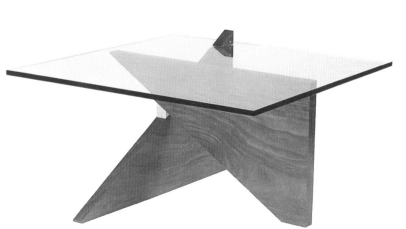

Entre função e transformação - 233

Freddy Van Camp

Van Camp nasceu na Bélgica, em 1946, e chegou ao Brasil no ano seguinte. Graduou-se designer pela Esdi, em 1968. Foi diretor e docente daquela instituição e colaborador, em muitos projetos, de Karl Heinz Bergmiller, com quem dividiu o Prêmio Abreu Sodré, do concurso de mobiliário escolar para o Estado de São Paulo, em 1968. Na década de 1970, realizou cursos de especialização na área de Desenho Industrial nos Estados Unidos e na Alemanha, onde desenvolveu trabalhos conjuntos com Arno Votteler. Foi colaborador da Escriba e do Instituto de Desenho Industrial do Museu de Arte Moderna do Rio de Janeiro. Entre 1976 e 1980 trabalhou nas Indústrias Reunidas Oca S.A., onde implantou um programa de reformulação de empresa e desenvolveu, em fins dos anos 1970, dois sistemas: Xavante e Xavante 2, para racionalização de *layout* de escritórios[6]. Desde 1980 possui escritório próprio de prestação de serviços e consultoria em Desenho Industrial.

—

Van Camp was born in Belgium in 1946 and came to Brazil in 1947. He graduated as a designer thorough the College of Industrial Design in 1968, and served as director and teacher for that institution. He worked with Karl Heinz Bergmiller on a number of projects, and together they were given the Abreu Sodré Award in the competition for school furniture in the State of São Paulo in 1968. He carried out joint-projects with Arno Votteler, in Germany. In the 1970s, he took specialization courses in the United States and Germany, in the field of Industrial Design. He worked with Escriba and with the Institute of Industrial Design of the Museum of Modern Art of Rio de Janeiro. From 1976 to 1980 he worked at Indústrias Reunidas Oca S.A., where he implanted a program to reformulate the company and developed, at the end of the 1970s, two systems: Xavante and Xavante 2, for the rationalization of office layouts[6]. Since 1980 he has had his own offices providing consultancy services in Industrial Design.

Cadeiras de múltiplo uso, 1990.

Chairs for multiple use, 1990.

Poltrona em madeira e couro, sem data.

Easy chair in wood and leather, no date.

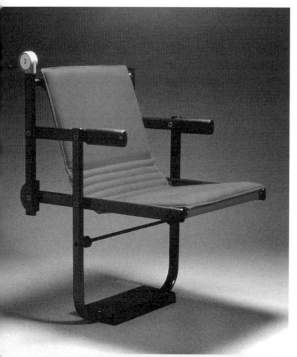

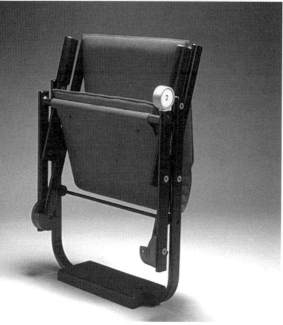

Poltrona Clipper para auditório, em tubo de aço, ferro fundido e estofado em lona, 1991.

Clipper armchair for auditoriums, in steel tubes, iron and canvas, 1991.

Oswaldo Mellone

Formou-se em Desenho Industrial pela FAAP (Fundação Armando Álvares Penteado), em 1969. Mais tarde realizou curso de especialização na área de administração de projetos na Universidade de Tóquio, no Japão. É um designer muito atuante na área industrial, tendo colaborado em diversos setores. No âmbito do mobiliário dedicou-se preponderantemente ao móvel institucional. Nos anos 1970, na L'Atelier, participou do projeto de um sistema para escritórios que permaneceu no mercado por longo tempo. Desenhou também vários assentos para trabalho. Em 1991, projetou a poltrona para auditório Clipper, produzida pela Probjeto, em aço tubular, com assento e encosto em lona. Inspirada nos antigos princípios do pantógrafo, ao fechar essa poltrona produz um aumento do espaço de circulação entre as fileiras de assentos, criando um ambiente funcional. A atuação sistemática, a preocupação com novas técnicas construtivas e o emprego de materiais diversificados trouxeram-lhe o reconhecimento internacional, com a premiação de projetos como a raquete de tênis de mesa (1990), a poltrona Clipper (1991) e o equipamento eletrônico para impressão de cheques (1992).

—

He graduated in industrial design through the Armando Álvares Penteado Foundation (FAAP) in 1969. Later on he took a specialization course in project administration at the University of Tokyo in Japan. He is a very active designer in the industrial segment and has worked in a number of sectors. Within the field of furniture, he mostly dedicated himself to institutional furniture. In the 1970s, at company *L'Atelier*, he took part in a project to design a system for offices, which remained on the market for a long time. He also designed several work seats. In 1991, he designed the chair for the Clipper auditorium, produced by *Probjeto*, in tubular steel with a canvas seat and backrest. Based on the old principles of the pantograph, when closed, this chair increases the amount of space for movement between the rows of seats, creating a more spacious and functional environment. It is worth mentioning that the work of this professional, his concern with new construction techniques and his use of diversified materials have earned him international recognition, as well as awards for some of his designs, such as the table tennis racket (1990), the Clipper chair (1991) and electronic equipment for printing checks (1992).

NOTAS
—
NOTES

1. O desenvolvimento do design do móvel durante esse período se insere num contexto mais amplo, de implementação do próprio design no país, em vários âmbitos. O ensino de desenho industrial foi-se institucionalizando e, até fins dos anos 1980, existiam cerca de 26 escolas, públicas e privadas, espalhadas por todo o país, principalmente no eixo Rio-São Paulo. Vale lembrar que coube a São Paulo papel significativo na introdução dos cursos de desenho industrial. Foi em 1950, no Masp, que Lina Bo Bardi criou e dirigiu o primeiro curso de desenho industrial brasileiro, vinculado ao Instituto de Arte Contemporânea. A partir de 1960, esse esforço pioneiro foi sucedido pela criação da Sequência de Desenho Industrial da FAU-USP e pela implantação da Esdi (Escola Superior de Desenho Industrial), no Rio de Janeiro. Nesse contexto de institucionalização, foi significativo o empenho do empresário José E. Mindlin que, efetivamente comprometido com a transformação da mentalidade empresarial, criou, em 1979, o Núcleo de Desenho Industrial, um departamento da Fiesp (Federação das Indústrias do Estado de São Paulo) com o objetivo de conscientizar os empresários sobre a real importância do design.

2. A demanda por esse tipo de móvel é significativa, chegando a constituir centro de revenda, como é o caso da rua Teodoro Sampaio, polo comercial da cidade de São Paulo, que se contrapõe à avenida Faria Lima e adjacências, onde está a maior concentração de lojas de móveis de grife.

3. Essa reciclagem do móvel apresenta alguns aspectos curiosos, principalmente em certos bairros paulistas. Onde há concentração de alto poder aquisitivo, já se tornou típico o descarte de cadeiras, de procedência variada, que são repassadas para o uso de guardas particulares, ficando expostas pelas ruas, constituindo-se num mostruário interessante das variações do gosto dessa faixa do mercado. É comum encontrar cadeiras polacas, de taboa, cadeiras Charles Eames quebradas e outras tantas.

1. The development of industrial design for furniture in this period fits within a broader context, involving the implementation of design as a concept in this country, within a variety of spheres. The teaching of industrial design gradually became institutionalized and by the end of the 1980s there were around 26 school, public and private, spread throughout Brazil, especially in Rio de Janeiro and São Paulo. It should be remembered that São Paulo played a significant role in the introduction of courses in industrial design. It was in 1950, at the Masp, that Lina Bo Bardi created and directed the first Brazilian industrial design course, in connection with the Brazilian Institute of Contemporary Art. As of 1960, this pioneering drive was followed by the creation of the Industrial Design Sequence at FAU-USP and by the implantation of the Esdi – *Escola Superior de Desenho Industrial* in Rio de Janeiro. Within this context of institutionalization there was a significant input from businessman José E. Mindlin who, making an effective commitment to transforming the business mentality, created, in 1979, the *Núcleo de Desenho Industrial* (Industrial Design Center), a department of the Fiesp – São Paulo State Industries Federation, in the aim of raising the awareness of the business community with regard to the real importance of design.

2. The demand for this type of furniture is significant and constitutes a retail center, as is the case of Rua Teodoro Sampaio, a commercial center in the city of São Paulo, that stands in counter-position to Avenida Faria Lima and its vicinities, where the largest concentration of designer-label furniture shops is to be found.

3. This recycling of furniture presents a number of curious aspects, especially in certain neighborhoods of São Paulo. Wherever there is a concentration in higher levels of disposable income, it has become typical to dispose of chairs, from a variety of sources, that come to be used by private security guards, being left out in the streets and thereby constituting an interesting showcase for the variations in taste of this part of the market. It is common to find *Polaca* chairs, wicker chairs, broken Charles Eames chairs and a variety of others.

4. Com a evolução do edifício administrativo, o equipamento de escritório entrou em evidência, transformando-se numa verdadeira ferramenta de trabalho, visando estabelecer condições de conforto e bem-estar adequados para o trabalhador. No Brasil, essas preocupações passaram a ser a tônica da produção, e o mercado assistiu a uma salutar competição entre as empresas do setor: L'Atelier, Escriba, Forma, Fiel, Giroflex, Hobjeto, M. L. Magalhães, Mobilínea, Oca, Probjeto, Riccó, Securit, Teperman, entre outras. A partir dos anos 1970, vale ressaltar a atuação do designer Sandro Magnelli, que introduziu renovação expressiva na tradicional linha de móveis em aço da empresa Securit.

5. ENTREVISTA de Carlos Motta à autora, São Paulo, dezembro de 1990.

6. Segundo van Camp, "a ideia era a racionalização da produção e dos layouts dos escritórios. Por exemplo, todas as mesas tinham uma só lateral. O primeiro biombo foi de 1977 e podia ser usado como biombo autoportante, cujas medidas eram coordenadas com as medidas das mesas". Depoimento de Freddy van Camp à autora. Campinas, 7 de setembro de 1985.

4. With the evolution of administrative buildings, office equipment came into evidence, becoming a veritable work tool, aimed at establishing conditions of comfort and wellbeing to the worker. In Brazil, these concerns came to be the tonic for production, and the market witnessed a healthy competition among the companies in the sector: L'Atelier, Escriba, Forma, Fiel, Giroflex, Hobjeto, M. L. Magalhães, Mobilínea, Oca, Probjeto, Riccó, Securit and Teperman, among others. As of the 1970s, it is worth remembering the work of designer Sandro Magnelli, who introduced an expressive renewal to the traditional line of steel furniture made by the Securit company.

5. INTERVIEW granted by Carlos Motta to the author, São Paulo, December 1990.

6. According to Van Camp, "the idea was to rationalize production and the layouts of the offices. For example, all of the tables had only one side. The first dividing panel was used made in 1977 and could be used as a portable divider, the measurements of which were coordinated in compliance with the measurements of the desks". Statement from Freddy van Camp to the author. Campinas, September 7, 1985.

A nova geração
—
The new generation

Poltrona Vidigal,
em aço carbono e fibra de taboa.
Lattoog, 2010.

Vidigal armchair,
in carbon Steel and fiber rush.
Lattoog, 2010.

Poltrona Baralho,
em aço escovado.
Flávio Franco, 2013.

Baralho armchair,
in brushed steel.
Flávio Franco, 2013.

O móvel moderno brasileiro irradiou seus encantos mundo afora e propagou a riqueza e a diversidade das madeiras nativas. Os designers, com excelência, apropriaram-se do patrimônio biológico das principais espécies e dele tiraram partido estético, afinal todos se nutriram deste Brasil Pau-Brasil, cuja história começou sob o signo da madeira e do trabalho dos artesãos.

O mobiliário apresentado neste livro é emblemático e manifesta especificidades reconhecidas e reverenciadas nacional e internacionalmente. Com base nesta herança, cabe refletir sobre como ocorre a atual recepção dessa força simbólica do design do móvel moderno, o que nos convida a analisar as influências que exerce na atuação dos jovens designers. Ou será que a obra dos grandes mestres ofuscou talentos?

Em uma perspectiva histórica observamos, paulatinamente, uma série de fatores que alteraram significativamente as condições de criação e produção do móvel, sobretudo considerações ambientais: escassez de madeiras nobres, exploração predatória, políticas de manejo ambiental, debate ético sobre o uso apropriado dos materiais, entre outros. Além disso, modificações na composição da família brasileira e novos modos de vida também interferem no design, afinal, além das mudanças nos materiais e na tecnologia o móvel reflete também as transformações da cultura e da sociedade.

—

Modern Brazilian furniture has spread its allure all around the world and propagated the wealth and diversity of Brazilian native woods. The designers have made excellent use of the biological heritage of the primary species and have fully exploited their esthetic beauty, after all, all of them have been nourished by this Brazilwood-Brazil, the story of which began with wood and the work of the craftsmen.

The furniture presented in this book is emblematic and manifests nationally and internationally acknowledged and revered specificities. Based on this heritage, it is worth looking at how the current reception of this symbolic force in modern furniture design occurs and invites us to analyze the influences it exercises in the work of young designers. Or could it be that the work of the great masters has totally overshadowed these talents?

From a historical point of view we gradually witnessed a series of factors that have significantly altered the conditions for creating and producing furniture, especially environmental issues, the scarcity of hardwoods, their predatory exploitation, environmental management policies and the ethical debate on the appropriate use of materials, among other points. Besides, certain modifications in the composition of the Brazilian family and new lifestyles have also interfered in design; after all, apart from the changes in materials and technology, furniture also reflects transformations in culture and society.

The focus has changed, new materials have come onto the scene, from the high-tech to the reclaimed and recycled, or even discordant experiences that re-propose the logic of the materials and carry implications and advances to the process of furniture design and construction, bringing it to a new position within contemporary society.

Banco Arab, em acrílico. Nada se leva, 2008.

Arab stool, in acrylic. Nada se leva, 2008.

To the varied demands and requirements of life in today's world, furniture responds with pieces that are intriguing, speculative and creative, with a sense of humor, and sometimes very unusual. Furniture that often bears a high level of artistry, unveiling yet another chapter in these finely balanced and complex relationships between art, design and the market.

If its basic function remains unchanged and connected to the fundamental questions of humanity – to hold and shelter the human body – it also triggers this facet of design that is critical and speculative, that intrigues the eye and invites reconsideration of the role of design in the contemporary world. It is also questioning; after all, among the various meanings of the word *speculate*, one indicates a sense of asking questions, enquiring and probing. The new generation of designers brings the vigor of the speculative attitude, exploring the role of design as a catalyst for lifestyles, for dreams and for new domestic landscapes.

Some examples of this production reveal the multiplicity of tendencies, the manipulation/transmutation of materials and the dialogue with the modern. This is a young outlook, pertaining to a generation that is open to experimentation and change, gifted with a great talent for invention that has imprinted new directions and produced materialities, also creating furniture as a manifesto in favor of a different esthetic agenda. Many of these professionals graduated from university courses in design, and this is the result of an expansion in the graduate and post-graduate courses in this field that are now available throughout the country.

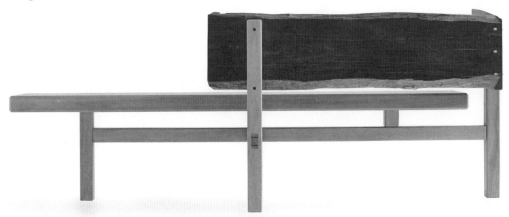

Poltrona Bodocongó,
feita com colheres de madeira, corda sintética e aço carbono. Sérgio J. Matos, 2013.

Bodocongó armchair,
made by wooden spoons, synthetic rope and carbon steel. Sérgio J. Matos, 2013.

Bullet chair,
em vidro blindado, com intervenção de arma .38 e aço inox. Alê Jordão, 2007.

Bullet chair,
in armour glass, with intervention of a 38-caliber gun and stainless steel. Alê Jordão, 2007.

Banco Trepé, estrutura em madeira maciça e encosto em jacarandá de reúso. Gustavo Bittencourt, 2014.

Trepé bench, estructure in solid wood and reused brazilian rosewood. Gustavo Bittencourt, 2014.

O foco mudou, novos materiais entraram em cena, do *high tech* ao reúso, à reciclagem, ou mesmo experiências dissonantes que repropõem a lógica dos materiais e trazem implicações e avanços ao processo do design e da construção do móvel, reposicionando-o na sociedade contemporânea.

Às variadas demandas e exigências das condições atuais de vida, o móvel responde com peças intrigantes, especulativas, criativas, com senso de humor, até mesmo inusitadas. Móveis que trazem, muitas vezes, alto nível de artisticidade, descortinando mais um capítulo dessa relação tão delicada e complexa entre arte, design e mercado.

Se sua função básica permanece inalterada e conectada aos temas fundamentais da humanidade – o acolhimento e o abrigo do corpo humano –, desponta a faceta de um design como crítica e especulação, que intriga o olhar e convida a reconsiderar o papel do design no mundo contemporâneo. Ele é também questionador; afinal, de entre as várias acepções da palavra *especular*, uma aponta para o sentido de fazer perguntas, indagar e bisbilhotar. A nova geração de designers traz o vigor da atitude especulativa, explorando o papel do design como catalisador de modos de vida, de sonhos, de novas paisagens domésticas.

Alguns exemplos desta produção são reveladores de múltiplas tendências, de manipulação/transmutação de materiais e do diálogo com os modernos. Trata-se de um olhar jovem, de uma geração aberta à experimentação e às mudanças, dotada de grande capacidade inventiva que imprimiu novas direções e produziu materialidades, criando também móveis-manifesto em favor de uma outra agenda estética. Muitos desses profissionais formaram-se em Design, o que decorre da expansão dos cursos de graduação e pós-graduação na área, hoje espalhados por todo o país.

A nova geração ▪ 241

Zanini de Zanine

Um dos expoentes dessa nova geração é o designer Zanini de Zanine (1978-), nascido no Rio de Janeiro e formado em 2002 no curso de design da PUC-Rio, na habilitação Projeto de Produto, beneficiando-se dos esforços acadêmicos e da institucionalização do ensino e pesquisa empreendidos no país. A introdução de Zanini ao universo do design precedeu o curso universitário. Foi numa escola familiar que ele se iniciou no universo do *Homo Faber*. O impulso veio de seu pai, o designer José Zanine Caldas, cujo talento, impasses e sucessos da prática profissional ele conheceu muito de perto. Com o pai aprendeu o poder da imaginação, a relação entre o toque e o movimento das mãos, a escolha de materiais e a qualidade do produto. Também adquiriu conhecimentos sobre o uso de ferramentas: do machado e enxó, tradicionalmente utilizados pelos canoeiros de Nova Viçosa, litoral Sul da Bahia, às técnicas do trabalho em madeira.

Desde cedo Zanini acompanhou Zanine Caldas em uma série de exposições, eventos e palestras – nacionais e internacionais –, o que se constituiu um elemento fundamental para sua iniciação na cultura do design e garantiu a internalização de valores que o destaca como profissional. Nesses ambientes ganhou sua maior herança: a dimensão cultural e afetiva das técnicas, ligada ao desejo humano de fazer bons trabalhos.

—

One of the exponents of this new generation is the designer Zanini de Zanine (1978-), born in Rio de Janeiro, and graduated in 2002 through the design course offered by PUC University in Rio, specializing in product design, and benefitting from the academic efforts and the institutionalization of teaching and research in Brazil. Zanini's introduction to the universe of design came before his university course. It was in a family school that he was initiated within the universe of the *Homo Faber* (creative man). The push in that direction came from his father, designer José Zanine Caldas, whose talent, impasses and successes in this professional practice Zanini knew very well. With his father he learned about the power of imagination, the relationship between touch and the movement of the hands, the choice of materials and the quality of the product. He also acquired knowledge on the use of tools: the axe and the adze, traditionally used by canoe makers of Nova Viçosa, on the south coast of the state of Bahia, to the techniques for working with wood.

From an early age Zanini accompanied his father Zanine Caldas to a series of exhibitions, events and national and international lectures, which were a fundamental element of his initiation into the culture of design and the assimilation of the values that distinguish him as a

Poltrona Moeda,
chapa de aço inox reaproveitada da casa da Moeda, 2010.

Moeda armchair,
Stainless steed plate reused from Brazilian federal mint, 2010.

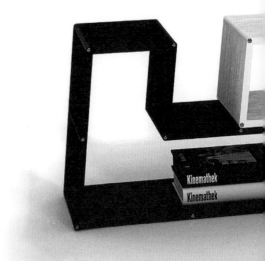

Módulo 7, em plástico injetado, 2010.

Módulo 7, in injected plastic, 2010.

Poltrona Trez, alumínio, 2013.

Trez armchair, aluminum, 2013.

Plástico, metal e madeira de reúso são alguns dos materiais presentes em sua obra. A produção artesanal em madeira é realizada no *atelier*, situado no bairro do Anil, Rio de Janeiro, onde atua uma equipe de marceneiros que contam com a especial colaboração de Reduzino Vieira, parceiro de longa data de José Zanine Caldas.

A Poltrona Trez (2011) traz referência e homenagem a dois grandes nomes da arte e do design brasileiro: Amilcar de Castro e Joaquim Tenreiro. Na primeira versão o autor utilizou o corte e a dobra em aço carbono; na versão produzida pela Cappellini, ela é feita em alumínio. Também encomendado pela marca italiana, com produção Atelier Zanini de Zanine, *Inflated Wood* (2012) propõe a experimentação da madeira com aparência inflada, num conjunto de poltrona, banquinho e banco longo. Utiliza ipê e jacarandá de demolição.

—

professional. Within this environment he got his greatest inheritance: the cultural and affective dimension of technique, linked to the human desire to do one's work well.

Plastic, metal and reclaimed wood are some of the materials present in his work. His handcrafted production in wood is made at a studio located in the Anil neighborhood of Rio de Janeiro, where he has a team of joiners and the special collaboration of Reduzino Vieira, who was a long-standing partner of José Zanine Caldas.

The *Trez* chair (2011) brings reference and homage to two great names from the world of Brazilian art and design: Amilcar de Castro and Joaquim Tenreiro. In the first version, the author used the cutting and folding of carbon steel; in the version produced by Cappellini, it is made in aluminum. Also made for the Italian company, with production by Atelier Zanini de Zanine, Inflated Wood (2012) proposes an experimentation of wood that looks like it has been inflated, in a suite consisting of chair, stool and long bench. The pieces are made in reclaimed ipe wood and Brazilian rosewood.

Banco Prisma, ipê maciço, 2010.

Prisma stool, solid ipe wood, 2010.

Poltrona Inflated Wood, em ipê e jacarandá de demolição, 2012.

Inflated wood armchair, in ipê wood and Brazilian rosewood from demoliton, 2012.

Banco Duplo, peça única em ipê de demolição, 2013.

Duplo bench, unique piece in reused ipe wood, 2013.

Poltrona Skate, em tábuas de skate e aço inox, 2005.

Skate armchair, in skate shapes and stainless steel, 2005.

Banco Sola, em ipê tabaco e couro sola, 2014.

Sola bench, in ipe tabaco wood e leather, 2014.

O Banco Prisma (2009), em madeira de demolição Ipê, sugere o encaixe do pilar na viga, como nas construções de madeira. Há também versão em aço inox (2014).

Na poltrona Moeda (2011), o emprego de um material descontextualizado e inusitado para o design de móveis – os moldes para fabricação de moedas de dez centavos descartados pela Casa da Moeda – originou a peça, que também poderia se chamar Sentar e contar! Já na cadeira Tiss (2013), Zanini utiliza a associação de materiais tradicionalmente presentes no móvel brasileiro, como a palhinha e madeira jequitibá, e não se deixa ofuscar pelos grandes mestres, inovando nas formas.

Nada mais carioca do que os prazeres do lazer e das indulgências do verão. A poltrona Skate (2005) com assento e encosto construídos com shapes de skate apresenta solução estética diretamente ligada à prática esportiva.

—

The Prisma bench (2009), made in reclaimed ipe wood suggests the point where the pillar fits into the beam in wooden constructions. There is also a version in stainless steel (2014).

In the Moeda armchair (2010), the use of a decontextualized and unusual material in the design of chairs – the sheets of scrap metal left over from punching out 10 cent coins at the Brazilian Mint – served as the origin for this chair, which could also have been called something like Sit and count! In the Tiss chair (2013), Zanini uses the association of materials that are traditionally present in Brazilian furniture, such as straw and jequitiba wood, and does not allow himself to be overshadowed by the great masters, innovating with shapes.

Nothing more *carioca* (born of and pertaining to Rio de Janeiro) than spaces for leisure and the indulgences of summer. In the Skate chair (2005), seat and backrest are made out of skateboard decks, presenting an esthetic solution directly linked to the practice of sports.

Rodrigo Almeida

A obra de Rodrigo Almeida (1975-) constitui outro interessante percurso de design e desenvolvimento de mobiliário. Com um olhar de antropólogo, o designer autodidata paulista retira da mestiçagem étnico-cultural brasileira elementos para suas criações. Possui um trabalho autoral, fortemente caracterizado por sobreposições de camadas de materiais. Em entrevista à arquiteta Tatiana Sakurai (2009), Almeida ressaltou que trabalha "[...] na contramão da cultura do projeto industrial" e acredita que "[...] esta é uma das características do design e da arte brasileiras". Para ele, "a cultura brasileira nasce do impasse, da lacuna criativa que existe entre o não saber fazer e o precisar fazer: acho que não somos uma cultura técnica, o bom disso é que não copiamos direito...".[1]

—

Another path in furniture design and development is the one taken in the work of Rodrigo Almeida (1975). With the outlook of an anthropologist, this self-taught designer, born in São Paulo, takes elements of the Brazilian ethnic-cultural mix for his creations. His work is highly original, strongly marked by overlapping layers of materials. In an interview with architect Tatiana Sakurai (2009), Almeida emphasized that he works "[...] against the flow of the culture for industrial design" and believes that "[...] this is one of the characteristics of Brazilian art and design". For him, "Brazilian culture is born of the impasse, of the creative gap that exists between not knowing how to do something and having to do it. I think we are not a technical culture and the good thing about that is that we don't copy things properly...".[1]

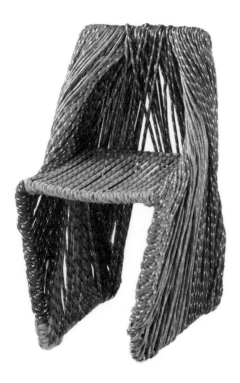

Cadeira África Metal [protótipo], em aço e corda, 2009.

África Metal chair [prototype], in steel and rope, 2009.

Poltrona Construtivista, em madeira e palhinha, 2014.

Construtivista armchair, in wood and cane, 2014.

Cadeira Assurini, em madeira e couro, 2013.

Assurini chair, in wood and leather, 2013.

Cadeira Moth, estrutura de madeira e patchwork em couro, 2014.

Moth chair, estructure in wood and patchwork in leather, 2014.

A Cadeira Africa (2009) realiza uma síntese de elementos visuais, táteis e de linguagem simbólica através da sobreposição de materiais sobre a estrutura. No Banco Trama (2012) o designer utiliza cordas de poliéster com técnicas da tradicional cestaria dos povos nativos – novos usos de materiais aliados a um questionamento sobre a preservação das técnicas indígenas. A Estante Arapuca (2009), em madeira e tecido, traz referência às arapucas indígenas em formato triangular para caçar passarinhos. A Poltrona Construtivista (2014), nas versões jacarandá e mogno, combinados com encosto em palhinha, utiliza material proveniente de reciclagem de móveis e promove um diálogo dissonante com a produção moderna.

—

The Africa chair (2009) creates a synthesis of elements in visual, tactile and symbolic language via the overlapping of materials on a frame. In the Trama bench (2012) the designer uses polyester cords and the traditional basket weaving of the native peoples. New uses of materials and, at the same time, a question posed with regard to the preservation of indigenous techniques. The Arapuca shelf unit (2009) in wood and fabric, makes a reference to the indigenous triangular *arapucas* (traps) used to catch birds. The Construtivista chair (2014), with versions in Brazilian rosewood and mahogany, combined with straw backrests, uses material from the recycling of furniture.

---

[1] SAKURAI, Tatiana. Memorabilia: critérios para o design de mobiliário doméstico para a experiencia [online]. São Paulo: Faculdade de Arquitetura e Urbanismo, University of São Paulo, 2012. Doctoral Thesis in Design e Arquitetura. Available from: <http://www.teses.usp.br/teses/disponiveis/16/16134/tde-24072012-153550/>.

[1] SAKURAI, Tatiana. Memorabilia: critérios para o design de furniture doméstico para a experiencia [online]. São Paulo: School of Architecture and Urbanism, University of São Paulo, 2012. Doctoral Thesis in Design and Architecture. Available from: <http://www.teses.usp.br/teses/disponiveis/16/16134/tde-24072012-153550/>.

A nova geração

Carol Gay

Carol Gay (1976-), paulista, arquiteta formada pela Universidade Mackenzie, com formação complementar em design, reinventa e descontextualiza materiais. A *Chaise-longue* Cinto (2014) é um bom exemplo desse processo, onde à tradicional estrutura de tubos de aço a autora emprega cintos de segurança coloridos e trançados no assento e no encosto.

—

Carol Gay (1976-), born in São Paulo and graduated as an architect through the Mackenzie University, with complementary specialization in design, reinvents and de--contextualizes materials. The Cinto chaise longue (2014) is a good example of this process, where to the traditional tubular steel frame the designer adds colored and woven seatbelts for the seat and backrest.

Cadeira Cinto, in aço inox, ouro rosé e cinto de segurança, 2013.

Cinto chair, in stainless steel, rose gold and safety belt, 2013.

Mesa de centro Metro, feita com barras de metro, vidro e madeira laqueada, 2010.

Metro coffee table, with meter bar, glass and lacquered wood, 2010.

Guto Requena

A obra de Guto Requena [Carlos Augusto Jolly Requena] (1979-), arquiteto formado pela Escola de Engenharia de São Carlos, Universidade de São Paulo, é exemplo significativo da apropriação de novas tecnologias no design de mobiliário. A cadeira Nóize (2012), peça única impressa em 3D, insere-se nessa vertente. Ela é resultado da digitalização, com ajuda de software, do desenho de uma obra histórica – a cadeira Girafa (1987), de Lina Bo Bardi, Marcelo Ferraz e Marcelo Suzuki, 1987 – fundida com ondas de som gravadas da Rua Santa Ifigênia, no centro de São Paulo.

—

The work of Guto Requena [Carlos Augusto Jolly Requena] (1979-), architect graduated through the São Carlos School of Enginnering at University of São Paulo, is a significant example of the appropriation of new technologies for the designing of furniture. The Nóize chair (2012), a one-off piece printed in 3D, fits into this line. The designer used software to add contours formed by sound waves recorded on Santa Ifigênia, in the São Paulo city center, to the digitalized image of a historic modern work, the Girafa chair (1987) by Lina Bo Bardi, Marcelo Ferraz and Marcelo Suzuki.

Cadeira Nóize, impressão 3D em ABS, 2013.

Nóize chair, 3D print in ABS, 2013.

Banqueta Samba, madeira moldada em máquina CNC, com base em curvas sonoras de samba.

Samba Stool, in wood shaped into a CNC machine, based on the sound curves of samba songs.

Banco Parafuso, em parafusos em aço carbono, 2012.

Parafuso stool, in carbon steel screws, 2012.

Leo Capote

Leo Capote (1982-) designer formado pela Unip, em São Paulo, trabalhou em estabelecimento comercial na área de ferramentas e ferragens e anos depois transformou esses materiais em matéria--prima para suas criações. A mesa Martelo (2013) é exemplo desta tendência.

—

Leo Capote (1982-), is a designer graduated through Unip, in São Paulo. He worked in a tool and hardware store and years later transformed these materials into a medium for his creations. The Martelo table (2013) is an example of this tendency.

Cadeira Pregos, em pregos, 2011.

Pregos chair, in nails, 2011.

Mesa de centro Haste, em papelão reciclado, com tampo de vidro, 2013.

Haste table, in recicled cardboard and glass, 2013.

Domingos Tótora

Domingos Tótora (1960-), nascido na cidade de Maria da Fé, em Minas Gerais, é designer autodidata. Trabalha com massa de papelão reciclado, produzindo artesanalmente peças únicas, onde predominam formas orgânicas. Um exemplo é o Banco Solo (2010), que simula um conjunto de pedras sobre base de ferro.

—

Domingos Tótora (1960-), born in the town of Maria da Fé, in Minas Gerais, self-taught designer. Works with paper mache made from recycled cardboard, producing one-off pieces on an artisanal basis, with a predominance of organic forms. The Solo bench (2010), it simulates stones in iron feet.

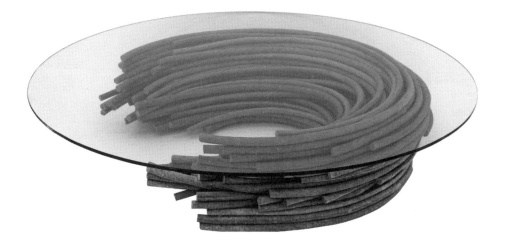

Banco Solo, em papelão reciclado e ferro oxidado, 2010.

Solo bench, in recycled cardboard and oxidised iron, 2010.

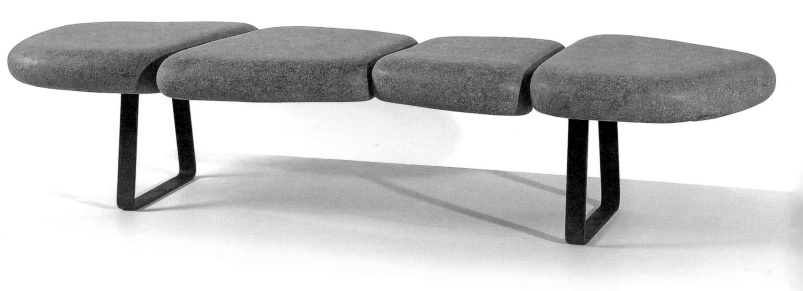

A nova geração - 251

Babilônia Credenza, da linha Neorústica, em madeira de reúso e laminado de garrafas PET recicladas, 2010.

Babilônia Credenza, of Neorústica line, in reused wood and recycled pet bottle laminate, 2010.

Brunno Jahara

Brunno Jahara (1979-) carioca, designer formado pela UnB (Universidade de Brasília), tendo complementado os estudos no IUAV (Instituto Universitário de Arquitetura de Veneza), sua obra exemplifica interessante apropriação e reutilização de materiais, como nas séries Batucada e Multiplástica doméstica.

—

Brunno Jahara (1979-) born in Rio, graduated in design through the University of Brasília (UnB), having completed his studies at the IUAV – University Institute of Architecture in Venice, his work exemplifies an interesting appropriation and reutilization of materials. The Batucada series/Multiplástica series of home ware.

Maurício Arruda

O espírito de experimentação também está presente na obra do arquiteto paranaense Mauricio Arruda (1973-), que realizou mestrado na Universidade de São Paulo, em São Carlos. Trabalhando com diversidade de materiais, Arruda desenvolveu projetos incorporando aspectos tradicionais da casa e da cultura brasileira, como a Poltrona Rede (2010), utilizando a rede como elemento de composição do estofado de uma poltrona doméstica contemporânea. Ainda orientado por esse diálogo com nossa cultura, Arruda concebeu uma família de móveis para armazenagem: a linha José (2010), incorporando plástico, madeira e metal.

—

The spirit of experimentation is also present in the work of Paraná-born architect Mauricio Arruda (1973), who took his Master's degree at the University of São Paulo in São Carlos. Working with several materials, Arruda has developed projects incorporating various traditional aspects of the Brazilian culture and home, such as the Rede chair (2010), using a hammock as one of the elements in the composition of the seat for this contemporary household chair. Still following this dialogue with Brazilian culture, Arruda conceived a family of furniture pieces for storage: the José line (2010), incorporating plastic, wood and metal.

Poltrona rede, em ferro, madeira e algodão, 2012.

Rede armchair, in iron, wood and cotton, 2012.

Guto Índio da Costa

Luiz Augusto 'Guto' Índio da Costa (1969-) é um designer que iniciou sua formação no Rio de Janeiro, na Univercidade, e completou-a no Pasadena Art Center College of Design, nos Estados Unidos. Possui extensa e premiada produção na área do design, incluindo mobiliário, como a carteira escolar inclusiva, a Cadeira IcZero1, em polipropileno de alta resistência reforçado com fibra de vidro.

—

Luiz Augusto 'Guto' Índio da Costa (1969-) is a designer who began his training at the Univercidade in Rio de Janeiro and concluded at the Pasadena Art Center College of Design, in the United States. He has an extensive list of production and has won several awards in the field of design, also including furniture, such as the IcZero1 school chair in high-tensile polypropylene reinforced with fiberglass.

Cadeira IcZero1, em polipropileno e fibra de vidro, 2011.

IcZero1 chair, in polypropylene and fiberglass, 2011.

Nova marcenaria

Ao lado do caminho da experimentação e reinvenção de materiais há também, como no período anterior, o do artesanato, em harmonia com o mesmo apreço e a sensibilidade pela madeira, traço marcante na obra dos grandes mestres do moderno design brasileiro. A produção de alguns jovens designers se insere nesta vertente, como no caso de Juliana Llussá, arquiteta formada na Faculdade de Arquitetura e Urbanismo da Universidade de São Paulo, com peças como o biombo Noi, a Cadeira Gir e a Estante Fil. Também nessa linha, Paulo Alves (1965-), arquiteto formado na Escola de Engenharia de São Carlos, Universidade de São Paulo, iniciou sua carreira no escritório de Lina Bo Bardi e anos depois criou a Marcenaria São Paulo, onde realiza produção com identidade bem definida. Destacam-se também pelo trabalho em madeira Rodrigo Silveira, designer formado na Faap (Fundação Armando Álvares Penteado); Rodrigo Calixto (1979-), designer formado pela PUC-Rio e seu sócio Guilherme Sass (1989-), ambos do Rio de Janeiro; Caio Lobo (1987-) designer autodidata, de Recife; Daniel La Laina Sene (1981-), arquiteto formado pela Faculdade de Arquitetura e Urbanismo da Universidade de São Paulo, que possui oficina de ensino de marcenaria e produção de móvel.

—

New joinery

Alongside the path of experimentation with and reinvention of materials, similar to what wasseen in the preceding period of the crafts, we see harmony, with the same appreciation of wood, a strong trace in the work of the great masters of modern Brazilian design. The production of some young designers fits into this school of thought. Architect Juliana Llussá, graduated through the Architecture School of University of São Paulo, with the Noi room divider, the Gir chair, and the Fil shelf unit. Paulo Alves (1965-), architect, graduated through the São Carlos School of Engineering at University of São Paulo, began his career in the offices of Lina Bo Bardi and years later created Marcenaria São Paulo, a company where he carries out his production. Other professionals whose work with wood are worthy of mention include Rodrigo Silveira, designer graduated through Faap in São Paulo; Rodrigo Calixto (1979-), designer graduated through PUC-Rio in Rio de Janeiro; Caio Lobo (1987-) self-taught designer form Recife; architect Daniel La Laina Sene (1981-), graduated through the School of Architecture and Urbanism at University of São Paulo, who has a workshop where he teaches joinery and furniture production.

Cadeira Atibaia, em catuaba e couro. Paulo Alves e Luis Suzuki, 2009.

Atibaia chair, in catuaba wood and leather. Paulo Alves e Luis Suzuki, 2009.

Banco Dezessete, em madeira.
Guilherme Saas, 2012.

Dezessete bench, in wood.
Guilherme Saas, 2012.

Poltrona Nonô, em madeira
maciça e palhinha. Gustavo
Bittencourt, 2010.

Nonô armchair, in solid wood and
cane. Gustavo Bittencourt, 2010.

Banco Gonzagão, em madeira.
Rodrigo Calixto, 2009.

Gonzagão bench, in wood.
Rodrigo Calixto, 2009.

A nova geração — 255

REFERÊNCIAS BIBLIOGRÁFICAS
BIBLIOGRAPHICAL REFERENCES

ACRÓPOLE. São Paulo, n. 14, junho, 1939.

ÁLBUM comemorativo de 33 anos da Cama Patente. São Paulo. Sem data.

AMARAL, Aracy A. *Arte para quê?* São Paulo: Nobel, 1984.

_____. *Arte e meio artístico (1961-1981): entre a feijoada e o x-burguer*. São Paulo: Nobel, 1983.

ANAIS do II Congresso Nacional de Críticos de Arte. São Paulo: AICA, 1961.

AZEVEDO, Fernando. *A cultura brasileira*. São Paulo: Melhoramentos, 1971.

BARDI, Pietro Maria. *Profile of the New Brazilian Art*. Rio de Janeiro/São Paulo/Porto Alegre: Livraria Kosmos Editora, 1970.

_____. *Lembrança de Le Corbusier: Atenas, Itália, Brasil*. São Paulo: Nobel, 1984.

BAUDRILLARD, Jean. *O sistema dos objetos*. São Paulo: Perspectiva, 1973.

BOHIGAS, Oriol. *Contra una arquitectura adjetivada*. Barcelona: Seix y Barral, 1969.

BOLOGNA, Ferdinando. *Dalle arti minori all'industrial design: storia di una ideologia*. Bari: Laterza, 1972.

BONSIEPE, Gui. *Diseño industrial, tecnologia y dependencia*. México (DF): Edicol, 1978.

_____. *A tecnologia da tecnologia*. São Paulo: Edgard Blucher, 1983.

_____. *Teoria y práctica del diseño industrial: elementos para una manualística crítica*. Barcelona: Gustavo Gili, 1978.

CANDIDO, Antonio. *Formação da literatura brasileira*. São Paulo: Livraria Martins, 1971.

CANDILIS, Georges et al. *Muebles Thonet: historia de los muebles de madera curvada*. Barcelona: Gustavo Gili, 1981.

CANTI, Tilde. *O móvel do século XIX no Brasil*. Rio de Janeiro: Cândido Guinle de Paula Machado, 1989.

CASA & JARDIM. São Paulo, 1970.

CASCUDO, Luís da Câmara. *Rede de dormir: uma pesquisa etnográfica*. 2. ed. Rio de Janeiro: FUNARTE/Achiamé; Natal: UFRN, 1983. (Etnologia e folclore/Clássicos, 3.)

COSTA, Lucio. *Notas sobre a evolução do mobiliário luso-brasileiro*. Revista do SPHAN, Rio de Janeiro, n. 3, 1939, p. 149-63.

_____. *Sobre arquitetura*. Porto Alegre: Centro de Estudos Universitários de Arquitetura, 1962, v. 1.

DAHER, Luiz Carlos. *Flávio de Carvalho e a volúpia da forma*. São Paulo: MWM, 1984.

DORFLES, Gillo. *Introduzione al disegno industriale: linguaggio e storia dela produzione di serie*. Torino: Einaudi, 1972.

_____. *El diseño industriale y su estética*. Barcelona: Labor, 1977.

FERRAZ, Geraldo. *Gregori Warchavchik e a introdução da nova arquitetura no Brasil: 1925-1940*. São Paulo: Masp, 1965.

GAUTHIER, J. Stany. *La connaissance des styles dans le mobilier*. Paris: Charles Moreau, 1978.

GIEDION, Siegfried. *La mecanizacion toma el mando*. Barcelona: Gustavo Gili, 1978.

GOMES, Alair et al. *O desenho industrial no Brasil*. Rio de Janeiro: Mudes/Ilari, 1970.

GULLAR, Ferreira. *Cultura posta em questão*. Rio de Janeiro: Civilização Brasileira, 1969.

_____. *Vanguarda e subdesenvolvimento*. Rio de Janeiro: Civilização Brasileira, 1969.

HABITAT. São Paulo, 1950.

_____. São Paulo, 1951.

_____. São Paulo, 1958.

HOLANDA, Sérgio Buarque de. *Raízes do Brasil*. Rio de Janeiro: José Olympio, 1976.

KATINSKY, Júlio Roberto. *Apontamentos sobre arte e técnica*. São Paulo: FAU-USP, 1963.

_____. "Desenho Industrial". In: ZANINI, Walter (org.) *História geral da arte no Brasil*. São Paulo: Instituto Walter Moreira Salles, 2 v., 1983.

_____. "O ofício da carpintaria no Brasil: justificação para uma investigação sistemática". *Revista de História*, São Paulo, v. 34, n. 70, 1967. Separata.

_____. *Um guia para a história da técnica no Brasil colônia*. São Paulo: FAU-USP, 1975.

LEMOS, Carlos Alberto Cerqueira. *Alvenaria Burguesa*. 2. ed. revista e ampliada. São Paulo: Nobel, 1989.

L'OBJET Industriel. Paris, Centre Nationale d'Art et de Culture Georges Pompidou. Centre de création industrielle, 1980.

MAGALHÃES, Maria Carmem Portinho. *Objetos industriais em dois contextos: Ipanema e Madureira*. Rio de janeiro: ESDI, 1977.

MANG, Karl. *Geschichte des Modernen Möbels*. Stuttgart: Verlag Gerd Hatje, 1989.

MARTINS, Judite. *Dicionário dos artistas e artífices dos séculos XVIII e XIX em Minas Gerais*. Rio de Janeiro: PHAN, 1974. (Publicações do PHAN, 27.)

MENEZES, Aureliano. *A situação do móvel no Brasil*. São Paulo: FAU-USP, 1977. (Trabalho de graduação interdisciplinar.)

MOBILIÁRIO Brasileiro Premissas e Realidade. São Paulo: Masp, 1971.

MOHOLY-NAGY, Lazio. *Vision in motion*. Chicago: Paul Theobald, 1947.

MOTA, Carlos Guilherme. *Ideologia da cultura brasileira: pontos de partida para uma revisão histórica*. 3. ed. São Paulo: Ática, 1977 (Ensaios, 30.)

NOYES, Eliot F. *Organic Design in Home Furnishings*. New York: The Museum of Modern Art, 1941.

PAPADAKI, Stamo. *Oscar Niemeyer*. Milão, II Saggiatore, 1961.

PEDROSA, Mário. *Dos murais de Portinari aos espaços de Brasília*. São Paulo: Perspectiva, 1981.

_____. *Mundo, homem, arte em crise*. São Paulo: Perspectiva, 1975.

PRAZ, Mário. *An illustrated history of furnishing*. New York: George Braziler Inc., 1964.

PROJETO CONSTRUTIVO na arte: 1950-1962 Aracy Abreu Amaral (org.). Rio de Janeiro: MAM; São Paulo: Pinacoteca do Estado, 1977.

SANTOS, João Batista Pereira. *Unilabor. Uma revolução na estrutura da empresa*. São Paulo: Duas Cidades, 1962.

SANTOS, Maria Cecilia Loschiavo (org.) *Arte em Revista*. Ano 2, n. 4, ago. 1980. São Paulo: CEAC/Kairós.

SELLE, Gert. *Ideologia y utopia del diseño: contribuición a la teoria del deseño industrial*. Barcelona: Gustavo Gili, 1975. (Comunicación Visual.)

SERAPHICO, Luís. *Mobiliário colonial do Brasil*. São Paulo: Editora das Américas, 1977.

SILVA, Suely Ferreira. *Zanine sentir e fazer*. Rio de janeiro: Agir, 1988.

SIMONDON, Gilbert. *Du mode d'existence des objets techniques*. Paris: Aubier-Montaigne, 1958.

Depoimentos cedidos à autora por ocasião da pesquisa original:
Testimonials granted to the author:

Abel de Barros Lima. São Paulo, 1980.

Abrahão Sanovicz. São Paulo, 1980.

Ada Hauner. São Paulo, 1980.

Alcides da Rocha Miranda. Rio de Janeiro, 1980.

Ângela Martinez Corrêa. Araraquara, 1980.

Antônio Maluf. São Paulo, 1979.

Bernardo Figueiredo. Rio de Janeiro. 1980.

Carlo Benvenuto Fongaro. São Paulo, 1980.

Carlos Motta. São Paulo, 1980.

Davino Pontual. Rio de Janeiro. 1980.

Eduardo Corona. São Paulo, 1980.

Elvira de Almeida. São Paulo, 1980.

Fernando Millan. São Paulo, 1980.

Freddy van Camp, Campinas, 1985.

Frei João Batista dos Santos. São Paulo, 1979.

Geraldo de Barros. São Paulo, 1979.

Gerda Brentani. São Paulo, 1980.

Gilda de Mello e Souza. São Paulo, 1980.

Govido Liscio. São Paulo, 1980.

Gui Bonsiepe. Buenos Aires. 1980.

Irene Ruchti. São Paulo, 1980.

João Batista Vilanova Artigas. São Paulo, 1980.

Joaquim Tenreiro. Rio de Janeiro, 1979.

John de Souza. São Paulo, 1980.

John Graz. São Paulo, 1979.

Jorge Romero Brest. Buenos Aires, 1980.

Jorge Zalszupin, São Paulo, 1980.

José Bento de Faria Ferraz. São Paulo, 1980.

José Ribamar Ferreira (Ferreira Gullar). Rio de Janeiro, 1979.

José Zanine Caldas. Rio de Janeiro, 1979.

Júlio Roberto Katinsky. São Paulo, 1980.

Karl Heinz Bergmiller. Rio de Janeiro, 1979.

Leo Seincman. São Paulo, 1980.

Lina Bo Bardi. São Paulo, 1979.

Maria de Lourdes Andrade Camargo. São Paulo, 1979.

Michel Arnoult. São Paulo, 1979.

Miguel Forte. São Paulo, 1980.

Milly Teperman. São Paulo, 1980.

Oneyda Alvarenga. São Paulo, 1980.

Oscar Niemeyer. Rio de Janeiro, 1979.

Oswaldo Bratke. São Paulo, 1980.

Paulo Duarte. São Paulo, 1980.

Paulo Mendes da Rocha. São Paulo, 1980.

Pietro Maria Bardi, São Paulo, 1980.

Plinio Croce. São Paulo, 1980.

Ricardo Blanco. Buenos Aires, 1980.

Roberto Aflalo. São Paulo, 1979.

Salvador Candia. São Paulo, 1980.

Sandro Magnelli. São Paulo, 1980.

Sergio Rodrigues, Rio de Janeiro, 1979.

Theodor Heuberger. São Paulo, 1980.

Tilde Canti. Rio de Janeiro, 1980.

ÍNDICE ONOMÁSTICO
ONOMASTIC INDEX

A Forma Decorativa S. A., 77, 78, 80
A Mão do Povo Brasileiro, 141, 142
Aalto, Alvar, 136, 137
Abaeté, Edifício, 110, 111
Abramo, Lívio, 100, 101, 115
Acayaba, Marlene Millan, 171
Adam, Adriana, 206, 210, 211
Aflalo, Roberto, 114, 156, 157, 159
Alcântara Machado, 203, 204
Almeida, Francisco de, 210, 211
Almeida, Rodrigo, 246
Alves, Paulo, 254
Amaral, Aracy, 43, 44, 51, 81, 145
Amaral, Tarsila do, 115
Ambiente Indústria e Comércio de Móveis
S.A., 110, 111, 148, 149, 201, 202, 203, 204
Andrade, Heitor de, 203, 204
Andrade, Mário de, 32, 33, 34, 35, 39, 40, 48, 49, 50
Antunes Filho, 203, 204
Arantes, Otília Beatriz Fiori, 12, 13
Araújo, Lili Correia de, 183, 184
Arnoult, Michel, 176, 177, 188, 189, 191, 192, 193, 194, 195, 207
Arrastia, Ricardo, 200, 201
Arredamento Móveis Ltda., 200, 201
Arruda, Maurício, 253
Art-Déco, 32, 33, 37, 38, 67, 69, 71, 72, 74, 75, 78
Art-Nouveau, 41, 42
Artigas, João Batista Vilanova, 98, 99, 102, 103, 105, 174, 175
Arts and Crafts, 39, 40, 48, 49
Asfom, Elias Moressa, 207
Asplund, 50
Atelier de Maquetes [FAU-USP], 150, 151
Auditório "dos Candangos", 185, 186
Azeredo, Maurício, 30, 31, 210, 211, 232

Bandeira, Manuel, 49
Barcelona, 205
Bardi, Lina Bo, 8, 9, 12, 13, 118, 119, 132, 133, 134, 135, 136, 137, 139, 140, 141, 142, 145, 178, 179, 184, 185, 206, 233, 236, 249, 254
Bardi, Pietro Maria, 118, 119, 134, 135, 144, 145
Barros, Geraldo de, 45, 46, 51, 54, 57, 162, 163, 164, 165, 176, 177, 196, 197, 200, 201, 207
Bastos, Chico, 178, 179
Bauhaus, 37, 38, 43, 44, 54, 57, 71, 74, 79, 80, 103,

104, 200, 201, 205
Beiren, Michael von, 145
Belinky, Tatiana, 203, 204
Belle Époque, 71, 74
Bellini, Mario, 203, 204
Beluzzo, Ana Maria de Moraes, 48
Bem, José Paulo de, 145
Benjamin, Walter, 41, 42, 50, 107, 109
Berço Patente, 63
Bergmiller, Karl Heinz, 87, 89, 90, 92, 108, 109, 176, 177, 200, 201, 202, 203, 226, 234
Bernardes, Sérgio, 89, 92, 97
Bertoia, Harry, 205
Beru, Delia, 210, 211
Bienal Internacional de Desenho Industrial, 206
Bill, Max, 200, 201
Bione, Aluísio, 196, 197, 198
Bittencourt, Gustavo, 241
Bloch, Adolpho, 206
Bloomingdale's, 132, 133
Boa Vista, Edifício, 87, 90
Boal, Aida, 90, 91, 94
Boal, Augusto, 203, 204
Bonzon, Reno, 210, 211
Borba, Gabriel, 110, 112, 113
Borges da Costa, 144
Branco & Preto, 148, 149, 156, 157, 159, 160, 161, 171
Brasília [construção de], 39, 42, 89, 92, 200, 201
Bratke, Oswaldo Arthur, 98, 99, 100, 101, 102, 150, 151, 158, 159
Breuer, Marcel, 54, 57, 205
Britto, Alfredo, 205
Buffoni, Bramante, 110, 111
Bustamante Sá, 144

C. Laubisch, Hirth & C., 120, 122, 123
Cadeira AB [Adolpho Bloch], 186, 187
Cadeira Bule, 179
Cadeira Chippendale, 139, 140
Cadeira Dinamarquesa (Danish chair), 203, 204
Cadeira dobrável e empilhável (folded and stacked) [Masp], 134, 135
Cadeira Estrela, 221
Cadeira Girafa, 142, 233, 249
Cadeira Hille, 167

Cadeira Lucio, 185
Cadeira Mole [Poltrona Mole], 169, 170, 180, 181, 182, 183, 184, 185
Cadeira Polaca, 47
Cadeira Red and Blue, 43, 103, 104
Cadeira São Paulo, 220
Cadeira Thonet, 31
Cadeira Três Pés, 129
Calabi, Mauro, 210, 211
Caldas, José Zanine, 30, 31, 100, 101, 148, 149, 150, 151, 153, 154, 155, 171, 242, 243
Calderon, 203, 204
Calixto, Rodrigo, 254
Cama Patente, 52, 53, 54, 57, 58, 59, 61, 63, 64, 65
Câmara Cascudo, 58, 61
Campana, Fernando, 210, 211, 212, 213, 214, 215
Campana, Humberto, 210, 211, 212, 213, 214, 215
Campolongo, Nido, 210, 211, 219
Candia, Salvador, 114
Candido, Antônio, 36, 37
Canti, Tilde, 48
Capote, Leo, 250
Carmona, Etel, 210, 211, 228, 229
Carvalho da Fonseca, 69, 72
Carvalho, Flávio de Rezende, 33, 34
Casa & Jardim, 77, 78, 79, 80, 81, 130, 131, 133
Casa Alemã, 62, 63, 156, 159
Casa Anglo-Brasileira, 62, 63, 156, 159
Casa Lemck, 156, 159
Casas Pernambucanas, 136, 137
Casas, Arthur de Mattos, 210, 211
Cassina I Maestri, 50, 203, 204
Cassio Muniz, 62, 63
Castro, José de, 69, 72
Cataguases, 122, 123, 125
Catetinho, 184, 185
Cauduro, João Carlos, 110, 111
Cavalcanti, [Emiliano Di], 203, 204
Centro de Estudos de Arte Contemporânea (Ceac), 49, 205
Centro Brasileiro de Construções e Equipamentos Escolares (Cebrace), 202, 203
Centro Histórico do Pelourinho, 141
Cerqueira, Jane Gama, 69, 72
Chauí, Marilena, 205
Chica da Silva & Atelier de Arquitetura, 89, 92
Cinema Novo, 174, 175

Colaferro, Marcio, 210, 211
Companhia de Móveis Curvados, 30, 31
Companhia de Construções Escolares do Estado de São Paulo (Conesp), 202, 203
Concurso de Mobília Proletária, 33, 44
Concurso Nacional de Mobiliário Brafor, 83, 86, 87
Concurso Nacional para Desenho de Móveis Contemporâneos, 201, 202
Conjunto Laurel & Hardy, 218
Consenza, L., 144
Concorso Internazionale del Mobile, 183, 184
Cornelsen, Consuelo, 206
Corona, Eduardo, 110, 111
Corrêa, Angela Martinez, 64
Costa, Guto Índio da, 253
Costa, Lucio, 29, 41, 47, 84, 85, 86, 87, 90, 91, 94, 114, 134, 135, 181, 182, 185, 186, 187, 206, 207
Costa, Milton da, 144
Cristais Prado, 87, 90, 156, 159
Croce, Plínio, 114, 156, 157, 159
Cunha Bueno, 69, 72

Daher, Luiz Carlos, 49
Departamento de Cultura da Prefeitura do Município de São Paulo, 33, 34
Devià, Luciano, 210, 211
Diesendruck, Edith, 210
Dominici, 87, 90

Eames, Charles, 236
Eisler, Martin, 178, 179, 205
Ernesto Hauner Cia. Ltda., 200, 201
Escriba, Indústria e Comércio de Móveis Ltda., 110, 111, 176, 177, 200, 201, 202, 203, 204, 234, 237
Escola de Artes Decorativas de Genebra, 69, 72
Escola Superior de Desenho Industrial (Esdi), 226, 234, 236
Etel Interiores, 226, 228
Exposição das Artes Decorativas, 53, 54

Fábrica de Móveis Carrera, 57, 59
Fábrica de Móveis Senta, 194, 195
Fábrica de Móveis Z, 149, 150, 151, 154, 155
Falanghe, Fabio, 210, 211, 218
Fanuchi, Francisco, 210, 211
Fasanello, Ricardo, 200, 201, 202

Ferraz, Geraldo, 73, 76, 81
Ferraz, Marcelo, 142, 145, 210, 211, 233, 249
Ferreira Gullar, 43, 44, 45, 46, 51, 205
Fiel, 237
Figueiredo, Bernardo, 88, 89, 92, 94, 114
Figueiredo, Ferrabino Borges, 69, 72
Fongaro, Carlo Benvenuto, 86, 87, 89, 90, 92
Forma Móveis e Interiores, Ltda., 189
Forma S.A., Móveis e Objetos de Arte, 178, 179
Forma, 178, 179, 200, 201, 205, 206
Forminform, 200, 201
Forte, Miguel, 114, 156, 157, 159, 160, 161, 171
Fotóptica Ltda., 130, 133
Frattini, Gianfranco, 203, 204, 230
Fresnedo, Roman, 145

Galeria Oca, 181, 182
Gama, Ruy, 115
Gascoin, Marcel, 188, 189
Gay, Carol, 248
Giedion, Siegfried, 53, 54, 75, 78
Giorgi, Giorgio, 210
Giroflex, 237
Godoi, Floriano, 210, 211
Godoy Moreira, 69, 72
Gomes, Ana Beatriz, 206
Gomes, Paulo Emilio Salles, 162, 163
Gomide, Antônio, 69, 70, 115
Gomide, Regina, 69, 70, 72
Gonçalves, Milton, 203, 204
Gonsales, Francisco Rebolo, 100, 101
Gouveia, Júlio, 203, 204
Graz, John, 54, 57, 67, 68, 69, 70, 71, 74, 81
Grinover, Enzo, 112, 113
Grinover, Lúcio, 81, 110, 111
Grobe, Klaus, 145
Gropius, Walter, 39, 40, 164, 165
Gruber, Mario, 115
Grupo Ruptura, 45
Guedes, Joaquim, 200, 201, 202
Guerrero, Xavier, 145
Guimarães, Laila Andrade, 210, 211

Hauner [irmãos], 139, 140, 176, 177, 178, 179, 200, 201
Hauner, Carlo, 200, 201, 205
Hauner, Ernesto, 63, 64, 200, 201
Henrique E., Mindlin, Giancarlo Palanti e A.

Associados S. C. Ltda., 101, 102
Heuberger, Ludwig, 79, 80
Heuberger, Theodor, 67, 77, 78, 79, 80, 81, 130, 131, 144, 145
Hobjeto, 45, 46, 162, 163, 176, 177, 194, 195, 196, 197, 198, 199, 207, 237
Hochschule für Gestaltung de Ulm, 43
Homestore, 63, 64
Houaiss, Antônio, 121, 144
Hwa, Chen, 156, 157

Instituto de Desenho Industrial (IDI), 202, 203, 226
Inquérito Brasileiro de Arquitetura, 174, 175
Instituto de Arte Contemporânea, 236
Instituto dos Arquitetos do Brasil (IAB), 111, 185, 186
Instituto de Pesquisas Tecnológicas (IPT), 150, 153, 194, 195
Itamaraty, 88, 89, 92

Jacobsen, Arne, 203, 204
Jaeger, Fernando, 210, 211, 224
Jafet, 69, 72
Jahara, Brunno, 252
Jatobá, 87, 90, 100, 101
Jeanneret, Pierre, 39, 40

Katinsky, Júlio Roberto, 43, 45, 46, 51, 84, 85, 107, 109, 110, 111, 114, 115, 169, 170
Klawa, Cassia, 210, 211
Knoll International, 200, 201, 205
Knoll, Florence, 205
Kublinsk, 79, 80

L'Atelier Móveis Ltda., 79, 80, 108, 148, 149, 166, 167, 169, 170, 235
Laboratório de Maquetes [FAU-USP], 150, 151
Lacaz, Guto, 210, 211
Lacerda, Carlos, 206
Langenbach & Tenreiro Móveis e Decorações, 120, 122, 123, 125, 126
Langenbach, 122, 126, 129
Lanifício Fileppo, 156, 157
Lattoog, 239
Laubisch, 120, 122, 123, 125
Le Corbusier, 39, 40, 41, 42, 43, 47, 53, 54, 84, 85, 174, 175, 205

ÍNDICE ONOMÁSTICO
ONOMASTICON INDEX

Leão, Carlos, 41, 84, 85
Lee, Wesley Duke, 166, 167
Leirner, André, 210, 211
Levi, Rino, 98, 99
Liberty, 41, 42
Liceu de Artes e Ofícios de São Paulo, 32, 48, 49, 159, 156
Lima, Abel de Barros, 176, 177, 188, 189
Lima, Luís Gastão de Castro, 110, 111
Liscio, Govido, 62, 63, 65
Liscio, Luiz, 58, 59, 61, 62
Lisi, Alfio, 210, 211
Llussá, Juliana, 254
Lobo, Caio, 254
Loja do Bom Desenho, 85, 86
Loos, Adolf, 43, 44
Lunardelli, Branca, 69, 72
Lunardelli, Jeremia, 69, 72

M. L. Magalhães Indústria e Comércio de Móveis S.A., 237
M'Boi, Cassio de, 67, 77, 78, 79
Mabe, Manabu, 180, 182
Magalhães, Aloísio, 16, 17, 85, 86, 87, 90, 223
Magalhães, Fábio, 209, 210, 211
Magistretti, Vico, 203, 204
Magnelli, Sandro, 237
Mannesmann, 54, 57
Mappin Store, 60, 62, 156, 159
Marcenaria Baraúna, 142, 211, 233
Martinelli, Edifício, 72, 76
Martinez Carrera, Cecília, 65
Martinez Carrera, Celso, 53, 54, 56, 59
Martino, Ludovico, 110, 111
Martins, Luciana, 210, 211, 216
Martins, Ruben de Freitas, 200, 201
Matos, Sérgio J., 241
Mattos, Cassio da Rocha, 77, 78
Medeiros Filho, Caio de, 210, 211
Meia-Pataca, 185, 186
Mello, Luiz Ignácio Romeiro de Anhaia, 150, 151
Mellone, Oswaldo, 169, 170, 210, 211, 235
Mendes de Almeida, 206
Mesbla, 62, 63
Mestre Viana, 183
Millan, Carlos Barjas, 114, 117, 156, 157, 160
Mindlin, Henrique, 6, 7, 98, 99, 101, 102

Mindlin, José E., 236
Miranda, Alcides da Rocha, 84, 85, 150, 151, 171, 185, 186
Miranda, Flávio, 210, 211
Miranda, Murilo, 49
Missão Francesa, 31
Mobília Contemporânea, 176, 177, 188, 189, 190, 191, 192, 193, 194, 195, 207
Morais, Frederico, 144
Moranti, Pascoal Onélio, 197, 198
Moreira, Jorge, 41, 84, 85
Mota, Edson, 144
Motta, Carlos, 30, 31, 210, 211, 220, 223, 237
Móveis Artesanal, 139, 140, 176, 177, 178, 179, 193, 194, 200, 201
Móveis Cimo, 188, 189
Móveis Como Objeto de Arte, 183, 184
Móveis Drago, 188, 189
Móveis Hobjeto, 196, 197
Móveis Teperman, 93, 96
Móveis, Tapeçarias Leandro Martins & Cia., 122, 123
"Muié Dama", 185, 186
Museu de Arte Moderna de Nova Iorque, 132, 133, 145, 215
Museu de Arte Moderna de São Paulo, 115
Museu de Arte Moderna do Rio de Janeiro, 186, 187, 207, 226, 234
Museu do Unhão, 141, 142

Nada se leva, 240
Nanni Jr., Fúlvio, 210, 211, 231
Nanni Movelaria, 226, 230
Neutra Richard, 103, 104
Niemeyer, Anna Maria, 91, 93, 94, 95
Niemeyer, Oscar, 2, 41, 84, 85, 86, 89, 91, 92, 93, 94, 95, 96, 114, 122, 123, 134, 135, 150, 151, 184, 185, 188, 189
Noronha, 85, 86
Noschese, Rafael, 69, 72
Nosières, Maurice, 120, 122, 123
Núcleo Bernardelli, 120, 121
Núcleo de Desenho Industrial/Fiesp, 236

Oca, 89, 92, 181, 182, 183, 184, 186, 193, 194, 200, 201, 234
Olinda, Edifício, 75, 78
Oliveira, Gerson de, 210, 211, 216

Oliveira, José Soares de, 207
Organic Design, 132, 133, 145
Ostrower, Fayga, 120
Ovo, 216

Pait, Henrique, 110, 111
Palácio das Indústrias, 141, 142
Palácio Doria Pamphilj, 184, 185
Palácio dos Arcos, 88, 89, 92
Palanti, Giancarlo, 101, 102, 118, 119, 135, 138
Pancetti, [José], 144
Parschalk, Guinther, 210, 211
Paschoal Bianco, 139, 140
Pássaro, Luís, 160, 161
Pau Brasil Ltda., 134, 135, 139, 140
Paubra, 87, 90
Pavillon de l'Espirit Nouveau, 53, 54
Pedreira, Paulo Jorge, 169, 170
Pedrosa, Mário, 50, 51
Peixoto, Francisco Inácio, 122, 123
Perriand, Charlotte, 39, 40, 41, 42, 188, 189
Pignatari, Décio, 203, 204
Play Arte Decorações, 203, 204
Poltrona Kilin, 185, 186
Poltrona Leve Jockey, 184, 185
Poltrona Mole, 180, 181, 183, 185
Poltrona Peg-Lev, 191
Poltroninha Julia, 186, 187
Pontes, Sebastião, 151
Ponti, L., 144
Pontual, Artur Lício, 83, 85, 86, 114
Portinari, Cândido, 203, 204, 206, 210
Prado, Caio, 69, 72
Prado, Eduardo, 130, 131
Prêmio Boa Forma, 203, 204
Prêmio Compasso de Ouro, 205
Prêmio de Desenho Industrial Roberto Simonsen, 192, 193
Prêmio Museu da Casa Brasileira, 223
Prêmio Roberto Simonsen da Feira de Utilidades Domésticas (UD), 197, 198
Probjeto Indústria e Comércio de Móveis Ltda., 203, 204
Probjeto, 50, 176, 177, 203, 204, 235, 237
Putskit, 166, 167, 171

Quadros, Jânio, 173
Queirós, Eça de, 130, 131

260

Rappaport, Alexandre, 181, 182

Rede, 97, 252, 253

Reidy, Affonso, 41, 84, 85

Requena, Guto, 249

Resende, Marcelo, 170

Rex Gallery and Sons, 197, 198

Ribeiro, Darcy, 185, 186

Riccó, 237

Rietveld, Gerrit, 43, 50, 103, 104

Rocha, Paulo Mendes da, 54, 57, 105, 106, 107, 114

Rodrigues Filho, Mário, 206

Rodrigues, Nelson, 206

Rodrigues, Roberto, 206

Rodrigues, Sergio, 21, 30, 31, 54, 57, 89, 92, 148, 149, 169, 170, 173, 176, 177, 178, 179, 180, 181, 182, 183, 184, 185, 186, 187, 205, 206, 221

Rohe, Mies van der, 54, 57, 85, 86, 205

Ruchti, Jacob M., 156, 157, 161

Rudofsky, Bernard, 79, 80, 81, 118, 119, 130, 131, 132, 133

Saarinen, Eero, 205

Saldanha, Ione, 181, 182

Salgado, Laura, 168

Salles, Claudia Moreira, 210, 211, 226

Sanovicz, Abrahão, 110, 111, 115, 203, 204

Santos, João Batista Pereira dos [frei], 162, 163, 171

Santos, Maria Cecilia Loschiavo dos, 206

Saracchi, 134, 135

Sass, Guilherme, 254

Scarpa, Afra, 203, 204

Scarpa, Tobia, 203, 204

Scuracchio, Sérgio, 69, 72

Securit, 236, 237

Segall, Jenny, 76

Segall, Lasar, 67, 74, 75, 76, 78

Seincman, Leo, 176, 177, 200, 201, 203, 204

Semana de Arte Moderna, 32, 33

Sene, Daniel La Laina, 254

Sequência de Desenho Industrial [FAU-USP], 111, 236

Serber, José, 200, 201, 203, 204

Sesc, Fábrica da Pompeia, 141, 142

Sheriff [poltrona], 183, 184

Sigaud, Eugênio, 144

Silva, Francisco Pedro Monteiro da, 54, 57

Silveira, Rodrigo, 254

Simonsen, Roberto, 69, 72

Sindicato dos Trabalhadores de Madeira, 49

Solar do Unhão, 140

Sorgenicht, Conrado, 71, 74

Souza, John de, 63, 64, 65, 201

Stijl, 37, 38, 43, 44

Stroeter, João Rodolfo, 110, 111

Studio de Arte Palma, 134, 135, 136, 137, 139, 140

Studio de Móveis Modernos de Casa & Jardim, 130, 131

Stupakoff, Otto, 181, 182

Sullivan, Louis, 43, 44

Suzuki, Marcelo, 142, 145, 210, 211, 233, 249

Svevo, Vanda, 203, 204

Teatro Cultura Artística, 98, 99

Teatro de Arena, 174, 175

Tendo Brasileira S. A., 93, 96

Tenreiro Móveis de Decorações, 119, 120, 121, 123

Tenreiro, Joaquim, 8, 9, 16, 17, 30, 31, 48, 89, 92, 117, 118, 119, 120, 121, 122, 123, 124, 125, 126, 129, 144, 156, 157, 221, 226, 243

Teperman, 93, 96, 114, 237

Terpins, Jacqueline, 210, 211

Thomas, Daniela, 210, 211

Thonet, Michael, 39, 40, 47, 53, 54

Tótora, Domingos, 251

Unilabor, Indústria de Artefatos de Ferro e Madeiras, Ltda., 163

Unilabor, 44, 45, 46, 148, 149, 162, 163, 164, 165, 170, 193, 194, 196, 197, 207

Useche, Pedro, 210, 211

Vainer, André, 145

Van Camp, Freddy, 210, 211, 234, 237

Van der Velde, 41, 42

Vargas, [Getúlio], 37, 38

Vasconcellos, Ernani, 41, 84, 85

Villalobos, Júlio, 145

Votteler, Arno, 234

Warchavchik [Gregori], Casa Modernista, 39, 69, 72

Warchavchik, Gregori, 32, 34, 36, 72, 73, 74, 75, 76, 78, 81, 98, 99, 106, 153, 150, 178, 179

Wasserfirer, Cesar, 200, 201

Wassily [cadeira] 205

Weber, Max, 36, 37

Weebe, Morley, 145

Westwater, Norman, 176, 177, 188, 189, 193, 194

Wikhann, 203, 204

Wolf, Ernesto, 178, 179

Wollner, Alexandre, 87, 90, 200, 201, 203, 204

Wright, Frank Lloyd, 50

Xavier, João, 110, 111

Zalszupin, Jorge, 89, 92, 108, 109, 166, 167, 168, 171

Zampari, Franco, 69, 72

Zanine, Zanini de, 242, 243, 244, 245

Zanini, Walter, 115

SOBRE A AUTORA
ABOUT THE AUTHOR

Maria Cecilia Loschiavo dos Santos é filósofa e professora titular de Design na Faculdade de Arquitetura e Urbanismo da Universidade de São Paulo, com mestrado e doutorado em Estética pela Universidade de São Paulo, concluídos nos anos de 1975 e 1993. Foi pesquisadora visitante em diversos programas de pós-doutorado nas seguintes universidades: Universidade de Califórnia, Los Angeles; Escola de Política Pública e Pesquisa Social, 1995-96; Universidade Estadual de Campinas, Instituto de Filosofia e Ciências Humanas, 1997; Universidade Nihon, Toquio, Faculdade de Design e Artes, 1999; Centro Canadense de Arquitetura, Montreal, 2001; UCLA, Luskin School of Public Affairs, 2007-2008. Conferencista convidada no Bard Graduate Center, Nova York, 2011, na Universidade de Boras, 2013, e no Lacma – Los Angeles Country Museum of Art, 2014.

É autora de diversos livros, entre eles *Jorge Zalszupin – design moderno no Brasil*. É consultora científica de órgãos de pesquisa brasileiros tais como Fapesp, Fapemig e CNPq. Sua pesquisa mais recente trata de Produtos Descartados, Design, Moradores de Rua e os Catadores de Materiais Recicláveis. Tem forte engajamento com questões de design e responsabilidade social, é roteirista do filme documentário *À margem da imagem*, que trata de temas como a exclusão social, desemprego, alcoolismo, insanidade, religiosidade, espaços públicos contemporâneos, a degradação urbana, identidade e cidadania. O filme faz parte da seleção oficial do Festival de Curtas São Paulo 2002 e ganhou o prêmio de "Melhor Documentário" no Festival de Gramado, 2003. É também pesquisadora do Conselho Nacional de Desenvolvimento Científico e Técnico (CNPq).

Maria Cecilia Loschiavo dos Santos is a philosopher and full professor of Design at the School of Architecture and Urbanism, University of São Paulo. She got her MA at University of São Paulo, Philosophy, in Aesthetics, 1975 and her Ph.D. at the University of São Paulo, Philosophy, in Aesthetics, 1993. She was a visiting scholar in postdoctoral programs at the following universities: University of California, Los Angeles. School of Public Policy and Social Research, 1995-96; University of Campinas, Brazil, Institute of Philosophy and Human Sciences, 1997; Nihon University, Tokyo, College of Design and Arts, 1999; Canadian Center for Architecture, Montreal, 2001; UCLA Luskin School of Public Affairs, 2007 -2008. She was guest lecturer at BGC – Bard Graduate Center, 2011, at Boras University, 2013, and at LACMA - Los Angeles County Museum of Art, 2014.

She is the author of several books, among them *Jorge Zalszupin – modern design in Brazil*. She is a scientific consultant for Brazilian Research Agencies, such as Fapesp, Fapemig and CNPq. Dr. Loschiavo dos Santos current research is about Discarded Products, Design, Homelessness and Recyclable Material collectors. She is deeply committed to design and social responsibility issues. She was awarded the First Prize by the Museu da Casa Brasileira, for her book Móvel Moderno no Brasil. She is the screenwriter of the documentary movie *À margem da imagem* (On the fringes of São Paulo: homeless) which concentrates on themes such as social exclusion, unemployment, alcoholism, insanity, religiousness, contemporary public spaces, urban degradation, identity and citizenship. The film was officially selected for the São Paulo Short Film Festival 2002. The film was awarded the "Best documentary" film at the Gramado Film Festival, 2003. She is also a scholar of the National Council for Scientific, and Technological Development (CNPq).

Os editores fizeram todos os esforços para localizar os detentores dos direitos autorais relativos às imagens publicadas e dar os devidos créditos a elas. A quem detiver informações complementares ou correções, pedimos encarecidamente que entre em contato para corrigirmos os itens em questão na próxima edição.

Crédito das imagens / Images credit

Capa: Poltrona Mole, coleção Lis e
Teo Vilela / Stefan Schmeling

Acervo Biblioteca da Faculdade de Arquitetura e Urbanismo da Universidade de São Paulo (FAU-USP): 2, 33, 36-39, 72, 73, 98, 99, 102, 104, 105
Acervo Fundação Oscar Niemeyer: 95b, 96
Acervo Instituto de Estudos Brasileiros (IEB-USP) / Mario Thadeu: 34, 35
Acervo Instituto Moreira Salles / Geraldo de Barros: 44a
Acervo Instituto Moreira Salles / Hans Gunter Flieg: 24, 147, 151, 153
Acervo Instituto Moreira Salles / Marcel Gautherot: 41
Acervo Instituto Sergio Rodrigues: 173, 179, 181-183, 184b, 185, 187
Acervo Liceu de Artes e Ofícios/SP: 32
Acervo Museu da Casa Brasileira (MCB) / Gal Oppido: 62a, 106, 191, 232b, 209a
Acervo Museu da Casa Brasileira (MCB) / Chema Llanos: 103, 178b
Acervo Stedelijk Museum, Amsterdam: 43a
Álbum comemorativo de 33 anos da Cama Patente: 53a, 61
André Nazareth: 20, 44b, 67b, 89a, 93-95, 97a, 123, 124, 128, 152, 155a, 155b, 178a, 184a, 186, 239b
Arquivo Abrahão Sanovicz: 110, 111
Arquivo Aida Boal / Kitty Paranaguá: 90, 91
Arquivo Álvaro Martinez Carrera: 53b-59
Arquivo Ângela Figueiredo: 88, 89b
Arquivo Annick Arnout: 188, 190, 194, 195
Arquivo da autora: 30, 31, 62b, 67a, 107a, 109a, 117-122, 125-127, 150, 154, 155c, 174-177, 192, 193, 196, 197, 198, 200, 203, 230, 231, 234, 209b
Arquivo Davino Pontual: 83-85
Arquivo Gabriel Borba: 112, 113
Arquivo Geraldo de Barros: 149, 162, 163, 165, 199
Arquivo Instituto John Graz: 68, 70, 71
Arquivo Mappinstore: 60
Arquivo Marcelo Aflalo: 157a, 158a, 158b, 159, 161
Arquivo Museu Lasar Segall: 75-77
Arquivo Oscar Arthur Bratke: 101
Arquivo Probjeto: 42, 43b
Arquivo Sergio Bernardes: 97c
Arquivo Verônica Zalszupin: 148, 168-170
Arquivo Wilma Fongaro: 86, 87
Atelier Ricardo Fasanello / Ricardo Fasanello: 202
Instituto Bardi: 10, 134-141, 142b, 143
Coleção Etel Interiores / Fernando Laszlo: 100, 156, 157b, 158c, 158d, 160, 226-229
Coleção Júlio Katinsky / Isac Marcelino: 108b, 109b
Coleção Lis e Teo Vilela / Fernando Martinho: 108a, 129
Coleção Lis e Teo Vilela / Stefan Schmeling: 180
Coleção Renata e Arturo Profili / Fernando Laszlo: 166a, 167
Coleção Renata e Arturo Profili / Fernando Martinho: 166b
Cortesia de Friedman Benda e Estúdio Campana / Fernando Laszlo: 214b
Cortesia Museum of Modern Art, New York: 133
Divulgação Alê Jordão: 241a
Divulgação Carlos Motta: 220-223
Divulgação Carol Gay / Marcos Cimardi: 248

Divulgação Domingos Tótora: 251
Divulgação Dpot / Ruy Teixeira: 97b
Divulgação Estúdio Paulo Alves / Victor Affaro: 254
Divulgação Fernando Jaeger: 224, 225
Divulgação Futon Company: 107b, 195
Divulgação Giorgio Giorgi: 218
Divulgação Gustavo Bittencourt: 240b, 255b
Divulgação Guto Requena: 249
Divulgação Índio da Costa A.U.D.T.: 253
Divulgação Jacqueline Terpins / Andrés Otero: 210
Divulgação Jahara Studio: 252a
Divulgação Lattoog: 239a
Divulgação Legado Arte: 244b
Divulgação Leo Capote / Marcos Cimardi: 250
Divulgação Marcenaria Baraúna: 142a, 233
Divulgação Maurício Arruda / Victor Affaro: 252b
Divulgação Maurício Azeredo: 232a
Divulgação Nada se leva: 240a
Divulgação Nido Campolongo: 219
Divulgação Oficina Ethos: 255c
Divulgação Oficina Ethos / Demian Jacob: 255a
Divulgação Oswaldo Mellone: 235
Divulgação Ovo / Fernando Laszlo: 217
Divulgação Ovo / Ruy Teixeira: 216
Divulgação Rodrigo Almeida: 246, 247
Divulgação Sergio J. Matos: 241b
Divulgação Studio Zanini: 242-245
Divulgação Useche Móveis / Thomas Hempfin: 211
Edra: 213a
Edra / André Nazareth: 213b
Estúdio Campana / Calazans Estúdio: 212
Estúdio Campana / Fernando Laszlo: 214a, 215
Mario Thadeu: 69, 74, 79b
Revista Acrópole: 78, 79a, 130, 131, 132
Revista do Iphan: 29
Retrato da autora / Ken Straiton: 262

Agradecimentos / Acknowledgements:
A todos os que colaboraram para a realização desta edição, especialmente os designers envolvidos e também a Alberto Vicente, Anna Carboncini, André Nazareth, Angela Boal Marinho, Ângela Figueiredo, Annick Arnoult, Arturo Profili, Beatriz Katinsky, Bénédicte Salles, Beth Santos, Camilla Carmona, Camilla Paghi, Carlos Eduardo Warchavichik, Caroline Pisciotti, Claudia Ferraresso, Claudia Worms Taddei, Cláudio Portugal, Cristiana Vieira Fiker, Daniely Siqueira, Dina Uliana, Eric Soares, Etel Carmona, Fabiana de Barros, Futon Company, Giancarlo Latorraca, Instituto Bardi, Instituto Sergio Rodrigues, Jacques Leenhardt, Joanna Balabram, Ken Straiton, Kykah Bernardes, Lenora de Barros, Lissa Carmona, Lis Vilela, Lúcio Lourenzo, Lucy Gruenwald, Lucy Martinez, Lynnea Hansen, Marcelo Aflalo, Marcelo Monzani, Marcelo Vasconcellos, Marcia Rosetto, Marco Barros, Maria José Poletti, Michel Favre, Miranda Araújo, Miriam Lerner, Mônica Motta Abreu, Norma Cavalcanti, Paulo Segall, Renata Helena, Ricardo Fasanello, Ricardo Niemeyer, Rodrigo Queiroz, Sergio Campos, Silvia Prado, Tales Santos, Teo Vilela, Thomas Hayes, Valéria Valente, Vera Beatriz Veiga Rodrigues, Verônica Zalszupin, Vinícius Girnys, Walton Hoffman

Dados Internacionais de Catalogação na Publicação (CIP)
(Jeane Passos de Souza – CRB 8ª/6189)

Santos, Maria Cecilia Loschiavo dos
Móvel moderno no Brasil = Modern furniture in Brazil / Maria Cecilia Loschiavo dos Santos ; [versão em inglês Phil Turner]; prefácio de Lauro Cavalcanti, Clive Edwards. São Paulo : Editora Senac São Paulo / Editora Olhares, 2017.

Bibliografia.
ISBN 978-85-396-1306-9

1. Mobiliário brasileiro : História 2. Mobiliário moderno brasileiro 3. Design de móveis 4. Designers de móveis I. Turner, Phil. II. Cavalcanti, Lauro. III. Edwards, Clive. IV. Título.

17-583s   CDD-749.0981
                                                749.2
                                   BISAC DES00600
                                         HOM008000

Índices para catálogo sistemático:
1. Mobiliário brasileiro   749.0981
2. Designers de móveis : Artes   749.2

ADMINISTRAÇÃO REGIONAL DO SENAC NO ESTADO DE SÃO PAULO
Presidente do Conselho Regional: **Abram Szajman**
Diretor do Departamento Regional: **Luiz Francisco de A. Salgado**
Superintendente Universitário e de Desenvolvimento: **Luiz Carlos Dourado**

EDITORA SENAC SÃO PAULO
Conselho Editorial: **Luiz Francisco de A. Salgado**
                     Luiz Carlos Dourado
                     Darcio Sayad Maia
                     Lucila Mara Sbrana Sciotti
                     Luís Américo Tousi Botelho

Gerente/Publisher: **Luís Américo Tousi Botelho**
Coordenação Editorial: **Verônica Pirani de Oliveira**
Prospecção: **Andreza Fernandes dos Passos de Paula, Dolores Crisci Manzano, Paloma Marques Santos**
Administrativo: **Marina P. Alves**
Comercial: **Aldair Novais Pereira**
Comunicação e Eventos: **Tania Mayumi Doyama Natal**
Edição de Texto: **Adalberto Luís de Oliveira**
Coordenação de Revisão de Texto: **Marcelo Nardeli**
Revisão de Texto: **Ana Luiza Candido**
Coordenação de Arte: **Antonio Carlos De Angelis**

OLHARES

Editor: **Otavio Nazareth**
Projeto Gráfico: **Daniel Brito**
Assistente de Arte: **Anita Prades**
Pesquisa Iconográfica: **Tatiana Sakurai**
Produção Editorial: **Tamara Baldassari**
Revisão: **Monalisa Neves**
Versão em Inglês: **Phil Turner**
Revisão do Inglês: **Priscila Adachi**
Tratamento de Imagens: **Angelo Baima**
Impressão: **Gráfica CS**

Proibida a reprodução sem autorização expressa.
Todos os direitos reservados à
Editora Senac São Paulo
Av. Engenheiro Eusébio Stevaux, 823 – Prédio Editora
Jurubatuba – CEP 04696-000 – São Paulo – SP
Tel. (11) 2187-4450
editora@sp.senac.br
https://www.editorasenacsp.com.br

© Editora Senac São Paulo, Editora Olhares e autores, 2017

Este livro foi composto em InterFace e Mercury, impresso sobre papel Offset 120g.